Maria Angela Vilhena
João Décio Passos
(orgs.)

Religião e consumo

Relações e discernimentos

Dados Internacionais de Catalogação na Publicação (CIP)
(Câmara Brasileira do Livro, SP, Brasil)

Religião e consumo : relações e discernimentos / Maria Angela Vilhena, João Décio Passos (orgs.) . – São Paulo : Paulinas, 2012. – (Coleção religião e universidade)

ISBN 978-85-356-3296-5

1. Consumidores   2. Consumidores - Comportamento   3. Consumismo   4. Consumo (Economia)   5. Cultura   6. Espiritualidade   7. Religiões   I. Vilhena, Maria Angela.   II. Passos, João Décio.

12-10147   CDD-261

Índices para catálogo sistemático:
1. Consumismo e religião : Teologia social   261
2. Religião e consumo : Teologia social   261

Nenhuma parte desta obra poderá ser reproduzida ou transmitida por qualquer forma e/ou quaisquer meios (eletrônico ou mecânico, incluindo fotocópia e gravação) ou arquivada em qualquer sistema ou banco de dados sem permissão escrita da Editora. Direitos reservados.

PAULINAS

DIREÇÃO-GERAL: *Bernadete Boff*

CONSELHO EDITORIAL: *Dr. Afonso M. L. Soares*
Dr. Antonio Francisco Lelo
Luzia Maria de Oliveira Sena
Dra. Maria Alexandre de Oliveira
Dr. Matthias Grenzer
Dra. Vera Ivanise Bombonatto

EDITORES RESPONSÁVEIS: *Vera Ivanise Bombonatto e*
Afonso M. L. Soares

COPIDESQUE: *Ana Cecilia Mari*

COORDENAÇÃO DE REVISÃO: *Marina Mendonça*

REVISÃO: *Ruth Mitzuie Kluska*

ASSISTENTE DE ARTE: *Ana Karina Rodrigues Caetano*

GERENTE DE PRODUÇÃO: *Felício Calegaro Neto*

PROJETO GRÁFICO: *Manuel Rebelato Miramontes*

Paulinas
Rua Dona Inácia Uchoa, 62
04110-020 – São Paulo – SP (Brasil)
Tel.: (11) 2125-3500
http://www.paulinas.org.br
editora@paulinas.com.br
Telemarketing e SAC: 0800-7010081
© Pia Sociedade Filhas de São Paulo – São Paulo, 2012

Sumário

INTRODUÇÃO 5

PARTE I
CULTURA DE CONSUMO

Os dilemas do consumo 17

    Ladislau Dowbor

O consumo e a dinâmica do efêmero...................................... 33

    José J. Queiroz

A dinâmica do consumo de luxo... 49

    Pedro Henrique de Carvalho Oliveira

Mídia e construção do desejo 63

    Joana T. Puntel

Ética do consumo: a mesa, a pluma e o vento 77

    Maria Angela Vilhena

PARTE II
CONSUMO E RELIGIÃO

O desejo, a religião e a felicidade.................................. 99

    Edin Sued Abumanssur

Espiritualidade do consumismo 109

    Wagner Lopes Sanchez

Religião e consumo na Igreja Comunidade da Graça
em São Bernardo do Campo.. 129

    Paulo Barrera Rivera e Edemir Antunes Filho

Novas expressões religiosas: desejo e consumo 147

    Silas Guerriero

A mercantilização do *Dharma* como desafio para a pesquisa
sobre o Budismo no Brasil – reflexões sistemáticas 165

Frank Usarski

PARTE III
DISCERNIMENTOS

Crítica ético-teológica da cultura de consumo 187

João Décio Passos

Os cristãos e o consumo a partir das encíclicas sociais 209

Francisco Catão

Economia, ética e estética 223

Carlos Josaphat

Desejo e felicidade: algumas considerações teológicas 241

Afonso Maria Ligorio Soares

AUTORES 269

Introdução

O mundo atual tem processado um encaixe eficiente entre os indivíduos e a objetividade instituída como verdadeira e benéfica para todos: o mercado mundial, com seus bens de consumo. O indivíduo sempre mais integrado nessa objetividade tem sucedido ao projeto de um homem moderno: sujeito de direitos e deveres, construtor da história, autônomo, crítico e responsável. O comando do econômico se mostra também como totalidade integradora de outras dimensões da vida coletiva: a política, a cultura e a própria religião. As vidas mundial e local se inserem em dinâmicas cada vez mais iguais, tanto no que tange à regência implacável do mercado financeiro sobre as demais instituições sociais e políticas, quanto aos modos de produzir, circular e consumir os produtos eficientes, bons e belos. Se as instituições, os sujeitos e os mecanismos do mercado financeiro comandam a vida das nações e de cada indivíduo como força transcendente, porém onipotente e onipresente, cá no mundo do cotidiano os produtos do mercado, oferecidos como bens necessários à vida, inserem-se com extrema rapidez nos nossos modos de alimentar, morar, conviver e, até mesmo, valorar as coisas. A regência transcendente do mercado financeiro, alma implacável do mundo atual, vincula se, por elos tão invisívcis quanto reais, ao nosso dia a dia, ao nosso corpo e a nossa alma. A busca de um estado de bem-estar, na verdade incalculável e inatingível, porém sempre presente no horizonte valorativo dos ricos e dos pobres e nos projetos das potências mundiais e dos países pobres, impulsiona a civilização atual para um futuro que há de vir.

Com efeito, a separação entre as ofertas coletivas e as expectativas individuais, criada pelas revoluções modernas, seja nas promessas, seja nas realizações, está cada vez menos visível em nossos dias. Parece não haver mais defasagens entre o sonho e a realidade, o projeto e a realização, o futuro e o agora. O presente traga, em suas ofertas múltiplas e intensas de bens para todos os indivíduos, de todas as idades, classes e gêneros, todos os sonhos e expectativas. Esse mundo provedor e, certamente, providente se impõe já não de fora para dentro sobre a alma dos indivíduos, mas de dentro para fora. É um mundo desejado pelo bem-estar que promete. Consumir é satisfazer-se imediatamente, e de modo pleno, os desejos. E a produção veloz e eficiente de produtos novos responde aos desejos de satisfação imediatamente, por estarem disponibilizados nos mais diversos espaços e, atém mesmo por anteciparem esses desejos, com seus ineditismos que prometem um bem-estar mais pleno.

Com efeito, nesse quadro de possibilidades de realização humana imediata, discursos críticos que apontem as dominações e os interesses do mercado como causa real dessa divina providência e dessa graça salvífica já não obtêm adesão como no passado, não por questões teóricas ou mesmo ideológicas, mas basicamente por se tratarem de um discurso desnecessário para o bem viver que se mostra como possível, viável, necessário e até urgente. Ser feliz é o que interessa aqui e agora. O que escapa desse imperativo é abstração inútil, ainda que possa ser bela e verdadeira.

Que mundo é esse? O mundo do consumismo, da cultura de consumo. O conceito de cultura diz respeito a modos de ser, quando certos valores se tornam costume e regra de vida. A cultura de consumo já não designa, portanto, somente a simples escolha individual de produtos a serem consumidos no dia a dia dentro das possibilidades oferecidas pelos mercados, segundo as necessidades ou mesmo os desejos humanos, mas afirma que o consumir define nossa época como atitude fundamental. Consumir é ser cidadão e ser feliz.

Mas que indivíduo é o consumista? O ser humano de sempre, movido pelo desejo de ser mais feliz, o bicho que se distanciou da dinâmica da estrita necessidade, quando os desejos nada mais eram que uma pulsão da própria necessidade em busca de saciedade. Sua duração limitava-se à exata duração da saciedade da necessidade. O animal *sapiens* não conta a não ser consigo mesmo para administrar seus desejos, posicionados antes, durante e após a necessidade de emergir como carência e ser saciada por seu objeto de saciedade. O desejo é ilimitado como o próprio ser humano. Não há saciedade que estanque sua dinâmica de busca incessante de satisfação.

Por essa razão, o desejo é uma força ambígua que move o ser humano; ambígua porque pode, por sua força, avançar para a busca de satisfação indefinidamente, não suportando a insatisfação onde ele sempre começa e termina; ambígua também porque, como dinamismo incessante, é capaz de mover o ser humano na busca de condições de satisfação que podem resultar em construções benéficas para ele e para os seus semelhantes.

Como se dá o encaixe do indivíduo na cultura de consumo? Sem gênios malignos interessados em manipular as consciências humanas, sem autoria individual e sem centrais conspiradoras. O mercado em seu estado atual é um sistema que historicamente foi integrando em sua dinâmica todas as dimensões da vida humana, evidentemente a serviço de um regime de lucro que tem endereço disperso, do ponto de vista geográfico e social, ou seja, está sob o comando de elites mundiais distribuídas pelo planeta afora e escalonadas em pirâmides que concentram as riquezas do topo para as parcelas mais inferiores. A lógica do capital atual é a inclusão de todos em seu sistema de oferta, mesmo daqueles que estão na base da pirâmide. Se a riqueza permanece obviamente nas mãos de uma pequena elite que pode viver do consumo de luxo, posicionada, como sempre, no topo da pirâmide social, o consumo descende com suas ofertas até os mais pobres, incluindo a todos nessa sociedade de bem-estar aparentemente igual.

O encaixe operado pelo consumo é, segundo sua lógica, um encaixe social, na medida em que ao consumir os indivíduos passam a integrar o grupo dos que podem adquirir os produtos necessários à vida, mesmo que, na verdade, não sejam necessários. Inclusão perversa, evidentemente, porém eficaz e pacificadora dos desejos, até mesmo daqueles advindos das necessidades mais elementares.

Na cultura de consumo, parece estar mais próxima a revolução dos desejos insatisfeitos que a das necessidades negadas dos famintos e dos pobres. A felicidade do consumo instaura um estado de graça salvífica e atual, que dispensa pensar em qualquer coisa que esteja fora do ciclo incessante do *consumo--satisfação-insatisfação-consumo...* E já não haverá paraísos a serem buscados para a humanidade, uma vez que a felicidade habita dentro de cada eu satisfeito e se renova incessantemente nos novos produtos oferecidos a cada dia e, de fato, mais eficientes, verdadeiros e belos. Fora do paraíso imanente instaurado pelo desejo satisfeito através do consumo não haverá felicidade e salvação. O humano a ser buscado confina-se cada vez mais nos egos satisfeitos, em que se repete a máxima: "satisfaça seu desejo e serás como Deus".

Quem nos expulsará desse paraíso de delícias? Quem nos negará a possibilidade de sermos salvos da insatisfação para gozarmos da felicidade que só o consumo pode propiciar? As religiões? A ética? As leis? Essas três instituições foram inventadas para regular as relações entre os indivíduos, ou seja, entre os desejos mutuamente insatisfeitos do eu e do outro. O que passou a se chamar civilização se refere precisamente à superação do individualismo e do comunitarismo e à instituição da vida comum. A vida normatizada por regras comuns, independente das configurações históricas concretas, descobriu o humano para além das individualidades e das endogenias localizadas, e adotou um ideal de humano como regra de vida para todos. A felicidade individual não foi negada como possibilidade e valor, mas submetida às regras de ouro das grandes tradições religiosas, às proposições da ética e às leis do Estado moderno. A ordem dos direitos e dos deveres comuns coloca os desejos individuais frente a frente e exige um parâmetro externo que supere sua intransitividade e o eterno retorno a si mesmo. E não basta controlar os desejos, negando seu dinamismo inevitável, mas sim posicioná-lo numa relação de reciprocidade na qual o *desejar junto...* se torna limite e possibilidade: limite que exige aprendizado de satisfazer-se com a própria insatisfação, para onde o desejo sempre retorna após cada satisfação, possibilidade de construção de vida comum. Desejar o que o outro deseja é destrutivo para todos, termina na aniquilação recíproca, mas, sobretudo, na aniquilação do mais fraco.

As tradições religiosas mais antigas prescreviam a necessidade de cada indivíduo agir parametrizado na relação com o outro. E o ponto de partida da regra é sempre o desejo individual: querer para o outro o que quer para si, não fazer ao outro o que não quer para si, amar o outro como a si mesmo. Trata-se da descoberta do outro como alguém igual a si, e, com base nisso, da estipulação de direitos iguais. Para tanto, é preciso eliminar os excessos, a busca de satisfação ilimitada que transforma o outro em objeto de satisfação.

A lei de *não cobiçar as coisas alheias*, prescrita pelo *Decálogo*, revela a regra de convívio social das tribos do Israel antigo, que pretendia chegar à raiz dos males: eliminação do desejo autocentrado e ilimitado. O evangelista Mateus sintetiza a lei cristã: fazer ao outro tudo o que deseja que fizesse para si (Mt).

E não há postulado ético que escape desse encaminhamento fundamental que, desde cedo, a humanidade aprendeu como indispensável à convivência social. O animal social que somos exige a construção do valor comum, que terá sua origem primária no âmbito dos desejos e não da legalidade imposta, ainda que justa e necessária. A estrita legalidade poderá somente controlar o desejo por sua força coercitiva, mas não criar a convicção do bem comum e a convivência positiva do *desejar junto...* O cristianismo entendeu essa atitude como amor e a estabeleceu como regra, antes de qualquer legalidade instituída e, até mesmo contra possíveis ordenamentos legais. O amor é o desejo individual que se satisfaz com sua inevitável insatisfação e com a satisfação do outro. O conselho paulino de *se alegrar com os que se alegram e chorar com os que choram* (Rm 12,15) expressa o mandamento fundamental de amar ao próximo como a si mesmo.

A civilização pós-consumista será construída a partir de uma ética mundial. Se as éticas clássicas eram edificadas sobre valores universais – em suma, sobre o humano sacralizado ou secularizado, porém, em ambos os casos, fim em si mesmo –, a ética atual deverá, de fato, agregar todos os povos em torno de valores fundamentais que garantam a vida no presente e no futuro. A sobrevivência humana planetária passará por pactos e decisões planetárias no que se refere à sustentabilidade ecológica, dentro da qual todo discurso antropocêntrico encontra seu justo lugar como ideal e como prática. O ser humano permanece valor absoluto inserido no sistema vivo que é o planeta. E mais do que nunca sabemos hoje que a responsabilidade humana pela vida planetária é, antes de tudo, responsabilidade por si mesmo e pelas gerações futuras.

Mas essa civilização, certamente nova em seus valores e atitude, não pode ser um ideal antitético ao mundo atual, espécie de bem que advirá contra os males atuais; uma estrutura radicalmente nova resultante de uma revolução global de moldes messiânicos. Ideais com essa radicalidade e magnitude podem ter uma função utópica para a humanidade, porém não se implantam efetivamente na história humana sempre ambígua e construída de modo processual dentro de um jogo de possibilidades e limites.

Nesse sentido, a superação do individualismo consumista não será feita de modo abrupto, a partir de uma conversão universal para o outro, mas como mudanças que ocorrem em todas as esferas da vida individual, local e planetária, na direção de um outro mundo possível. Toda proposição ética tem uma carga utópica significativa, assim como todos os ordenamentos normativos. No entanto, é no movimento histórico contraditório que se adquire a consciência dos limites de uma época e da necessidade de mudança. As nações, os organismos internacionais, a sociedade civil, as tradições religiosas, os meios de comunicação têm hoje, mais do que nunca, capacidade de provocar discussões sobre o futuro da humanidade e, também, de contribuir com a consciência ética planetária, quando as diferenças podem se unir na causa comum da vida. Certamente, a força política de cada indivíduo, peça central no mercado mundial, ainda é ignorada em termos locais e planetários. A autonomia individual pode ser o ponto de partida para recuperar os ideais do sujeito livre e responsável por si mesmo e pelos outros, tanto no cristianismo quanto na modernidade.

A força política da autonomia subjetiva lança cada indivíduo para além de seu eu satisfeito na direção do mundo e do outro, como senhor de seu tempo e de seu espaço. A crise pela qual passa a civilização atual resulta, por um lado, de uma subsunção do sujeito ao indivíduo, mais precisamente ao individualismo, como peça central de um regime centrado no lucro regido por sua regra de sempre *menor custo com maior benefício*. As saídas da crise não passarão, certamente, pela via dos comunitarismos fechados em si mesmos e opostos à história real, ou, ao menos, simbolicamente fechados à história real, uma vez que não há outro mundo a viver a não ser esse com todas as suas contradições. A comunidade de sujeitos organizada nas esferas global e local é que poderá gerir responsavelmente a vida e a convivência humana. Do contrário, a lógica da massa-indivíduo permanecerá como inércia ativa do capital mundializado.

A cultura de consumo é o modo de vida que se configura em nível mundial como resultado mais recente do capital transnacional, de base tecnológica e de divulgação estética. As variáveis que se relacionam a esse modo de vida são, evidentemente, inúmeras e exigiriam igualmente diversas aproximações. Nas reflexões que seguem foram escolhidas três aproximações, eixos interligados dos quais emerge a estrutura das três grandes partes que compõem este livro.

De pronto cabe apresentar o atual estado da questão referente à cultura de consumo. Como facilmente se deduz, surge como necessidade primeira a investigação, a demonstração e a análise do consumo como predicado que expressa os atributos, as qualidades, as características e as singularidades do sujeito enfocado, a cultura. Para tanto, a construção teórica do objeto enfeixa procedimentos metodológicos que implicam recursos a dados objetivos. Estes são provenientes de agências de pesquisa que se dedicam à coleta de índices quantitativos e parâmetros qualitativos sobre atividades consumistas em escala internacional, nacional e local, apontando para realidades econômicas, sociais e políticas nas quais se verificam situações de hiperconsumo e subconsumo de bens materiais e culturais. As primeiras redundam em acumulações desnecessárias, desperdícios, extrações que, juntamente com poluições, colocam em risco o meio ambiente; as segundas remetem à escassez que acarreta fome, subnutrição, além de consequências nefastas para a saúde física e o desenvolvimento mental, que são acompanhados de elevados índices de mortalidade. Desta sorte, à razão demonstrativa somam-se a razão reflexiva e a razão crítica. As problematizações e análises feitas por nossos autores estão, dessa forma, firmemente enraizadas na realidade, distando de meras elucubrações de gabinete, ou simples suposições descontextualizadas.

Aproximações do estado da questão demandam, também, a apresentação e análise do amplo espectro de teorias construídas por filósofos, economistas, sociólogos, comunicólogos sobre as dinâmicas e articulações entre produção, distribuição e consumo. Afirma-se, assim, a indissociabilidade entre a empiria e a teoria nascida e imbricada com o mundo da vida, com as tramas e os dramas concretos da história. Por certo, é a teoria sempre revisável e revisada em suas contribuições com vistas a interpretações e aproximações do horizonte, sempre além, onde se assenta o real.

Preocupações e cuidados acompanham e são correlatos à produção, à manutenção, ao aperfeiçoamento ou à retração da vida material e cultural em suas dimensões pessoais e sociais. Sendo assim, não é de causar espanto a presença de emoções e sentimentos como amor, cobiça, medo, esperança, desejo, anelos por proteções em ações voltadas para a busca de felicidade concebida como decorrente do bem-estar econômico, social, corporal, mental. Desta sorte, ativam-se a criatividade e a imaginação produtoras de interpretações e significados que acompanham, mobilizam e direcionam ações sociais. Todo esse complexo sistema é um material essencial sobre o qual se edificam arcabouços de crenças e práticas com conotação religiosa, ao construírem interstícios entre o visível e o invisível, o transcendente e o imanente, o natural e o sobrenatural. Uma vez que esse compósito é transpessoal, transtemporal e coletivo, suas modalidades de exteriorização e manifestação são sempre datadas e contextualizadas em movimentos que comportam tensões entre inovações, conservações, rupturas, acomodações.

E assim, como que naturalmente, chegamos ao segundo eixo que ocupa a centralidade em torno da qual circulam a destinação e os afazeres deste livro: apresentar e analisar os vários sentidos, direções e significados decorrentes do impacto da sociedade de consumo sobre as múltiplas crenças e práticas com conotação religiosa e o impacto destas sobre a mesma sociedade.

Ao admitir-se que sociedade e religião são como duas faces da mesma moeda, são superadas tanto a oposição como a justaposição, de resto cientificamente indemonstráveis, entre indivíduo, religião e cultura, entre modos de viver, de conhecer, compreender, interpretar e crer. Todavia, é bom afiançar que sob a égide da cultura de consumo não se encontra tão somente a univocidade, o pensamento único, totalitário e totalizador. Pelo contrário, pensar sobre sociedade e cultura é pensar sobre pluralidade, heterogeneidade. Muito embora nas culturas em apreço o consumo se constitua como linha de força, centro gravitacional de modos de ser e viver, faz-se necessário considerar que em orbitações entrecruzadas e interativas se encontram e operam poderes oblíquos provenientes de múltiplas tradições, costumes, saberes, crenças, sistemas simbólicos e interpretativos, circuitos diversos não materiais que mediatizam, entre conservações, reinvenções, inovações e transações, as formas pelas quais pessoas e grupos constroem suas identidades, as interpretam, se organizam e interagem. Vale também recordar que os humanos apresentam biografias singulares, são dotados de subjetividade própria, capacidade reflexiva, criatividade, imaginação, interesses particulares. Tal não fosse, não haveria espaço e nem por que aqui apresentarmos elementos relativos à diversidade religiosa, em que sopese o impacto das motivações que provêm do *éthos* consumista. Com efeito, é a diversidade de ofertas, motivações e opções condição para processos de múltiplas experimentações que caracterizam os andares do moderno consumidor em incessante procura pelo bem-estar, pela felicidade.

Entram aqui as teologias das religiões com suas ofertas de valores e estratégias para o que entendem como sendo o bem viver. São elas fontes de orientações e discernimentos para a vida pessoal e coletiva. Discernir implica escolher e optar reflexivamente com base em fundamentos considerados inteligíveis, lógicos, consistentes, verossímeis, estimáveis. As reflexões até agora feitas se completam e avançam com o terceiro eixo: discernimentos provenientes da teologia cristã, a qual, sem perder sua especificidade, é capaz de admitir que outras formulações, que não a sua, são capazes de oferecer caminhos e critérios valiosos de orientação para a vida.

A teologia cristã expõe, para cristãos e não cristãos, os fundamentos, postulados, critérios interpretativos e valorativos que considera base para o crer, no qual fé implicada convoca ao exercício da reflexão, à razão, à convicção da inteligência; para o conhecer a si mesmo, aos outros e ao mundo; para o se posicionar, decidir e agir. A inteligibilidade da fé favorece a confiança, a orientação, a decisão para a vida que deságua no compromisso que busca a verdade, o bem e o amor universal, valores absolutos que potencializam e se realizam em forças e ações transformadoras.

A fé, objeto formal da teologia, ao refletir, como lhe cabe, sobre todas e quaisquer realidades terrestres que compõem seu objeto material, oferece sobre elas uma interpretação significada, valorativa, crítica e propositiva. O discernimento cristão sobre a realidade da vida econômica e social não descura da contribuição das ciências e dos dados da experiência histórica da humanidade, mas os avalia à luz da fé radicada em Deus tal como se crê revelado nas palavras e gestos de Jesus, conservados e difundidos por seus seguidores organizados em comunidades. Suas asserções, que buscam expressar a fidelidade e o compromisso com a prática inspiradora jesuânica em favor da vida, especialmente onde ela se apresenta mais fragilizada, são sistematizadas pela lógica argumentativa da razão. Sendo assim, o que a razão oferece como explicação da realidade e como regra de conhecimento é entendido como mediação para a fé assumida e vivida com inteligência.

Nesse sentido, a teologia fundada na fé esclarecida pela razão reflete, dista e critica concepções sobre o humano e sobre a natureza da qual é partícipe, as quais camuflam ou esquecem que todo o existente por promanar de Deus é revestido de inalienável dignidade. A aceitação da fé na existência do mundo como dom de Deus convoca à reflexão sobre a unidade primordial entre os seres criados, considerados na diversidade e complexidade de suas multifacetadas apresentações, ao mesmo tempo que coloca a inseparabilidade entre criação, destinação e salvação, tornada possível pela anterioridade e interioridade da ação divina. Sendo assim, a teologia cristã afirma a dignidade ontológica de todas as criaturas, estabelecendo uma cosmologia e uma antropologia que postulam valores e relações fraternas entre todos os humanos, entre esses os demais seres criados.

Em chave cristã, a fé, a razão e a ação constituem um modo fundamental de conhecimento empático-simpático que inclui a subjetividade e afetividade humanas. É um conhecimento includente e hospitaleiro em direção à alteridade, ou seja, às ações, intenções, necessidades, potencialidades, finalidades dos outros. E faz isto sem que o "eu" do conhecedor-compreensivo venha a ser anulado. Sendo assim, ao incluir a alteridade, o conhecimento teológico é relacional, fraterno, participativo e social. Em abordagem antropológica comporta, pois, a conjunção entre o eu e o tu, demanda consciente inserção responsável na condução da própria vida e na vida que se apresenta em amplitudes universais. No âmbito da fé, a ótica antropológica se amplia. A relação entre o eu e o tu é senda para a inesgotabilidade do Tu divino, transbordante de vida e amor, que trata os humanos como tu, e é Tu para eles.

A teologia cristã faz lugar para dimensões do espírito humano que se completam na busca do sentido profundo da realidade que, interpretada, se mostra como grandeza ética, cujos caminhos delineados direcionam-se para uma finalidade conhecida e assumida. Na conjunção entre crer, compreender e atuar, encontra-se a sinergia entre inteligência, amor e ação, necessária para estabelecer bases para a também absolutamente indispensável proposição e crítica ético-teológica, na qual se insere a crítica ao mercado e ao consumismo na medida em que possa vir a degradar a dignidade ontológica do ser humano e dos demais seres da natureza, por consequência aviltando a obra do Criador.

Colocados alguns fundamentos para a crítica ético-teológica da cultura do consumo, convidamos nossos leitores para que percorram atenta e criticamente os três eixos em torno dos quais circulam os artigos aqui reunidos.

Antes de concluir, gostaríamos de agradecer aos autores que aceitaram oferecer suas contribuições para o bom termo desta obra coletiva, que nasceu dos estudos e esforços do grupo de pesquisa Religião e Cidade, do Departamento de Ciência da Religião da Faculdade de Ciências Sociais da PUC-SP.

João Décio Passos
Maria Angela Vilhena

Parte I

Cultura de consumo

OS DILEMAS DO CONSUMO

Ladislau Dowbor

Embalados na expansão das tecnologias inovadoras, o ser humano vive uma vertigem de consumo, sem atentar muito para as consequências ambientais e ignorando a miséria indescritível dos que ficaram fora da festa. A história se acelera, corremos todos numa busca desenfreada por mais, ainda que bastante perdidos no que este "mais" significa. E muito desatentos para o "menos" que se avoluma, com a redução da família, das relações de amizade, do tempo contemplativo, do prazer de brincar em qualquer idade. As notas que apresentamos a seguir visam abrir algumas janelas sobre a questão do consumo em geral, numa visão de que não é a quantidade que nos irá beneficiar daqui em diante, mas a qualidade: qualidade de moradia, de convívio, de uso do tempo, dos próprios bens que consumimos. O que importa mesmo é a qualidade de vida.

Crescei e multiplicai-vos

Quando nasceu meu pai, em 1900, éramos 1,5 bilhão de pessoas no planeta. Hoje somos 7 bilhões. Temos dificuldades em sentir essas mudanças de longo prazo, ainda que possamos saber os números. É preciso reduzir os números a dimensões que caibam na nossa imaginação: com uma taxa de aumento de 1,1%, que parece tão pouco, são na realidade 80 milhões de pessoas a mais a cada ano, equivalentes a um país como o Egito (o imenso Egito, com suas dimensões e tradições – só que a cada ano). Podemos dimensionar isto de maneira ainda mais prosaica, aproximando-nos do nosso cotidiano: a cada almoço, são 220 mil pratos a mais na nossa mesa global.

Toda esta gente quer consumir. Este "querer" tem de ser qualificado. Criamos no chamado Ocidente um modelo de consumo de luxo, que funciona apenas enquanto os países ricos e os ricos dos países pobres a ele tiverem acesso. Chandran Nair, um economista asiático, faz um cálculo simples: nos

Estados Unidos, onde se consome um frango e meio por pessoa por mês, são 9 bilhões de frangos que vão para a panela todo ano. Na Ásia, ainda quase não se consome carne. Nos Estados Unidos são 300 milhões de habitantes. Na Ásia, 4 bilhões. Sem precisar de muita sabedoria asiática, Chandra Nair conclui que, quando a Ásia começar a comer frango, haja ovo, haja galinha.

Este exemplo simples traz uma referência básica para o nosso raciocínio: com esta taxa de crescimento demográfico e esta progressão do consumo, com o resto do planeta querendo se apropriar do modelo americano, o planeta fecha para balanço. Repensar o consumo não é mais questão de gostar ou não, mas de quando e como.

O consumo necessário

Somos bastante expertos, da classe média para cima, em fazer de conta que desconhecemos o que conhecemos. A realidade é tristemente clara: 1 bilhão de pessoas vai para a cama com fome. Há quatro anos, antes da crise financeira, eram 900 milhões. Aumentou a fome porque os especuladores financeiros, assustados com os próprios papéis que emitem, decidiram investir em grãos e outras *commodities*, o que jogou os preços para cima. Um pequeno jogo especulativo levou a fome no mundo de 900 milhões para 1,02 bilhão. Ninguém se referiu a isto como situação crítica, pois a preocupação da mídia é com os banqueiros. Faltar liquidez no banco é muito pior do que faltar comida para 1 bilhão de pessoas.

Mas não há como esconder o escândalo: desse 1 bilhão de pessoas que passam fome, 180 milhões são crianças. Conviver tranquilamente com a fome de 180 milhões de crianças, quando desperdiçamos rios de recursos em coisas inúteis, francamente, para mim, não é muito diferente da indiferença com a qual o mundo civilizado conviveu com a escravidão. Mais números? Cerca de 11 milhões destas crianças que passam fome morrem anualmente de inanição diretamente, ou de doenças que resultam da sua fragilidade, ou ainda por não terem acesso a água limpa.

Uma grande parte da população precisa sim consumir mais, e consumir coisas essenciais, como cereais, saneamento básico, educação, saúde, e assim por diante. Esta necessidade gritante de consumo, que envolve, segundo o Banco Mundial, cerca de 4 bilhões de pessoas – na definição do banco, são as pessoas que "não têm acesso aos benefícios da globalização" –, não nos ameaça. Pelo contrário, pode assegurar paz social, resgatar os dramas ambientais, e constituir um vetor fundamental de redinamização da economia mundial. Temos uma enorme fronteira econômica diante de nós, milhões de empregos a serem gerados, no imenso desafio de incluir os excluídos e de resgatar a sustentabilidade.

O desequilíbrio na pujança

O planeta com consumo decente para todos é sustentável? Sem dúvida, conquanto contenhamos o consumo surrealista dos poucos. Criamos uma ideologia patológica do sucesso, baseada na ostentação de pedaços de plástico com *griffe*, como se não soubéssemos que estes produtos nascem nas mesmas fabriquetas de subúrbios pobres, na Indonésia, na Guatemala, ou no Bom Retiro, em São Paulo.

Nas aulas de pós-graduação em administração e economia que ministro, inventamos, para brincar, o "kit babaca": um homem com uma caneta Mont Blanc, o cinto Vuitton, um *attaché case*, ostenta na rua o seu sucesso, homem-sanduíche de produtos que se vendem como ordem de grandeza a cem vezes o seu custo de produção. As mulheres de "sucesso" usam sem dúvida também o seu "kit babaca" equivalente.

Babacas à parte, não há nenhuma razão propriamente econômica para termos miséria no planeta. O PIB mundial é da ordem de 60 trilhões de dólares, cerca de 100 trilhões de reais. Para reduzir isto para valores compreensíveis, o cálculo é muito simples: dividindo o PIB anual por 7 bilhões de pessoas, e por 12 meses, temos um PIB por pessoa por mês. E multiplicando por quatro, temos o valor médio de bens e serviços produzidos para uma família de quatro pessoas: são 5 mil reais de bens e serviços por mês, o suficiente para todos vivermos de maneira digna e confortável. O problema não está em produzir mais, está em distribuir melhor. E se, além disso, produzirmos mais do que é necessário, e um pouco menos de plásticos descartáveis e semelhantes, tudo se equilibra.

A própria fome é absurda. O planeta produz anualmente 2 bilhões de toneladas de grãos. Aqui também o cálculo é simples: dividindo por 7 bilhões de habitantes, e por 365 dias, teremos 800 gramas por dia de cereais para cada pessoa. Qualquer pessoa que já cozinhou arroz sabe o quanto isto representa. Só com cereais cobrimos amplamente as nossas necessidades calóricas, sem mencionar os legumes, frutas, tubérculos e peixes.

Onde está esta produção que não chega a tantas pessoas que dela precisam? Há imensas perdas por sistemas deficientes de colheita, armazenamento, transporte e disponibilização final. Há um grande e crescente desvio dos grãos da alimentação para a produção de biocombustíveis, em particular, o milho nos Estados Unidos, a soja e outros produtos. Alimentar carros com alimentos é bem típico de uma visão patológica de como utilizamos a vida. E entre a pressão dos que têm carros e a fome das pessoas, as prioridades vão para quem tem capacidade de compra.

Não é a falta de alimentos, de produtos em geral, que está na raiz do problema, é a forma absurda de organização do acesso, a concentração de renda nos grandes grupos corporativos de intermediação, o trancamento das tecnologias no emaranhamento absurdo de patentes, *copyrights* e marcas. Não são os produtores que estão em falta – eles que geram novas tecnologias e aumentam a produção –, e sim o sistema de intermediários financeiros, comerciais, jurídicos e de comunicação que se apropriam dos processos.

Manda quem pode

O Instituto Federal Suíço de Pesquisa Tecnológica – ITH, com 31 prêmios Nobel a seu favor, é, como o MIT dos Estados Unidos, um dos mais respeitados centros de pesquisa do mundo. Esse instituto publicou recentemente uma pesquisa planetária sobre como estão organizadas as corporações no mundo. Para isso, partiu do banco de dados Orbis 2007, com 30 milhões de empresas, selecionou as 43 mil mais significativas, e analisou de maneira sistemática quem controla quem: hoje as corporações constituem um sistema interdependente, em que cada uma detém ações das outras, gerando um sistema cruzado de controle que forma o que chamaram de "rede global de controle corporativo".

As conclusões não são surpreendentes para quem acompanha as corporações, mas pela primeira vez temos o mapa completo do controle. Uma empresa pode não ser muito grande, mas deter o controle indireto dominante de uma outra que, por sua vez, controla dezenas de outras, e assim por diante. Nesse mapeamento, começam a aparecer as empresas nucleares que controlam segmentos da rede e que têm influência determinante sobre o maior valor de recursos. Na pesquisa, apareceram 737 corporações que controlam 80% do conjunto do universo corporativo analisado. Com este número reduzido, essas são pessoas que se conhecem, os mesmos membros de conselhos de administração se cruzam nos diferentes grupos. É um grau de concentração avassalador.

Tem mais. No conjunto de 737 corporações, os pesquisadores identificaram 147 grupos que são particularmente articulados (*tight-nit*) e que controlam 40% do universo. Três quartos destes grupos são corporações de intermediação financeira, especuladores nos processos planetários de intermediação, como Barclay, Goldman&Sachs e outros nomes familiares. Hoje entendemos a fragilidade dos governos, a rapidez com a qual se encontraram trilhões de dólares para cobrir papéis podres emitidos pelos bancos, enquanto os 300 bilhões de dólares anuais necessários para tirar da miséria os pobres do planeta não são achados. A culpa, naturalmente, é dos gregos que consomem demais. Na discussão da crise, aliás, só não se fala dos banqueiros que a deflagraram.

O instituto suíço que produziu a pesquisa é acima de qualquer suspeita, não há aí nenhuma bandeira ideológica, e sim fatos sobre a fantástica concentração de poder econômico que, a partir de certo nível, se transformou naturalmente em poder político. As políticas antitruste que existem em numerosos países, e em particular nos Estados Unidos e na Europa, ficaram relativamente impotentes, pois atuam no âmbito nacional, enquanto os grupos funcionam no espaço planetário, onde simplesmente não há governo. O resultado, em termos globais, é uma perda generalizada de governança, em que os interesses econômicos dos grandes passaram a dominar tanto a economia como os espaços significativos de governo. De quem são os recursos que manejam? Ora, obviamente, são as nossas poupanças e os nossos impostos. Conseguimos terceirizar o uso do nosso próprio dinheiro.

A lógica do sistema

Esta estrutura do poder determina o acesso ao que o planeta produz. Os inovadores, pesquisadores, engenheiros, designers e tantos outros que contribuem para o avanço das nossas tecnologias pouca influência têm sobre o que se faz com as suas inovações. Os pesquisadores que desenvolveram o coquetel que permite reduzir os impactos e propagação da Aids não têm nenhuma influência sobre como as corporações farmacêuticas registram as patentes sobre os conhecimentos que eles desenvolveram. Hoje temos 36 milhões de pessoas portadoras do HIV, sendo que 25 milhões já morreram, uma catástrofe planetária, e no entanto apenas uma minoria tem acesso ao coquetel, pois se trata de maximizar o lucro e não de generalizar o bem-estar. Maximizar o lucro implica vender caro aos que têm poder de compra elevado, e estas pessoas pagarão um alto preço, pois se trata de suas vidas. A lógica do processo produtivo, e da dinâmica financeira que o determina, é definida pelo poder de compra, e não pelas necessidades, pelo maior bem-estar humano.

O poder de compra é determinado pelo acesso à renda. Na "taça de champagne" a seguir, constatamos que

> no topo, onde a taça é mais larga, os 20% mais ricos da população se apropriam de três quartos da renda do mundo. Na parte mais baixa do gargalo, onde a taça fica mais estreita, os 40% mais pobres detêm 5% da renda do mundo e os 20% mais pobres apenas 1,5%. Os 40% mais pobres correspondem basicamente aos 2 bilhões de pessoas que vivem com menos de US$ 2 por dia.

A América Latina ocupa um lugar de destaque: "A distribuição global de renda também faz ressaltar o grau extremamente elevado de desigualdade na América Latina".[1]

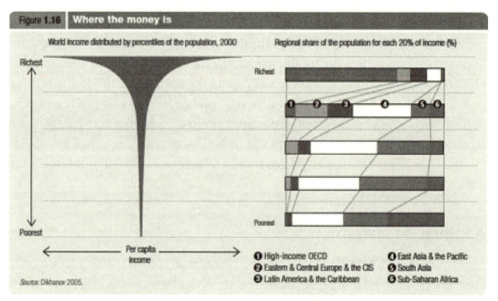

Fonte: *Human Development Report* – 2005, p. 37 – <http://hdr.undp.org/en/media/HDR05_complete.pdf>.

Na lógica do sistema capitalista em que vivemos, interessa produzir para quem tem capacidade de compra. E as empresas mais poderosas adquirem o

---

[1] *Human Development Report – 2005*, p. 36, Box 1.5. Há imensa literatura sobre o assunto. Uma excelente análise do agravamento recente destes números pode ser encontrada no relatório *The Inequality Predicament Report on the World Social Situation – 2005*. United Nations: New York, 2005. Para uma análise ampliada do processos, ver o nosso *Democracia econômica* (Editora Vozes, 2008), bem como o artigo de I. Sachs, Carlos Lopes e L. Dowbor, "Riscos e oportunidades em tempos de mudança", ambos disponíveis em: <http://dowbor.org>.

controle das mais frágeis, gerando uma extrema concentração de poder que, por sua vez, reforça a concentração de renda. A partir de determinado nível de poder, começam a mudar as regras do jogo. As grandes corporações financeiras que dominam o sistema passaram a mudar as leis que regem o próprio sistema financeiro, promovendo a redução dos impostos para os mais ricos, substituindo os impostos pagos pelos ricos por endividamento público, liquidando os sistemas de regulação que davam aos governos certo controle sobre o sistema. O sistema se expande intensificando e sofisticando o consumo dos que já consomem demais, mas têm capacidade de compra, e reproduz a miséria dos pobres, que consomem muito pouco.

E vale a pena?

Estamos todos envolvidos, nos extratos superiores, numa corrida desesperado por acumular bens materiais. Mas vale a pena? Uma coisa impressionante na concentração de renda e de riqueza no planeta é que o processo gera imenso sofrimento na base da sociedade, mas não maior satisfação no topo. Vale a pena refletir sobre esse absurdo que representa a corrida, a chamada *global rat race.*

Dizer que o dinheiro não traz felicidade, tem dois sentidos inversos, segundo o grau de acesso à renda. Claramente, para as pessoas que não têm acesso aos bens básicos da sua sobrevivência, um pouco de dinheiro muda radicalmente a situação para melhor. Uma família poder ter um domicílio decente, alimentar os seus filhos, recorrer a um médico, comprar os medicamentos necessários, aumentar radicalmente a sua qualidade de vida. Ou seja, quando se passa de um salário mínimo para dois, por exemplo, a satisfação com a vida melhora muito.

O interessante, no entanto, é que esta linha de satisfação que sobe nos gráficos, conforme aumenta a renda, tende rapidamente a se tornar horizontal. Assim, nos Estados Unidos, por exemplo, enquanto de 1970 para cá o PIB *per capita* aumentou fortemente, a satisfação das pessoas com a sua vida (indicadores de percepção de qualidade de vida) se manteve estável ou baixou. O que ocorre, naturalmente, é que depois de satisfeitas as necessidades básicas de conforto material, colocar mais aparelhos de televisão na casa, ou mais carros na garagem, ou vestir roupas de marcas renomadas, certamente dão uma satisfação inicial, mas que é muito passageira. Depois que se impressionou o vizinho, resta muito pouco.

Em outros termos, esta concentração de renda impede que se aumente a felicidade no conjunto do planeta, na base da sociedade, além de sequer gerar satisfação nos ricos que a provocam e reproduzem. É um processo positivo em termos de expansão de consumo, mas não da sua qualidade. Impacta negativamente a sociedade por desviar recursos de onde são necessários, por gerar tensões sociais crescentes – e justificadas – e por se basear numa economia do desperdício que dilapida os nossos recursos naturais, gerando uma tragédia ambiental.

O ciclo publicitário

Hoje não há como não ver a relação entre a dinâmica do consumo e as políticas culturais. Tipicamente as nossas crianças passam quatro horas na frente da televisão, e cerca de uma hora e meia frente ao computador, com variações evidentes à medida que a internet e novas formas de sociabilidade se generalizam. Com a ampliação revolucionária do acesso aos meios de comunicação de massa nas últimas décadas – no Brasil 96% dos domicílios têm televisão –, comunicar mensagens publicitárias se tornou não só extremamente barato, como inescapável mesmo para os que tentam se proteger ou proteger os seus filhos. Em nenhuma outra época da evolução da humanidade houve este poder de martelar horas a fio, em todo domicílio, consultório médico ou até telefone celular. Mensagens para todas as pessoas sobre os valores que devem ter, as coisas que devem pensar, os valores que devem defender e, sobretudo, o que devem consumir.

A publicidade destinada a crianças – hoje uma grande indústria, com psicólogos e crianças contratadas para testes de impacto – constitui uma máquina bem rodada. Diante das limitadas capacidades de as crianças distinguirem a manipulação, é uma covardia. Os impactos são avassaladores. O conjunto da indústria dos *fast-foods*, salgadinhos, refrigerantes etc. levou a uma explosão da obesidade infantil. Um adolescente obeso tem a vida prejudicada, e sair dessa situação é muito difícil. E as empresas aproveitaram para desenvolver outra indústria, a de lipoaspiração infantil. Oferecer brinquedos e massacrar com publicidade as crianças, para que consumam mais açúcar, sal e gordura, francamente, situa-se além da mais elementar decência humana. O Mac Dia Feliz acontece uma vez por ano.

Na realidade é importante entender o ciclo: as empresas encarregam as agências de publicidade, hoje gigantes corporativos, de elaborar as campanhas. Estas são veiculadas pela grande mídia, que cobra tanto mais quanto mais audiência pode apresentar. Os índices de audiência por sua vez exigem programas "de grande público", o que envolve mobilizar a atenção a qualquer preço, como, por exemplo, policiais perseguindo bandidos, corridas mirabolantes de carros e semelhantes. E naturalmente evitar informações verdadeiras, mas aborrecidas, e muito menos falar a verdade sobre produtos ou empresas, que são afinal quem contratam a publicidade e financiam a grande mídia. A empresa que contratou a publicidade calcula esta como custo de produção e promoção, e transfere esse custo para os preços. Assim, ao comprar qualquer produto, gostemos ou não, estamos financiando a publicidade que irá interromper o nosso filme. E ouviremos a mensagem de que tal programa é gentilmente oferecido por uma empresa que tem total dedicação a nós.

Não gostamos muito de achar que estamos fazendo as compras influenciados pela publicidade. Mas a realidade é que as fantásticas somas gastas com a publicidade, além de vir do nosso bolso, são utilizadas porque funcionam. E não há nenhuma vergonha em sermos influenciáveis, é uma das facetas mais simpáticas do ser humano. Mas a máquina industrial de influência gera evidentes deformações. Terminamos dançando conforme a música, ainda que o resultado final seja a frustração com a qual olhamos a esteira para caminhar que parecia tão atraente no programa.

Consumo individual e consumo coletivo

O consumo individual obsessivo tem o seu impacto planetário. Este impacto é hoje medido como "pegada ecológica". Cada um de nós, de acordo com a sua intensidade e qualidade de consumo, tem impacto sobre o nosso pequeno planeta. O espaço da minha casa, a terra necessária para plantar o arroz que como, o espaço de rua e estrada que ocupa o meu carro, tudo isto pode ser calculado, e tem dado lugar ao cálculo de quão "espaçosos" são os povos, as classes sociais, as empresas. O resultado, por exemplo, é que o indiano médio ocupa 0,9 hectares para a sua sobrevivência. O americano, bastante mais espaçoso, ocupa 10 hectares, o europeu cerca de 6. Se generalizássemos o tipo de consumo do americano, seriam necessários quatro planetas. Um outro mundo não é apenas possível, é inevitável.

O consumo individual não é necessariamente mais inteligente. Em Toronto, no Canadá, há inúmeras piscinas públicas. Além disso, as piscinas escolares são abertas ao público. Com a intensidade de uso, torna-se barata a manutenção, e inclusive a proteção das crianças. O resultado é um significativo aumento da qualidade de vida, em particular dos jovens, com um gasto *per capita* muito pequeno, pois os custos são distribuídos por muitas pessoas. Em contraste, ter uma piscina em casa gera custos de manutenção elevados, para pouquíssimo uso, pois brincar sozinho não é muito estimulante. O efeito de status é significativo, sem dúvida, mas gerar infraestruturas públicas de diversão é muito mais barato, não isola as pessoas, contribui para a democratização e a segurança de todos. É consumo inteligente.

Outro exemplo forte é o transporte individual. Não há mal em ter carro, e será difícil dizer aos que acedem a este conforto que agora nos devemos limitar. O absurdo é milhões de pessoas tomarem todos os dias os seus carros para irem basicamente aos mesmos destinos no triângulo casa/escola/trabalho. O uso do carro para compras maiores, lazer e semelhantes não mata a cidade. Estive recentemente em Shanghai, que tem 420 quilômetros de metrô. São Paulo, que começou vinte anos antes, tem 74 quilômetros. Em Shanghai o grande volume de pessoas que diariamente buscam o mesmo destino é absorvido pelo transporte público, e o resultado é que os carros também andam. Em São Paulo o nosso tempo médio perdido diariamente no trânsito é de duas horas e quarenta minutos. Tempo em que não estudamos, não trabalhamos, não descansamos. Pelo contrário, nos irritamos e, sobretudo, poluímos a atmosfera e gastamos rios de recursos naturais. Aqui também a disponibilização de infraestruturas públicas é essencial, e na ausência de transporte público decente mais pessoas usam o consumo individual. Sai mais caro para todos.

Os exemplos são inúmeros. Para as montadoras que vendem carros e as empreiteiras que constroem viadutos, interessa que o consumo seja individual, pois gera retorno imediato para elas. Para a sociedade, interessa a organização racional do uso dos recursos. O consumo público reduz os custos para todos, inclusive para a natureza.

As políticas sociais

Sempre que pensamos em consumo, e pelo próprio massacre que sofremos através da grande mídia, pensamos em sapatos, cosméticos, roupas, carros, motos e semelhantes. Estes produtos realmente geram uma pegada ecológica pesada. Ter os armários cheios não é sinal de status, e sim de simplicidade mental, para dizê-lo de maneira educada. Mas o grande consumo está se deslocando para outras áreas.

A totalidade da produção industrial nos Estados Unidos emprega hoje menos de 10% da mão de obra, isto já somando os empregos burocráticos da própria indústria. O maior setor econômico americano é a saúde, com 17% do PIB, e que cresce rapidamente. Se olharmos um pouco para a frente, não é a produção de bens físicos que está no centro dos processos produtivos, e sim o investimento nas pessoas: saúde, educação, lazer, esporte, cultura, informação, segurança e semelhantes.

A característica destes setores de atividade é que são fundamentais para a nossa qualidade de vida – a vida com saúde, lazer, cultura, educação é o que mais queremos para viver bem –, mas não são produtos que são comprados, e sim serviços públicos aos quais se tem acesso. Sapatos produzidos na China podem ser colocados em contêineres e despachados pelo planeta afora. Não se despacha saúde em contêineres, nem educação: trata-se de serviços intensivos em mão de obra qualificada, densos em relações humanas, fortes promotores de capital social e de sistemas descentralizados de gestão em cada cidade, bairro ou núcleo populacional em geral.

Quando olhamos os dramas da parte mais pobre da população mundial, os quase dois terços que representam os 4 bilhões estudados pelo Banco Mundial são justamente as áreas mais, e mais necessárias. Generalizar o consumo da educação, saúde preventiva, cultura, conhecimentos on-line e semelhantes, não tem nenhum impacto negativo no meio ambiente: pelo contrário, leva ao uso mais inteligente e sustentável dos recursos. Como são intensivos em mão de obra, criam empregos, e são empregos que aumentam a produtividade social. Trata-se de políticas integradas de promoção social que exigem a articulação das políticas de desenvolvimento em cada cidade, em cada território. O impacto da priorização das políticas sociais na racionalidade dos processos decisórios públicos e privados é muito grande.

É consumo? É gasto? É investimento? Na tradição herdada, diziam-nos que fabricar bonecas Barbie constitui produção, que gera impostos, o que por sua vez permitirá financiar os "gastos" com saúde, educação e assim por diante. Na realidade, quando uma empresa produtora de bens de consumo tradicional emprega um engenheiro de 25 anos, está adquirindo uma capacidade de trabalho que envolveu anos de investimento familiar, público e do próprio jovem. Sem este investimento, não teríamos a progressão na produtividade geral. Todos os setores de atividade envolvem gastos, investimentos e produtos. Um pouco menos de automóveis e de viadutos, e um pouco mais de políticas sociais seria uma forma inteligente de orientar o consumo. O Japão começou a sua modernização em 1868, e em 1900 já não tinha analfabetos. Nós ficamos refletindo sobre o aumento do bolo e deixando o social para o futuro. Precisamos aumentar o consumo sim, mas de outra forma, e para outras pessoas.

A apropriação dos bens livres

Há formas de consumo que não custam a ninguém, e estão se tornando escassas. Um exemplo típico é o das praias de Bertioga que, em grande parte, tornaram-se propriedade de condomínio privado. Onde antes eu podia passear livremente, agora, para fazer isso, tenho de pertencer a uma classe chique de membros de uma "riviera". É interessante a publicidade me oferecer "as maravilhosas praias", devidamente pagas, como se o grupo econômico que se apropriou da região as tivesse criado. O lazer gratuito que as praias representam contribuem muito para a qualidade de vida de todos, independentemente do nível de renda.

A comunidade do Conjunto Palmeiras, no Ceará, morava à beira do mar. Mas um grupo europeu comprou a região da praia e as pessoas foram deslocadas para outra região, onde, em vez de areia, havia lama. Conseguiram se reerguer, e hoje constituem um exemplo de desenvolvimento endógeno, de criatividade. A roupa que compram eles mesmos produzem, é o Palma Fashion, produto que ao mesmo tempo os veste e lhes assegura emprego, no caso autoemprego. Pagam com o PalmaCard, cartão de crédito baseado no banco comunitário que criaram. Geram os próprios produtos de limpeza. São sustentáveis no sentido completo.

Mas a praia agora é de propriedade dos chamados "resorts", coisa para turista do exterior, ou privilegiados do nosso Sudeste. Assim, a desigualdade se enraíza no tecido econômico da região, excluindo as pessoas da gratuidade do acesso. No Rio de Janeiro, a divisão é gritante. Não à toa surge a música: "Nós vamos invadir a sua praia...".

São Paulo tem duas represas maravilhosas que um dia constituirão um espaço de lazer periurbano, tão necessário para os fins de semana. Com raras exceções, e apesar de alguns esforços da prefeitura, além de contaminadas, fruto de descaso com o esgoto, elas têm a orla apropriada por interesses privados. Em vez de um Sena ou uma Tâmisa, temos esgotos a céu aberto nos rios Tietê e Pinheiros, e aproveitamento do vales para pistas de automóveis. Outro espaço de lazer eliminado.

A água já foi um bem livre. Com a contaminação generalizada, as pessoas estão cada vez mais comprando água. O custo ambiental, segundo Lester Brown, é da ordem de 1 para 1.000, comparando-se os impactos da água de torneira e da água engarrafada.

Na minha infância, sempre fui de bicicleta para a escola. O sentimento de liberdade, de pertencer à cidade e de ela me pertencer, era intenso. A apropriação generalizada pelos interesses ligados aos automóveis tornou o espaço não motorizado não só restrito, como perigoso. As amplas calçadas de Paris, com as suas mesinhas e bares diversificados, permitem um convívio tranquilo, encontros não programados, uma sociabilidade solta e sem obrigações. Na região de Giovinazzo, na Itália, encontrei cidades que organizaram trajetos seguros e sinalização apropriada para as crianças poderem transitar entre escolas, parques, centros esportivos. Em outras cidades, as crianças conseguiram expulsar os carros das praças, resgatando espaço arborizado para jogos e lazer.

O consumo não monetário, a gratuidade no aproveitar os bens da natureza, é vital para a nossa saúde social e mental. A tendência natural do lado empresarial é cercar e cobrar entrada. Reduzir o acesso aos bens públicos é a melhor maneira de obrigar a pagar. E com isto se divide a sociedade entre os que têm acesso e os excluídos, que apenas olham. Não é saudável nem decente.

Consumo do conhecimento

O conhecimento é um bem diferente: o seu consumo não reduz o estoque. Pelo contrário, multiplica-se ao ser comunicado. No exemplo clássico, se duas pessoas trocam as suas maçãs uma com a outra, cada uma continua com uma maçã. Mas, se cada pessoa comunica uma ideia à outra, ambas ganham. O conhecimento que passo para outra pessoa continua comigo. O conhecimento não é um bem rival.

Este fato assumiu nos nossos dias uma importância radical, pois, na produção de bens e serviços, tipicamente, três quartos do valor vêm do conhecimento incorporado. Se considerar o meu celular, haverá talvez 5% de matéria-prima e de trabalho físico: os outros 95% são conhecimento incorporado, sob forma de tecnologia, pesquisa, design e semelhantes intangíveis. É a economia do conhecimento.

As tecnologias de informação e comunicação (TICs), por outro lado, tornaram-nos capazes de ter acesso inteligente a um mundo de conhecimentos que circulam nas ondas eletromagnéticas em volta do planeta. Ninguém "construiu" as ondas eletromagnéticas, elas pertencem à natureza. Nelas os conhecimentos circulam quase na velocidade da luz. Hoje qualquer pessoa com equipamentos cujos custos estão caindo vertiginosamente pode ter acesso a todo o estoque de conhecimento disponibilizado on-line no planeta.

Juntando a evolução para a economia do conhecimento e as TICs, temos a faca e o queijo. E, sobretudo, temos relações diferentes de propriedade, pois as ideias que repasso continuam comigo. O que se abre no horizonte é uma sociedade com menos guerra competitiva e mais colaboração.

As implicações são imensas. Podemos generalizar o acesso ao conhecimento no planeta todo, sem que isto tire pedaço de ninguém. Temos as tecnologias para isto. Muitos países já adotaram "um computador por aluno". Mas o que vamos assistir nesta década é a generalização do equipamento de recepção e emissão a toda a população. Na era da economia do conhecimento, democratizar o acesso a um bem que é ao mesmo tempo bem de consumo e fator de produção tende a enriquecer a todos. E como a inteligência existe em todos os níveis sociais, o jogo começa a ficar mais equilibrado. Os camponeses do Quênia que consultam os preços em diversas praças do país escapam dos atravessadores. Mudam as relações.

No próprio mundo empresarial, descobre-se que a colaboração pode ser bem mais eficiente, nas atividades densas em conhecimento, do que se esconder atrás de patentes e de compromissos de não divulgação que os empregados são obrigados a assinar. As empresas de robótica, que passaram a trabalhar com dados abertos, uns aproveitando os conhecimentos dos outros, tornaram-se todas mais produtivas. Em vez de se reinventar a roda em cada empresa, todas trabalham na ponta, e se tornaram mais produtivas no conjunto.

Consumir conhecimento não esgota o meio ambiente, pelo contrário. O relatório do Programa das Nações Unidas para o Meio Ambiente (PNUMA) recomenda que se libere o acesso aos conhecimentos tecnológicos que permitam uma agricultura mais sustentável e a redução das emissões de gases de efeito estufa.

Os argumentos são óbvios, mas a guerra é intensa. A Sage Publications, ou a Elsevier, por exemplo, grandes corporações de intermediação na publicação de artigos científicos, ganham rios de dinheiro ao cobrarem o acesso aos artigos de revistas indexadas. George Monbiot, no *Guardian* (30/08/2011), apresenta a situação geral:

> Ler um único artigo publicado por um dos periódicos da Elsevier vai lhe custar $31,50. A Springer cobra $34,95. Wiley-Blackwell, $42. Leia dez artigos, e pagará 10 vezes. E eles retêm o *copyright* perpétuo. Você quer ler uma carta impressa em 1981? São $31,50...Os retornos são astronômicos: no último ano

fiscal, por exemplo, o lucro operacional da Elsevier foi de 36% sobre cobranças de dois bilhões de libras. Resulta um açambarcamento do mercado. Elsevier, Springer e Wiley, que compraram muitos dos seus competidores, agora controlam 42% das publicações.

Há saída para os autores?

Os grandes tomaram controle dos periódicos com o maior impacto acadêmico, nos quais é essencial pesquisadores publicarem para tentar obter financiamentos e o avanço das suas carreiras... O que estamos vendo é um puro capitalismo rentista: monopolizam um recurso público e então cobram taxas exorbitantes. Uma outra forma de chamar isto é parasitismo econômico.

Não são apenas os pesquisadores que são penalizados: o custo das assinaturas das revistas pelas bibliotecas universitárias é simplesmente proibitivo.[2]

O potencial de inclusão produtiva é igualmente imenso. Experiências como a de Piraí ou da favela de Antares, no Rio de Janeiro, mostram que, ao ter acesso à internet, os pequenos comerciantes diversificam clientes e fornecedores, e muitas pessoas passam a prestar serviços os mais diversos on-line (design, apoio técnico informático etc.). Alvin Toffler, criativo como sempre, se refere a estes novos trabalhadores do conhecimento com o termo "prosumidores" – são ao mesmo tempo consumidores e produtores de conhecimento.

Abrimos aqui algumas janelas para as novas visões sobre o consumo. Com a pressão demográfica e a nossa capacidade reforçada de nos apossarmos dos recursos naturais, as tendências atuais são simplesmente insustentáveis. E a apropriação crescente dos processos produtivos, das esferas de intermediação, das políticas sociais e até dos bens públicos, pelos interesses comerciais, que por natureza priorizam a rentabilidade corporativa e não a produtividade sistêmica e a qualidade de vida, gera situações sociais inaceitáveis e crescentemente explosivas. Finalmente, em termos econômicos, manter a bolha de luxo e os processos especulativos torna o próprio sistema inoperante.

O que temos pela frente é a imensa oportunidade de ocupar o amplo horizonte de consumo inteligente que se abre: um *new deal* planetário está mais do que atrasado. É necessário em termos sociais, viável em termos econômicos,

---

[2] George Monbiot. *How did academic publishers acquire these feudal powers?* The Guardian, August 29, 2011. Disponível em: <http://dowbor.org/ar/the%20guardian.doc>; para ler o meu artigo publicado pela Sage, fruto de minha pesquisa, e pela qual nada me pagaram, tenho de pagar 25 dólares a cada 24 horas. Chamam isto, misteriosamente, de "direito autoral". Ver "O professor frente à propriedade intelectual" no meu site <http://dowbor.org>.

e o resgate da sustentabilidade pode constituir um poderoso trampolim para uma nova geração de tecnologias. O bom senso progride. Mas a janela de tempo que temos, antes de atingir o *tipping point,* o ponto de não retorno, em uma série de áreas críticas, é cada vez mais curta.

O CONSUMO E A DINÂMICA DO EFÊMERO

José J. Queiroz

Por dinâmica do efêmero, entendemos o seu movimento e o papel que ocupa no cosmo, no humano, na vida e na sociedade. Para expor essa dinâmica, buscaremos suas raízes, evolução, características na modernidade e na pós-modernidade. Sempre vinculado ao tempo, o efêmero, na sociedade contemporânea, assume o preocupante aspecto de hiperconsumo, cujas consequências precisam ser ponderadas, pois tocam o futuro do planeta e da humanidade.

Indo às raízes

O efêmero na cultura grega clássica

Efêmero, do grego *efemeros*, traz em sua etimologia a palavra *emera* – dia. Significa o que dura um dia. Tem como sinônimos: curto, passageiro, transitório, breve. Seu antônimo: o que é permanente, eterno.

Buscamos, de início, a raiz do efêmero na cultura clássica grega, onde surgiu o termo. Duas vertentes indicam essa raiz, ambas ligadas a uma visão mitológica da origem e da constituição do tempo. Não haveria o efêmero, se o cosmo fosse eterno. Mas ele surge no tempo e, por isso, é efêmero, passageiro, como o dia. A primeira vertente aponta o aparecer do tempo no mito de *Chronos*, tempo divinizado, origem do próprio universo, um ser vivo e abstrato que exerce, no começo de tudo, a função de um princípio que transcende todos os contrários, simbolizado por uma serpente que se fecha em círculo envolvendo o mundo numa esfera única e eterna, apesar das aparências de multiplicidade e mudança.

A outra vertente, segundo Jean-Pierre Vernant, na sua obra *Mithe et Pensée chez les Grecs*,[1] surge no século VII a.C., período de dificuldades e inquietudes pelo abandono do ideal heroico dos tempos homéricos. Naquela época, despontam valores ligados à vida afetiva dos indivíduos: prazeres, emoções, amor, bondade, juventude. Aparece, então, o tempo humano, efêmero, instável e destruidor, envolvido no esquecimento e caminhando para a morte. Este tempo não se integra mais na organização cíclica e perene do cosmo. O indivíduo está voltado para a sua própria vida emocional, mergulhado no presente, misto de prazer e sofrimento, num fluxo móvel, cambiante; irreversível, dominado pela fatalidade do morrer, que condiciona todo o percurso e arruína irremediavelmente o valor da vida. A poesia lírica daquela época representa a tomada de consciência mais clara do tempo humano efêmero, que foge sem retorno, seguindo uma linha irreversível que abandona a ideia de reversão periódica e regular do universo.[2] O círculo (*Kuklos*) sobre o qual se projeta a nova imagem do tempo torna-se o triste círculo da necessidade e do sofrimento (*moira*), do efêmero, símbolo de tortura e castigo, roda cruel dos nascimentos da qual o sujeito sempre deseja escapar.[3]

Platão, na leitura de Vernant, relaciona o efêmero com a sensibilidade, a fragmentação da matéria, do corpo, em oposição à alma e à eternidade das ideias do bom, do belo, da justiça, da verdade, da unidade. A reminiscência não se volta ao passado primordial nem a vidas anteriores. Mira as verdades cujo conjunto constitui o real. A memória (a deusa ou musa Mnèmosunè) deixa de ser um poder sobrenatural e se interioriza para se tornar a própria faculdade de conhecimento humano.

> Saber é relembrar, escapar do tempo presente, fugir para longe do aqui debaixo, retornar à pátria divina da nossa alma, reencontrar o mundo das ideias, que se opõe ao mundo terrestre e efêmero. A reminiscência revela o ser imutável e eterno e a memória não é pensar o tempo, é evasão para fora dele.[4]

Já Aristóteles, precursor da epistemologia moderna, despoja a memória desta auréola. A *mnéme* (memória) é um simples poder de conservação do passado, e a *anamnesis* (reminiscência), que é a sua função voluntária efetiva, são

---

[1]   J. P. Vernant. *Mithe et Pensée chez les Grecs*.

[2]   Ibid., p. 129.

[3]   Ibid., pp. 129-130.

[4]   Ibid., pp.1 32-133.

necessariamente ligadas ao passado e implicam um lapso de tempo, um anterior e um posterior.[5]

O efêmero na tradição bíblica

Outra matriz que possibilita ir à raiz do efêmero está contida nos textos da Bíblia hebraica e na sua versão grega, denominada *septuaginta*. Nessa vertente, o efêmero decorre da relação tempo/eternidade, que tem seu início com o ato de criação do cosmo, da vida e do humano. O Livro do Gênesis inaugura o aparecer do efêmero com o *bereshit*, o início de tudo. O tempo, para o israelita, ao contrário da visão determinista grega, supõe um encontro do Deus único com o mundo e o ser humano dotado de livre-arbítrio. É um tempo sagrado e mítico, pois sempre remonta à ação divina das origens, que dá sentido a todas as coisas.[6] O hoje (*hayyom*) é sempre um caminhar seguindo a eleição divina para alcançar uma promessa nos acontecimentos que marcam a intervenção de Deus. O passado nunca deixa de existir. Assim, a libertação do jugo do Egito exige de todas as gerações futuras o empenho para libertar a humanidade de todos os jugos e o respeito aos direitos fundamentais. Não é o tempo que determina o acontecer. Este é que determina o tempo. À diferença do homem grego, determinado pelo destino (*moira*), o homem bíblico, embora sujeito às determinações das circunstâncias, conserva seu livre-arbítrio, pode aproveitar da pluralidade sucessiva dos *itot* – tempos determinados de encontros com Deus – para refletir e mudar a orientação da própria vida. O homem israelita não vê a realidade como essência, mas como exigência. Preocupa-se mais com o dever ser do que com o ser, e o tempo nunca escapa das mãos de Deus.[7]

Rehfeld[8] constata duas vivências do tempo na literatura bíblica. Uma é otimista, progressista, escatológica, e preconiza um fim dos tempos e a realização de todos os valores, morais, naturais, sociais e humanos. Um tempo que leva à redenção com a colaboração do próprio ser humano criado livre, à imagem e semelhança de Deus. Outra é pessimista, estática. O tempo e o humano são efêmeros e estão imersos no mal. Assim são lidos vários acontecimentos, como o pecado de Adão e Eva, a expulsão do paraíso, o primeiro fratricídio, a Torre de Babel, o dilúvio, a desgraça de Jó. Para o *Qohélet* (Livro do Eclesiastes) "tudo é

---

[5] Ibid., pp. 135-136.

[6] Cf. W. I. Rehfeld. *Tempo e religião*, p. 56.

[7] Cf. ibid., pp. 74-91.

[8] Cf. ibid., pp. 101-102.

vaidade... O sol se levanta, o sol se põe e se apressa para voltar a seu lugar... não há nada de novo sob o sol".[9] O salmista exclama: "lembra-te de como a minha vida é um nada (*chéled*)[10]"; "somos habitantes do vazio".[11] O tempo do *chéled* expressa o vazio do mundo, da vida, da ausência de sentido. Belo e ao mesmo tempo trágico é o humano efêmero nas palavras de Isaías: "toda carne é erva e toda a sua graça como a flor do campo. Seca a erva e murcha a flor, quando o vento de Iahwheh sopra sobre elas... Mas a palavra do nosso Deus subsiste para sempre".[12] Somente a graça de Deus pode libertar a humanidade dessa via de desolação.

O efêmero na modernidade e na pós-modernidade. O ponto de ligação

É sempre o tempo e a história que possibilitam fazer a ponte entre o efêmero visto na cultura grega e na literatura bíblica e a dinâmica do efêmero na modernidade e na pós-modernidade. O elo pode ser encontrado na ambiguidade da concepção de tempo e história que marcou o cristianismo ao longo da Idade Média. A princípio, o cristianismo, acolhendo a herança otimista messiânica judaica, impregnou o tempo e a história do significado que lhe foi atribuído pela vinda de Cristo. Uma história de pecado e de redenção que tem um começo ou preparo, um ponto de chegada, o aparecimento de Cristo, e uma consumação final, a parusia, tudo em tempo histórico e humano. O cristianismo, ao adotar a visão escatológica da história, considera o passado como preparação ao futuro. Nesse sentido, a filosofia cristã inaugura o conceito moderno de história.[13] O tempo, embora sob orientação divina, transcende o ciclo da história natural, é linear e irreversível. Projeta-se para o futuro e cria uma tensão permanente. O passado é prólogo do presente a caminho de concretizar a promessa do futuro. Segundo Kumar, estão postas nessa concepção algumas das características da modernidade "que deveriam ter levado o mundo cristão medieval a interpretar sua distância do mundo antigo com toda a força da oposição comum entre 'o antigo' e o 'moderno'".[14] Mas, diz este autor, a Idade

---

[9]   Ecl 1,2-10.

[10]   Sl 89,48.

[11]   Sl 49.

[12]   Is 40,6-8.

[13]   Cf. K. Kumar. *Da sociedade pós-industrial à pós-moderna*; novas teorias sobre o mundo contemporâneo, pp. 81 e ss.

[14]   Ibid., p. 83.

Média pouca importância deu ao *modernus* e à *modernitas* que inventou. Na prática, a visão cristã medieval mostrou indiferença e desprezo do presente e do futuro e desencorajou até mesmo as expectativas milenaristas de felicidade. O tempo e a sociedade são efêmeros, e ao mesmo tempo sacralizados, porquanto só têm sentido como espera da eternidade. A história verdadeira é a história da cidade celeste, cuja encarnação no mundo é a Igreja. A vida é mera preparação da sua vinda, suportando estoicamente as tribulações, moderando o corpo e seus prazeres. Ante a eternidade, o tempo da existência humana é apenas sombra, efêmero e insignificante. Observa Kumar que "os conceitos medievais preferidos eram *memento mori* – lembra-te que deves morrer –, *fortuna labilis* – a inconstância da sorte –, *theatrum mundus* – o mundo é um palco –, expressões que enfatizam o caráter ilusório, a transitoriedade da vida humana e a incapacidade dos seres humanos de controlarem seu próprio destino.[15]

A filosofia cristã da história só adquiriu consistência quando foi radicalmente secularizada a partir do século XVII, ocasião em que o pensamento milenarista foi convertido na ideia de progresso. "O milênio tornou-se científico e racional, o alvorecer de uma época infindável de progressos na terra... e a própria modernidade adquire status messiânico".[16]

Acelera-se o passo para o advento do capitalismo industrial e sua primeira revolução, que acontece na Inglaterra do século XVIII e inaugura um novo modo de produção capitaneada pela burguesia. Um sistema cuja dinâmica efêmera fora denunciada com grande realismo por Marx e Engels, no *Manifesto Comunista* de 1848: a burguesia "revoluciona constantemente os instrumentos de produção", abala "incessantemente todo o sistema social", provocando "insegurança e movimento permanentes", dissolve "as relações rígidas e enferrujadas" e torna antiquadas "as mais recentes, antes que se consolidem". Enfim, "tudo o que era sólido desmancha no ar, tudo o que era sagrado é profanado...".[17] A evolução do capitalismo industrial foi vertiginosa a partir da segunda metade do século XX. Até o fim da Segunda Guerra mundial predomina a chamada indústria pesada, um sistema produtivo voltado para a produção de bens de longa duração. A partir desse marco histórico, assiste-se a um avanço extraordinário das tecnologias de informação e comunicação, inaugurando uma nova era do capitalismo que recebeu várias denominações pelos autores que

---

[15] Ibid., p. 98.

[16] Ibid., p. 98.

[17] K. Marx; F. Engels. O Manifesto Comunista. In: Daniel Aarão Reis Filho (org.). *O Manifesto Comunista 150 anos depois*, p. 11.

se debruçaram a analisá-la: era pós-moderna (Jean-François Lyotard, Gianni Vattimo, Zygmunt Bauman e outros); sociedade dos objetos, do consumo, da economia política dos signos (Jean Baudrillard); sociedade pós-industrial ou da informação e do conhecimento (Daniel Bells, Krishan Kumar e outros); era do vazio, do efêmero, do hiperconsumo (Gilles Lipovetsky e outros).

As análises e críticas relativas a essa nova era são muitas. Frisaremos apenas algumas que mais possibilitam captar a dinâmica do efêmero que lhe é peculiar.

Já desde 1923, surgira em Frankfurt o Instituto para Pesquisa Social, que foi congregando nomes famosos como Adorno, Horkheimer, Marcuse, Walter Benjamim e, atualmente, Jürgen Habermas.

Em *Dialética do esclarecimento: fragmentos filosóficos*, Theodor W. Adorno e Max Horkheimer veem no novo sistema de produção massiva de bens de consumo as sequelas perversas da racionalidade iluminista, que atinge até mesmo a cultura e a arte. Foram os primeiros a cunhar a expressão "indústria cultural".[18]

Herbert Marcuse aponta no novo sistema mercadológico a implantação de uma sociedade unidimensional[19] totalmente envolvida na produção e no consumo de bens supérfluos, o que traz consequências funestas para o humano. Paralisa a capacidade crítica, esvazia a oposição dialética ao sistema capitalista porquanto o consumo se transforma numa tese absoluta que absorve a antítese ou qualquer possibilidade de negação, esvazia os engajamentos sindicais e políticos, manipula as necessidades sob o império do supérfluo, erige uma fictícia e ideológica igualdade das classes (todos são consumidores), camufla a sua irracionalidade sob as vestes da razão mercadológica, molda a vida pelos objetos, paralisa o valor contestador da arte; a sexualidade, com a sua permissibilidade ou aparente libertação, torna-se vazia e camufla a canalização do eros para a produtividade e o trabalho alienado. O ser humano efêmero, produto do consumismo, tem uma "consciência feliz" e se torna cego ante as barbaridades sociais, anestesiado pelo ópio do consumo.[20]

---

[18] Cf. T. W. Adorno M. Horkheimer. *Dialética do esclarecimento*; fragmentos filosóficos, pp. 99 e ss.

[19] Cf. H. Marcuse. *A ideologia da sociedade industrial*, traduzido e publicado no Brasil pela Zahar, em 1967 (título original: *One-Dimensional Man. Studies in the Ideology of Advanced Industrial Society*).

[20] Tive ocasião de elaborar uma análise minuciosa do pensamento de Marcuse na obra publicada pelo Departamento de Teologia da PUC-SP, sob o título *Homem hoje* (1976).

Da sociedade dos objetos à sociedade de consumo e à economia política dos signos. Jean Baudrillard

Já em 1968, quando escreve *O sistema dos objetos*,[21] Baudrillard observa que à diferença dos objetos naturais que são possíveis de classificação a civilização urbana vê sucederem-se, em ritmo frenético, gerações de produtos, aparelhos dos quais não é possível elaborar um inventário, pois eles proliferam rapidamente, as necessidades se multiplicam, a produção lhes acelera o nascimento e a morte e falta vocabulário para designá-los. Surge diante deste espetáculo um festival do poder de compra. Urge então uma nova definição de consumo como um modo ativo de relação não apenas com os objetos mas com a coletividade e com o mundo, um modo de atividade sistemática e de resposta global na qual se funda todo nosso sistema cultural. O consumo vai além da sua materialidade e se torna a totalidade virtual de todos os objetos e mensagens, constituindo um discurso cada vez mais coerente. Por isso, Baudrillard estende a definição de consumo para significar "uma atividade de manipulação sistemática de signos".[22]

As análises do consumo vão se ampliar na obra *A sociedade de consumo*,[23] no qual ele percebe um estatuto miraculoso, um pensamento mágico que governa e rege a vida cotidiana. A opulência transforma-se em signos de felicidade. Trata-se de uma sociedade que se universaliza na comunicação de massa. Ante a cotidianidade e universalidade do consumo, Baudrillard começa a introduzir a ideia que vai desenvolver em obras posteriores, a ideia de "simulacro do mundo".[24] Nesta obra, os pontos fortes são a construção de uma teoria do consumo, a cultura dos meios de comunicação de massa, o drama dos lazeres, a impossibilidade de perder tempo e a anomia da sociedade da abundância.

Já o aprofundamento das mercadorias como signos acontece na obra de 1972, *Para uma crítica da economia política dos signos*.[25] A tese central é que o signo é o apogeu da mercadoria, porquanto esta se virtualiza e se torna um simulacro funcional. A moda e a mercadoria constituem uma mesma forma. O estádio acabado da mercadoria é aquele em que ela se impõe como *código,* isto é, como lugar geométrico de circulação dos modelos e, portanto, como médium

---

21 J. Baudrillard. *O sistema dos objetos*, traduzido e publicado pela editora Perspectiva (3. ed., 1977).

22 Ibid., p. 206.

23 Id. *A sociedade do consumo*; arte e comunicação.

24 Ibid., p. 25. Ver: Id. *Simulacros e simulação*.

25 Id. *Para uma crítica da economia política dos signos*.

total de uma cultura (e não apenas de uma economia). Para chegar a essa tese, o autor foi analisando a função social do objeto-signo, o consumo como a lógica das significações, a metafísica do signo, e vê na cibernética o estádio acabado da economia política.

O efêmero na era do vazio

Lipovetsky, em obra de 1983,[26] analisa a sociedade pós-moderna a partir de seu sistema produtivo, que assume a característica de pós-industrial, como a era do vazio, e aponta as suas peculiaridades que levam a compreender a dinâmica do efêmero.

A diferença da época moderna, caracterizada pela produção e pela revolução, a pós-moderna é a era da informação e da expressão. Porém quanto mais os indivíduos se exprimem, menos há o que dizer, quanto mais se solicita a subjetividade, mais anônimo e vazio o efeito se revela. Por isso, acontece uma explosão de espetáculos, exposições, entrevistas, declarações insignificantes, uma vontade de expressão não importa qual seja a natureza da mensagem, o expressar-se narcisicamente para nada, para si apenas, e se possível, ampliado pela mídia. Narcisismo que se torna conivente com a "liquidez" pós-moderna , com a "lógica do vazio".[27]

O ponto de partida é sempre a sedução do consumo, com a profusão de produtos, imagens, serviços e o hedonismo que lhe é inerente. O vazio se associa à imagem do deserto. Em vez de reflexão metafísica sobre o nada, despontam inúmeras formas de niilismo, desde as destruições em massa até as personagens mortas-vias da literatura. Tudo parece refletir uma "paixão pelo nada" e a figura trágica do deserto cresce como "ameaça absoluta, potência do negativo, símbolo do trabalho mortífero dos tempos modernos até seu término apocalíptico".[28] O autor aponta outro deserto, o social: "uma imensa vaga de deserção na qual todas as instituições, todos os grandes valores e finalidades que organizaram as épocas anteriores se esvaziam paulatinamente da sua substância, transformando o corpo social em corpo exangue, em organismo sem afecção".[29] Apatia e indiferença são ingredientes que penetram no ensino e fazem desaparecer quase por completo o prestígio e autoridade do mestre. Até

---

[26] G. Lipovetski. *A era do vazio*. Lisboa: Relógio D'Água, 1983.

[27] Ibid., p. 16.

[28] Ibid., pp. 33 e 34.

[29] Ibid., p. 34.

a política precisa adotar o estilo do espetáculo para atrair os eleitores. A solidão campeia e a relação com o outro sucumbe ao processo de "desafeição". Atomizados e separados, cada um de nós se torna agente ativo do deserto, estende-o, aprofunda-o, incapazes que somos de 'viver' o outro.[30] Há um mal estar difuso e invasor, um sentimento de vácuo interior e de absurdo da vida, uma incapacidade de sentir as coisas e os seres. Tive ocasião de trabalhar mais detalhadamente, alhures, essas posições de Lipovetsky e em especial a sua postura extremamente negativista com relação à ética, que ele assume na obra *A sociedade pós-moralista: O crepúsculo do dever e a ética indolor dos novos tempos democráticos*.[31] Vale notar que Lipovetsky, em obras posteriores, superou esse pessimismo admitindo na era do hiperconsumo a permanência dos valores éticos e a existência de uma felicidade, ainda que paradoxal, como veremos mais adiante.

A moda desnuda o império do efêmero

Em outro trabalho de 1987, Lipovetsky se propõe a apontar "o sentido global, a economia profunda da dinâmica da moda".[32] Para alcançar seu propósito, realiza uma verdadeira arqueologia do frívolo, do efêmero, do objeto fútil, fugidio, contraditório por excelência, a moda. Eis a pergunta central que pretende responder: como a era do domínio técnico, da interrogação do mundo, pode ser ao mesmo tempo a da aparente loucura da moda? E demonstra com muita consistência ao longo dos capítulos a tese de que a moda vai além da simples manifestação de paixões e vaidades. Ela acompanha a duração das sociedades até se tornar uma realidade sócio histórica característica do Ocidente e da própria modernidade. Mais do que signo de ambições de classe, ela constitui uma saída do mundo da tradição. É um espelho a tornar visível e singular nossa realidade histórica: a negação do poder do passado, a febre moderna de novidades, a celebração do presente social.[33]

---

[30]   Ibid., p. 46.

[31]   Tradução e edição no Brasil, feita pela editora Manole, em 2009. Essa posição foi severamente criticada por Z. Bauman, em *Ética pós-moderna*, 2006.

[32]   G. Lipovetsky. *O império do efêmero*, p. 11.

[33]   Cf. ibid., pp. 10 e ss.

O paradoxo da felicidade efêmera na era do hiperconsumo

Em livro mais recente,[34] Lipovestky, que então já abandonara a caracterização da nossa atualidade como pós-moderna, afirma que a partir dos anos 1970 entramos em uma nova fase do capitalismo de consumo, a "sociedade hipermoderna"[35] cujo funcionamento e impacto sobre as existências ele pretende analisar.

O livro começa expondo as três etapas do capitalismo de consumo. A primeira é a fase do nascimento do mercado de massa que vai dos anos 1880 até o fim da Segunda Guerra Mundial (1945) e se caracteriza pela expansão da produção em grande escala, pela reestruturação das fábricas seguindo os princípios da organização científica do trabalho, que tornou os produtos duráveis e não duráveis acessíveis a um maior número de pessoas. Essa fase inventou o marketing de massa e o consumidor moderno com a tripla instauração da marca, do acondicionamento e da publicidade. Inventou também o consumo-sedução em magazines e shoppings habilmente estruturados para maravilhar os clientes.

A segunda fase, iniciada por volta de 1950, estabelece um novo ciclo histórico das economias de consumo, que se prolonga nas três décadas sucessivas e coincide com o taylorismo-fordismo da organização da produção que conjugou uma excepcional alta da produtividade com a progressão dos salários. Impera a lógica da quantidade ou a fabricação de produtos padronizados e sua distribuição em larga escala. Acelera-se o tempo de vida das mercadorias, pela renovação rápida de modelos cada vez mais sofisticados. "Um tipo de sociedade que substitui a coerção pela sedução, o dever pelo hedonismo, a poupança pelo dispêndio, a seriedade pelo humor, o recalque pela liberação, as promessas do futuro pelo presente".[36] Segundo Lipovetsky, as análises da maioria dos críticos da sociedade de consumo, em especial Marcuse e Baudrillard, se referem às duas primeiras fases.

A terceira etapa, a atual, a sociedade do hiperconsumo, surge a partir dos anos 1970 e introduz uma novidade total. Agora o cliente, e não o produtor, é o "rei" e o mercado é dominado pela procura. Para expandir o consumo, há uma concentração das empresas, que se tornam gigantescas e globais.

---

[34] Ibid. *A felicidade paradoxal*; ensaios sobre a sociedade de hiperconsumo.

[35] Ibid., p. 12

[36] Ibid., p. 35.

Desenvolvem-se as hipermarcas presentes nos cinco Continentes – um marketing global com slogans, logotipos e imaginários adaptados às especificidades locais.[37]

Marca da sociedade do hiperconsumo é a incrível variedade de produtos, a possibilidade de personalizá-los conforme o gosto do cliente. O mercado se reorienta, e cresce a entrega em domicílio, a estratégia dos descontos e do financiamento a longo prazo, visando à "fidelização" do consumidor. Há um "suplemento de alma" injetado nos produtos e as lojas se tornam locais de vida e de compra festiva.[38]

Com velocidade incrível os produtos envelhecem e há uma corrida à inovação, o que provoca uma inflação de novidades, e a sede de vencer a concorrência gera uma economia com a marca da transitoriedade, uma "cronoconcorrência". Em vez do eterno retorno do tempo, como na era clássica grega, temos agora o tempo como fluxo constante (à semelhança do *panta rei* heraclitiano) de produtos sem retorno que se destinam à morte precoce, à destruição ou à absolescência.[39] Exemplos característicos, entre tantos, são os computadores, os celulares, as máquinas fotográficas, as marcas de tênis, os cosméticos, a moda, o que denota a extraordinária progressão da procura de bens supérfluos.

É o auge do dinamismo do efêmero nas duas pontas: a hiperprodução como ponto de partida e o hiperconsumo, ponto de chegada, que marca a existência por uma acolhida extremada do hedonismo. Mas é um hedonismo, uma felicidade mista de frivolidade e fragilidade. "Se a maioria nas pesquisas acha-se feliz, todo mundo, a intervalos mais ou menos regulares, se mostra inquieto, taciturno, insatisfeito com sua vida privada ou profissional."[40]

O tempo na sociedade do hiperconsumo não tem nada de unidimensional. É paradoxal, dessincronizado, heteróclito, polirrítmico. Não tem um "despotismo total", pois o hiperconsumidor organiza seu tempo *a la carte*, adotando ritmos diferenciados. Não perde a distância simbólica e utópica. Não esvazia todo laço com o passado porquanto triunfam o culto pelo patrimônio, a paixão pelo "autêntico", pelos objetos carregados de sentido e de legendas. Nem a dimensão do futuro se perdeu pois há um crescimento de consumidores "engajados",

---

[37] Cf. ibid., p. 77.

[38] Ibid., p. 83.

[39] Cf. ibid., p. 94.

[40] Ibid., p. 149.

preocupados com o futuro do planeta, e privilegiam os produtos solidários e economicamente corretos.[41]

O hiperconsumismo em paz com a ética

Ao contrário das suas posições que apontavam o fim da sociedade moralista, nesta obra Lipovetsky afirma que "a fase terminal do consumismo se completa na sagração do *valor ético*, instrumento da afirmação identitária dos neoconsumidores e gerador de emoções instantâneas para os espectadores das maratonas filantrópicas".[42] Nem a postura crítica se dissipa, como afirmava Marcuse. Aliás, há tanto mais postura crítica quanto mais a adesão ao *status quo* é profunda. É uma postura inoperante em termos de mudança pois Lipovetsky não vê no horizonte nenhum modelo fiável de sociedade alternativa e a denúncia radical não suscita por si só a esperança de uma organização prática de outro mundo, eis que o próprio não econômico se vê revestido de forma consumista doravante globalizada. É o consumismo sem fronteira, o consumo-mundo

Mas nem por isso o consumo-mundo é o fim da história. Um pós-hiperconsumo é possível.[43] Mudança não haverá, a menos que não aconteça um cataclismo ecológico ou econômico, se a cultura da vida cotidiana continuar submissa ao hedonismo que se impôs como valor supremo e as satisfações mercantis como o caminho privilegiado da felicidade. Dadas algumas condições, o ciclo do hiperconsumo estará encerrado: novas maneiras de avaliar os gozos materiais e os prazeres, uma outra maneira de pensar a educação, a invenção de novos objetivos e sentidos, de novas perspectivas e prioridades na existência e a felicidade se tornar menos identificada com a satisfação do maior número de necessidades e com a renovação sem limites dos objetos e dos lazeres.[44]

Em vez do consumo-mundo, ocorre inventar e realizar uma cultura-mundo. Esta tese de Lipovetsky e Jean Serroy é desenvolvida em *A cultura-mundo*. Resposta a uma sociedade desorientada, escrita em 2008, traduzida e publicada no Brasil em 2011. Trabalho de sumo interesse, mas os limites da proposta deste texto não possibilitam adentrar pelas análises expostas no livro apontado.

---

[41] Ibid., p. 114.

[42] Ibid., p. 134.

[43] Cf. ibid., pp. 367 e ss.

[44] Cf. ibid., pp. 367-368.

Conclusão

A dinâmica do efêmero percorre uma longa jornada. Começa quando o Universo surge do nada e, com ele, o espaço e o tempo. Mas, só se torna consciente quando o humano percebe, ao olhar o nascer e o pôr do sol, que tudo é *emera*; com o suceder dos dias, a sua vida se esvai e o mundo que o cerca é poeira (vaidade), erva, fenece como o feno. Mas o humano nunca se conformou com o efêmero. Sempre em busca do eterno, se rebela contra o tempo que foge para o nada. Quer a volta de tudo para um eterno recomeçar. Porém percebe que o divino Chronos é incapaz de vencer a inexorabilidade da necessidade, do sofrimento e da morte. Volta-se então para si e busca na alma, ou na memória, ou no sagrado das religiões, a permanência. Ou então descobre na matéria, no ter, no gosto, nos sons, no perfume, no tato, um prazer que o faça feliz. Deleita-se e quer perpetuar para sempre o gozo. Por isso, desde os primórdios, o humano foi *consumans*, consumidor no pleno sentido da palavra. Ter e consumir, sentir e gozar, algo que o caracteriza desde os tempos em que só colhia para sobreviver. Mas com o passar das gerações, ter, possuir e acumular o supérfluo para seu gozo e felicidade foi se aprofundando nos anseios humanos até chegarmos à era atual do hipersupérfluo e do hiperconsumo, tentativa fútil e desesperada de ludibriar o efêmero, pois sempre está à sua espreita a labuta, o duro trabalho e o adiar constante do prazer. Entretanto, parece estarmos chegando ao cumprimento da promessa milenarista: mil anos de felicidade que a todos sacia com benesses sem fim. O tempo linear estaciona? Estamos à beira da eternidade? Ou do fim dos tempos?

Um espantoso espectro ronda o hiperconsumismo. Quanto mais novidades aparecem, mais insaciável se torna o humano. Quanto mais supérfluos ele consome, mais o planeta envelhece e definha. O hiperconsumo globalizado significa também miséria global As estatísticas mostram: 20% da população mundial, que habita principalmente os países ricos, consome 80% dos recursos naturais e da energia do planeta e produz mais de 80% da poluição e da degradação dos ecossistemas. Para reduzir essas disparidades sociais, permitindo aos países do sul atingirem o padrão de consumo material médio dos habitantes do norte, seriam necessários pelo menos mais dois planetas Terra.[45] Por isso, o famoso astrofísico britânico Stephen Hawking lançou na Internet em 2006 uma preocupante pergunta, publicada numa reportatgem do *The Guardian* de Londres e reproduzida no jornal *O Estado de S. Paulo* de 6 de agosto

---

[45]   Cf. IDAC (Instituto de Defesa do Consumidor). Disponível em: <www.idac.org.br/biblioteca>. Acesso em: ago. 2011.

de 2006. Pergunta Hawking: "Num mundo política, social e ambientalmente caótico, como a raça humana poderá se manter por mais 100 anos?". Note-se que Hawking urge medidas para salvar o planeta não no próximo milênio mas de imediato nas próximas dez décadas!

Felizmente, embora com muita lentidão e incerteza, a sociedade vai se conscientizando dessa urgência e se reunindo em apoio à "Carta da Terra", que no seu princípio 7 diz: "adotar padrões de produção, consumo e reprodução que protejam as capacidades regenerativas da Terra, os direitos humanos e o bem-estar comunitário". E, no princípio 12, prescreve o respeito aos direitos capazes de assegurar não só a dignidade, a saúde corporal, mas também o bem-estar espiritual dos povos.[46]

A mobilização global da sociedade urge a participação de todas as Igrejas e de todos os credos em torno de uma ética e de uma espiritualidade superando a futilidade e a efêmera felicidade do hiperconsumo. Há mais de dois mil anos Jesus de Nazaré proclamara, conforme o *Evangelho de Mateus* 5,1-11, um caminho árduo mas seguro para ser feliz: ser pobre em espírito e manso, ter fome e sede de justiça, ser puro no coração, promover a paz, sofrer perseguição por causa da justiça. Mãos à obra. Ninguém pode cruzar os braços, pois, a velocidade efêmera do hiperconsumo está a exigir maior celeridade no caminho da libertação.

Referências bibliográficas

ADORNO, Theodor W.; HORKHEIMER, Max. *Dialética do esclarecimento*. Fragmentos filosóficos. Rio de Janeiro, Zahar, 2006.

BAUDRILLARD, Jean. *O sistema dos objetos*. São Paulo, Perspectiva, 1977.

_____. *A sociedade do consumo*. Arte e comunicação. Lisboa, Ed. 70, 1995.

_____. *Para uma economia política do signo*. Lisboa/Rio de Janeiro, Ed. 70/ Elfos, 1995.

BAUMAN, Zygmunt. *Ética pós-moderna*. 3. ed. São Paulo, Paulus, 2006.

KUMAR, Krishan. *Da sociedade pós-industrial à pós-moderna*. Novas teorias sobre o mundo contemporâneo. Rio de Janeiro, Zahar, 1997.

LIPOVETSKY, Gilles. *A era do vazio*. Lisboa, Relógio D´Água, 1983.

_____. *A sociedade pós-moralista*. O crepúsculo do dever e a ética indolor dos novos tempos. São Paulo, Manole, 2009.

---

[46] <www.cartadaterrabrasil.org/prt/text.html>. Acesso em: ago. 2011.

_____. *O império do efêmero*. A moda e seu destino nas sociedades modernas. São Paulo, Cia. das Letras, 1997.

_____. *A felicidade paradoxal*. Ensaio sobre a sociedade do hiperconsumo. São Paulo, Cia. das Letras, 2010.

_____; SERROY, Jean. *A cultura-mundo*. Resposta a uma sociedade desorientada. São Paulo, Cia. das Letras, 2011.

MARCUSE, Herbert. *A ideologia da sociedade industrial*. Rio de Janeiro, Zahar, 1967.

MARX, Karl; ENGELS, Friedrich. O Manifesto Comunista. In: FILHO, Daniel Aarão Reis (org.). *O Manifesto Comunista 150 anos depois*. Rio de Janeiro/ São Paulo, Contraponto/ Fundação Perseu Abramo, 1998, pp. 7-42.

QUEIROZ, José J. A. Era do vazio. As críticas de Zygmunt Bauman e as perspectivas de Edgar Morin. In: ALMEIDA, Cleide; PETRAGLIA, Izabel (org.). *Estudos de complexidade 4*. São Paulo, Xamã, 2010, pp.103-118.

_____. O homem-unidimensional. A análise de Herbert Marcuse. In: CHIAVEGATO, Augusto José (org.). *Homem hoje*. São Paulo, Cortez e Moraes, 1976, pp. 115-130.

REHFELD, Walter I. *Tempo e religião*. São Paulo, EDUSP/Perspectiva, 1988.

VERNANT, Jean Pierre. *Mithe et Pensée chez les Grecs*. Études de Psychologie Historique. Paris, La Découverte, 1996.

A DINÂMICA DO CONSUMO DE LUXO

Pedro Henrique de Carvalho Oliveira

Os desejos de consumo que nos consomem

O mercado de luxo chama cada vez mais atenção dentro das possibilidades de consumo que oferece a partir de uma enorme gama de produtos para pessoas de alto poder aquisitivo. Os valores, embora proibitivos para a maioria das pessoas, estão acessíveis para um número cada vez maior de membros de um rico e seleto grupo, a classe A, bem como desperta interesse e desejo de outras camadas sociais. No entanto, é preciso ainda se entender melhor este mercado e o modo como ele se insere dentro da sociedade.

O consumo de luxo é apenas o pano de fundo para uma reflexão muito mais profunda, de onde temos que extrair o real motivo pela qual a estrutura das relações comerciais hoje vigentes se desenha da forma como a conhecemos. De fato, é perceptível que o problema não está simplesmente nos objetos, mas no significado que eles adquirem a partir do valor atribuído pelos indivíduos e na forma como se dá a própria mediação homem-objeto. É importante considerar que essa supervalorização provoca a instituição de uma "vida", uma animação, em objetos que em tese são inanimados.

O que quer dizer luxo? Etimologicamente, indica fascinação e destaque. Alguns definem o luxo como simplesmente aquilo que ilumina ou traz brilho, em uma correlação com a palavra luz. Do latim *luxus*, ou *luxu*, que significa excesso em geral ou mesmo indulgência dos sentidos, o verbete luxo também guarda a familiaridade com a noção de luxúria: exuberância, profusão, vida voluptuosa.

As palavras "luxo" e "luz" têm a mesma origem por sinal, já que ambas vêm do latim *"lux"*, que significa "luz". De acordo com a definição acima descrita, a referência à luz provavelmente se associa com conceitos tais como brilho, esplendor, distinção perceptível ou resplandecente e vigor.[1]

Por mercado se entende o ambiente na qual se reúnem fornecedores (oferta) e compradores (demanda) visando consumir um tipo de produto em especial. Conforme predileções e desejos de cada tipo de consumidor, novos produtos e serviços surgem seguindo peculiaridades de determinados grupos que podem gerar lucro, formando o que chamamos de segmentos e nichos. Porém, a união de diversos segmentos de especialidade, voltados para pessoas sofisticadas de vários mercados diferentes, passou a em conjunto constituir um novo mercado por si só, o de luxo, agregando uma enorme gama de opções para produtos e serviços (com alto valor agregado) que compreendem uma parte considerável de tudo aquilo que rodeia o nosso cotidiano: itens de uso pessoal, serviços, decoração, transportes, imóveis, lazer, alimentos e mercado cultural.

Muitos chegam a se perguntar se, de fato, existe um mercado de luxo, tendo em vista as facilidades de acesso aos produtos tanto no Brasil quanto no exterior, as diferentes formas de pagamento, bem como pela diversidade de marcas concorrentes, cujos preços oscilam consideravelmente. Logicamente, o mercado de luxo existe e se faz presente a partir do momento em que oferece aos consumidores diversos itens, mesmo que básicos, sob valores bem maiores que a média, posteriormente repassados no momento da venda para pessoas dispostas a pagar a mais por eles. A questão neste caso não reside nas possibilidades de se comprar um artigo de luxo, mas sim em tudo aquilo que se tem que investir para se garantir a própria sobrevivência e bem-estar, despesas consideradas prioritárias. De fato, quantas pessoas no nosso meio de convívio estão aptas e dispostas a desembolsar mais de R$ 7.000,00 por uma caneta Mont Blanc modelo Noblesse, ou mesmo R$ 800,00 em uma calça jeans Diesel de uma linha mais simples da marca?

Por sinal, não há sociedade que rejeite o conceito de luxo, diz o filósofo e pensador Gilles Lipovetsky.[2] Segundo ele, o homem tem tido comportamentos ligados ao luxo desde o período paleolítico, tais como: consumir os bens de reserva sem se preocupar, festas, adornos etc. "Nessa época não havia ainda esplendor material, mas a mentalidade de dilapidação, o impulso de prodigalidade, de gastar tudo com o gozo presente sem se preocupar com as consequências futuras, (o que) revela uma mentalidade de luxo anterior à criação de objetos luxuosos."

---

[1] J. Braga. *Sobre o luxo*, passim.

[2] Cf. G. Lipovetsky. *O luxo eterno*; da Idade do Sagrado ao tempo das marcas.

Desde os princípios da civilização humana, o luxo passou a existir como uma forma de diferenciação interna dentro da organização dos grupos a partir de elementos culturalmente apreciados coletivamente. "Foi com o surgimento do conceito de Estado, 4.000 anos a.C., que surgiu a separação social entre ricos e pobres. Nesse novo momento histórico, passou-se a dedicar objetos de alto valor – inclusive mágico – aos mortos. Nesse sentido, o luxo se tornou um elo entre os vivos e os mortos. Do mesmo modo, o luxo se tornou uma maneira de traduzir a soberania dos reis. O luxo passou a ser o traço distintivo do modo de viver, de se alimentar e até de morrer entre os ricos e pobres. Assim, fixou-se a ideia de que os soberanos deveriam se cercar de coisas belas para mostrar sua superioridade, o que gerou a obrigação social de se distinguir por meio das coisas raras. Na escala dos milênios, se sempre houve algo que jamais foi supérfluo, foi o luxo. Era totalmente imbuído da função de traduzir a hierarquia social, tanto no aspecto humano quanto no mágico."[3]

De fato, embora fosse considerado um tema menor nos estudos sobre comportamento do consumidor, aos poucos o luxo demonstrou sua importância e passou a ser analisado com mais cuidado por especialistas de diversas áreas do conhecimento, na busca para se entender melhor como se dá a dinâmica desse mercado, como se constrói a relação entre consumidores e marca, e principalmente no modo como o luxo cresce no mundo, em especial nos países em desenvolvimento, a taxas muito maiores que o PIB – Produto Interno Bruto.

O mercado do luxo

O mercado global de luxo em todo mundo deve crescer 8% em 2011, segundo estimativas, faturando US$ 185 bilhões. Pode a princípio parecer pouco para um mercado que lida com produtos com grande valor agregado, porém é uma quantia suficiente para que, se representasse o Produto Interno Bruto de um país – PIB, seja hoje a 48ª economia do mundo de acordo com a listagem do Fundo Monetário Internacional – FMI de 2010 (mais de US$ 10 bilhões à frente do país seguinte na lista, o Paquistão, 6º país mais populoso do mundo, com mais de 170 milhões de pessoas).

De acordo com a repórter Soraia Yoshida,[4] embora esteja longe do faturamento de Estados Unidos e Japão, o Brasil já começa a ter um peso considerável nos números do setor de luxo. A estimativa é que o país tenha fechado 2010

---

[3] Ibid.

[4] E. Campos; S. Yoshida. O mapa do mercado de luxo no Brasil. *Época Negócios*, 26/03/2010.

com a quantia negociada próxima dos US$ 9 bilhões. Em termos de crescimento, entre 2009 e 2010 houve um avanço no mercado nacional entre 20% e 30%, refletindo tendência dos anos anteriores; vale lembrar que o Produto Interno Bruto – PIB, cresceu em 2010 o equivalente a 7,5% (conforme informações do IBGE – Instituto Brasileiro de Geografia e Estatística), um indicador considerado bom no cenário mundial.

Apesar de muitos indicadores favoráveis, o mercado de luxo brasileiro lamenta a grande perda de vendas por conta da demanda reprimida e das poucas compras daqueles que possuem condições para tal tipo de aquisição. O Brasil hoje representa 1% do mercado mundial. Se mantidas as previsões de crescimento, até 2025, o Brasil representará 6% do mercado de luxo mundial, movimentando o equivalente a US$ 63,5 bilhões.

O Brasil hoje conta com 1,86% de sua população considerada de classe A – pessoas ricas, sofisticadas e influentes – de acordo com o critério Serasa Experian. Esta classe A, num universo de 192,5 milhões de brasileiros conforme dados do IBGE, corresponde a 3.580.500 pessoas. Estima-se, porém, que realmente consumam bens de luxo apenas 0,27% da população nacional,[5] ou seja, o equivalente a quase 520 mil pessoas, um extrato pequeno dentro da fração de pessoas que compõem a classe A da população nacional.

Uma atual tendência do mercado de luxo para os próximos anos é expandir os negócios para países em desenvolvimento, reforçando as redes de distribuição, ampliando o número de lojas e facilitando o acesso dos consumidores VIP. Os investimentos referentes a processos de expansão se concentrarão especialmente nos países emergentes que compõem o grupo dos BRIC's (Brasil, Rússia, Índia e China). O objetivo não é apenas aproveitar os potenciais de ganho entre os países emergentes em um momento favorável do mercado internacional, mas criar um formato comercial capaz de garantir a estabilidade da marca mesmo sob turbulentas crises econômicas ou desastres naturais, que por acaso venham a interferir diretamente na demanda, e por conseguinte no faturamento de uma marca. Enquanto mercados tradicionais do luxo como Estados Unidos e Europa tendem a crescer em 2011 algo entre 7 ou 8%, a China apresenta perspectiva de crescer no mesmo período 25%. O Oriente Médio não fica atrás, com perspectiva de crescimento de 12%, mesmo com todas as peculiaridades culturais que diferenciam o perfil de consumidor desses países aos ocidentais. Já o Japão, com um mercado de luxo bastante amadurecido, deve apresentar um declínio inesperado de 5% em decorrência dos desastres

---

[5]   Cf. MCF Consultoria e GFK Indicator, *O mercado de luxo no Brasil,* passim.

naturais provocados pelo terremoto e tsunami que atingiram o país em 11 de março de 2011.

Pode-se concluir que a estratégia de expansão das marcas de luxo possibilita, em tese, tirar a conclusão de que é preciso crescer em busca de novos mercados para manter a rentabilidade mesmo em situações de instabilidade e crise que venham a afetar os mercados tradicionais. Em um mercado global, onde mercadorias circulam diariamente por todos os continentes, crescer é de suma importância para a manutenção da saúde financeira das marcas de luxo, algo repetido por diversas empresas multinacionais por décadas.

Seguindo o pensamento de Zygmunt Bauman, o luxo tende a constantemente se expandir e romper as barreiras tradicionalmente impostas. Para ele, fazendo uma analogia com o próprio sistema econômico vigente, a força do capitalismo está na extraordinária engenhosidade com que busca e descobre novos mercados e públicos consumidores, sempre que os anteriormente explorados se tornam menos interessantes.

Como outra tendência recente, percebe-se que as marcas de luxo estão investindo em sua forte presença nas principais mídias sociais – como Facebook, Twitter, Orkut, entre outros – e com objetivo de estar não apenas próximas de seus principais consumidores, em especial jovens com grande familiaridade no uso de internet e *gadgets*, como também de ampliar a divulgação espontânea da marca on-line, de um modo bastante pertinente e específico, por meio de seus próprios usuários. Ou seja, a pessoa que "curtir" uma marca ou determinado produto nas redes sociais geralmente o faz exibindo suas preferências para um grupo do mesmo patamar social em que vive, expandindo o que o comércio tradicional costuma chamar de "propaganda boca a boca".

Apesar de muitas marcas de luxo partirem do conceito de que se expor em mídias sociais cause popularização da marca e descaracterização do público-alvo indesejável, tendo em vista a própria acessibilidade que a internet traz, outras já desfrutam de imensa reputação nas redes, como a Louis Vuitton, que já possui mais de um milhão de fãs no Facebook e mais de dez mil seguidores no Twitter, abrangendo pessoas do mundo inteiro, exibindo fotos e vídeos de lançamentos, fashion shows e entrevistas. A intenção é estabelecer um relacionamento mais próximo com o consumidor, uma interação benéfica na construção e na presença de marca na mente dos consumidores.

A maior presença on-line fez com que muitas marcas de luxo permitissem o desenvolvimento de canais de vendas diretas aos consumidores virtuais, aprimorando seus sistemas de e-commerce, em especial após a crise econômico-financeira de 2008/2009, em tentativa de oferecer mais um canal de vendas ao consumidor FINAL.

A sedução do luxo e o mercado mundial de consumo

O mercado de luxo exerce fascinação e admiração das pessoas não apenas consumidoras de luxo, mas também membros de outras classes sociais, que desejam um dia ter a oportunidade de adquirir um dos produtos que tanto almejam sem que para isso tenham que se submeter a enormes privações ou peripécias financeiras. Tamanho interesse se origina por diversos motivos: ter um produto de alta qualidade e valor agregado, qualidade superior, durabilidade, bem como de se diferenciar no meio social em que vive e tentar entrar em grupos e círculos sociais mais abastados, ou simplesmente aumentar a autoestima. Cada indivíduo possui razões diversas para comprar artigos de luxo, cujo uso desperta sensações e prazeres ampliados tal como não se tem com um produto normal encontrado no varejo convencional.

A evolução do comércio de luxo pode ser vista como algo bem além do sentido de acumulação exibicionista dos objetos caros, tal como se baseiam muitas das opiniões sobre o luxo, o que de fato é um erro. "... o que vemos hoje é atração pelo luxo dos sentidos, do prazer e da sensibilidade sentido na intimidade por cada indivíduo e não o luxo exterior, da exibição e da opulência, que visa simplesmente demonstrar status".[6] O luxo ganha sua face mais atual de experiência, tanto emocional quanto sensorial. Isso significa uma mudança de sua expressão e não uma elitização do luxo visando à ostentação, voltado principalmente ao prazer individual de se sentir diferente e para admiração de um terceiro. É a mudança da tendência de um luxo exibitório para o lado intimista, mais pessoal. O luxo passa a ser mais centrado nas sensações (prazer e sensualidade) e menos na aparência.

Apesar desta nova tendência do prazer pelo consumo de luxo com um caráter intimista, vale ressaltar que a presença do Outro na motivação de compra e nas sensações inerentes ao uso continua presente, pois é disto que de certa maneira o luxo se mantém e se edifica. Somado ao fato tanto da produção dos artigos levar em conta design e materiais de apreço social, que interfere diretamente nos preços, logo se chega à ideia do fenômeno que se denomina socioconsumo, ou seja, o modo como a sociedade interfere direta e indiretamente no modo como se constrói a própria relação de consumo. Este fenômeno

---

[6] Cf. G. Lipovetsky, *O luxo eterno*; da Idade do Sagrado ao tempo das marcas.

é perceptível especialmente no mercado de luxo, mas também ocorre com a compra de itens básicos voltados a classes menos abastadas, porém estes passam a levar em conta outros atributos específicos até mais importantes, como conveniência, disponibilidade e custo-benefício.

O interesse despertado pelos artigos de luxo, por sinal, não surge por acaso. Ele vem a partir da melhor composição de itens de grande valor social, como já foi colocado, associados por meio de técnicas de produção e design diferenciados. Para que possam fazer uso das melhores opções de modo geral, as empresas e profissionais fabricantes fazem uso de um arcabouço de informações das quais são fornecidas diretamente pelos próprios consumidores, isso por meio de acompanhamento nos processos de vendas, opiniões, testes, críticas e demanda, nem que para isso tenha que se investir alguns recursos. Ou seja, antes mesmo que o consumidor faça a compra, exerça seu poder de consumo, ele já foi adquirido, fornecendo a base de tudo aquilo que se precisa para que as empresas lancem produtos da qual ele irá gostar e comprar, mesmo que de forma implícita. Este é apenas o primeiro processo dentro de um fenômeno complexo e implícito da qual podemos denominar como consumo reverso.

Por consumo reverso, entende-se o modo como o mercado de luxo parte de uma forma de consumo tradicional consumidor-produto, clara e aberta a todos, para um estímulo implícito que se estrutura a partir da relação produto--consumidor, num processo igualmente de consumo, onde as pessoas são arrebatadas em busca de ideais que visam agregar para si em prol da construção de uma imagem pessoal "artificial", exógena, mediada pelo simbolismo dos produtos utilizados e de valor em relação ao grupo.

Analisando em contexto geral, podemos afirmar que uma característica da espécie humana é o desejo pelo luxo. Jorge Forbes[7] em uma de suas palestras afirma: "... o luxo pode ser definido como algo além da necessidade, mas que não é por isso menos fundamental". O desejo pelo luxo traduz inspirações profundamente humanas, tais como: elegância, sensualidade, prazer, qualidade, um tipo ideal de beleza. Como explica Lipovetsky,[8] "... não se pode deter o processo humano, no que se manifesta ao supérfluo. O que é condenável é que existam indivíduos que não têm acesso ao elementar. Isso sim é inaceitável!". Os seres humanos sentem necessidades diversas, não só ao nível

---

[7] J. Forbes. *Você quer o que deseja?*, pp. 63-107.

[8] G. Lipovetsky. Acima de tudo não devemos ter uma visão paranoica do luxo. *Revista da ESPM*, v. 12, jan./fev. 2005.

de subsistência ou de sua sobrevivência, mas também muito mais sofisticadas: de prestígio, de imagem social, de posse, de prazer.

As pessoas, aos poucos, substituem seus rituais religiosos pelos de consumo, sob um novo senso de realidade, "e senso de realidade é, sob certos aspectos, sinônimo de religiosidade. Real é aquilo no qual acreditamos... Com efeito, nossa situação é caracterizada pela sensação do irreal e pela procura de um senso novo de realidade. Portanto, pela procura de uma nova religiosidade".[9]

É na segunda realidade do homem,[10] ou seja, na realidade criada pelo seu imaginário e pela sua capacidade de criar símbolos, que os vetores temporais divergentes atuam. São eles, conforme vimos acima: a) criar, transmitir e manter o presente no passado e no futuro; b) criar, transmitir e manter o futuro no presente e no passado.

Os produtos de luxo e as marcas de imitação

Em paralelo ao crescimento do mercado de luxo, emergem produtos oriundos de um enorme sistema paralelo em um misto de criatividade e clandestinidade: o mercado de imitações.

A maioria dos produtos chamados em tom de brincadeira de "genéricos" atualmente em circulação no mercado mundial é fabricada na Ásia, com destaque para todos aqueles produzidos na China. As imitações vão muito além da apropriação indevida da mesma fonte ou dos logotipos das marcas originais por trás de nomes de produtos praticamente imperceptíveis aos olhos dos menos atentos, que muitas vezes se enganam diante de certos artifícios da malandragem. Em muitos casos, em especial de artigos eletrônicos, é possível não apenas copiar, como também aprimorar tecnologias de itens patenteados, chegando ao mercado com valores bastante competitivos. Não raro, imitações se tornam tão perfeitas quantos as marcas originais, usando materiais e técnicas de produção iguais ou superiores, cuja identificação de autenticidade só é clara quando feita por especialistas.

Segundo Kotler,[11] as empresas fabricantes de artigos falsificados adotam uma estratégia de seguidoras de mercado. Isso porque, ao copiar ou melhorar o novo produto, embora não ultrapassem a marca líder, podem obter lucros altos, uma vez que não tiveram de arcar com todos os custos de inovação,

---

[9]   V. Flusser. *Da religiosidade*, p. 13.

[10]   Cf. I. Bystrina. *Soluções simbólicas para a assimetria dos códigos culturais*, passim.

[11]   P. Kotler. *Administração de marketing*, p. 267.

divulgação e educação de mercado (entendido aqui como o modo pela qual o consumidor toma conhecimento e aprende sobre os diferenciais técnicos do produto e da marca).

No caso dos artigos de luxo, a vantagem de se copiar uma grande marca é, de fato, agregar valor em produtos comuns para que tenham maior aceitação por parte do consumidor final. Isso indica que ao invés de lançar uma nova marca é possível "parasitar" uma marca já existente e de reputação no mercado.

Pode-se concluir que, ao passo que o mercado de luxo cresce, o mercado de falsificados se expande tanto quanto. "Quanto mais produtos de luxo forem disponibilizados no mercado, mais o segmento de produtos de luxo falsificados aumentará", afirma André Mendes Espírito Santo.[12] Ou seja, é fato que quanto maior a demanda por produtos com alto valor agregado, mais interesse ele desperta e mais espaço se abre para entrada de um produto alternativo, ou melhor, falsificado. Aliás, vale salientar que segundo estimativas do Fórum Nacional contra a Pirataria e a Ilegalidade, a pirataria movimenta 10% de todo o comércio mundial, ou seja, US$ 580 bilhões, superando os US$ 370 bilhões do tráfico de drogas no mundo.

Por um lado repleto de malefícios, as falsificações possibilitam uma série de benefícios que muitas vezes são esquecidos ou simplesmente desconsiderados em uma análise superficial da situação. Por exemplo, possibilitam o acesso de pessoas de baixa renda às marcas que elas tanto admiram. O produto, que muitas vezes porta apenas a marca de luxo e nenhuma semelhança com algum artigo original da marca, passa a existir com um valor específico numa nova relação de tempo-espaço com o consumidor, amenizando uma necessidade latente proporcionada pela valorização demasiada de uma marca inacessível.

Havendo um alívio do desejo após a compra de um artigo falsificado, mas que carrega a marca e algumas características do original de luxo, não se chega ao extremo de desenvolver uma raiva contra outras pessoas exteriorizada por conta de uma sensação de inferioridade ou impossibilidade, em razão de uma demanda reprimida.

Na realidade, os artigos falsificados surgem muito além de um mero simulacro dos artigos originais e de apreço amplo. Indo adiante da ideia de fingimento, o item falsificado é uma espécie de ação simulada para o exercício de

---

[12] "Mercado de produtos falsificados cresce tanto quanto o de originais". Disponível em: <www.paranashop.com.br>. Acesso em: 16 set. 2010.

uma experiência de consumo maior, sem a mesma pompa, porém garantindo o bem-estar trazido pela chancela da marca sobre o produto.

Apesar do conceito de luxo exibitório, onde o interesse central é se expor e buscar o destaque pessoal em meio ao grupo de relacionamento interpessoal, os produtos falsificados, que por um lado são amplamente combatidos pelas grandes grifes do luxo, se tornam itens de divulgação e reafirmação do próprio valor da marca, gerando nas pessoas interesse ainda maior e atraindo novos consumidores. Ou seja, mesmo com menor valor de mercado, o produto simulacro em tese favorece a valorização do próprio real.

Em um mundo com cada vez mais itens de desejo e valores muitas vezes inacessíveis ao grande público, as representações se tornam comuns, formando um mercado paralelo muito difícil de ser eliminado.

O significado do consumo de luxo: antropológico e ético

O consumo de luxo na realidade reflete tendências e interesses de acordo com o tempo e espaço onde ele ocorre. Ele se torna na realidade não apenas um modo peculiar de satisfazer uma necessidade, mas adquire um significado em que se torna uma forma de expressão pessoal, criando um modo peculiar de se comunicar com o grupo onde o indivíduo está inserido.

Muito se discute sobre o lado negativo de consumir artigos de luxo, questão ainda mais discutida quando o consumo ocorre em países em desenvolvimento, onde existe uma evidente desigualdade social. De fato, o que se percebe é que, além do consumo de luxo demonstrar certa opulência durante o ato de satisfazer uma necessidade, em geral comum, ele se afasta da realidade da grande maioria das pessoas e se torna algo exótico. Porém, muitas pessoas, ao invés de valorizarem o luxo, fazem uso de um mecanismo de negação dessa realidade a partir do que se considera o fenômeno da inversão, isto é, algo que poderia ser considerado correto e comum se torna algo que deve ser combatido, um erro.

Na sociedade Ocidental, cujos preceitos cristãos pregam a igualdade entre as pessoas e o desapego aos bens materiais em linhas gerais, o luxo tende a ser considerado excesso, vinculado ao pecado capital da soberba. Carregando um peso negativo muito grande, muitas pessoas com condições deixam de fazer uso do direito de comprar artigos de luxo com o receio de serem consideradas não apenas fúteis, mas também mesquinhas, alheias à realidade etc. Isso em larga escala inibe o crescimento do próprio mercado de luxo, tanto no Brasil como no exterior, pois uma parcela de mercado que seria facilmente atendida na realidade não gera demanda.

Na tentativa de manter ativo o consumo de luxo, as grifes sempre procuram se perpetuar lançando novas linhas de produtos, coleções, inovações que de tempos em tempos reformulam tudo que foi antes desenvolvido e comercializado, gerando novas e repentinas demandas para todos que desejam acompanhar de perto as tendências do consumo. Logo, as pessoas se veem imersas em um ciclo, onde a satisfação e a frustração andam de mãos dadas, uma sucedendo a outra no pensamento das pessoas. Neste mecanismo, o homem fica constantemente remodelando seu estilo de vida e sua própria existência, que passa a ser mediada por produtos que adquire e não por valores endógenos (próprios, pessoais), mas exógenos, formulados fora do indivíduo, das quais uma ou mais pessoas podem se valer.

Para construção desses valores exógenos, as grifes e grandes marcas se beneficiam entre várias ferramentas de um planejamento de comunicação muito coeso, capaz de transmitir a ideia do quanto o artigo é valioso, importante e distintivo, se comparado aos seus semelhantes de mercado. Nesse aspecto, a publicidade adquire um valor quase fundamental, imprescindível para o sucesso das demais ações e uma espécie de catalisador de todo ciclo de consumo de artigos de luxo.

De acordo com Gilles Lipovetsky,[13] "... a publicidade continua a aparecer não apenas como a chave de leitura dos mecanismos de frustração característicos das novas sociedades mercantis, mas também como o símbolo das instituições que conseguem apoderar-se dos homens, remodelar seu estilo de existência". De acordo com o autor, a comunicação publicitária no geral é usada como ferramenta capaz não apenas de gerar necessidades e frustrações, para impulsionar o comércio, como também para firmar posição de marcas importantes que simplesmente não se modelam aos consumidores, mas, pelo contrário, fazem os consumidores se modelarem ao que elas consideram ideal, passando a vivenciar estilos e a própria existência, que deveriam ser coisas de cada um, construídas de um modo exógeno, fora do indivíduo em si, caracterizando algo além da perda de um livre-arbítrio, mas uma manipulação baseada em simples interesses financeiros.

Em um momento de nossa sociedade em que cada vez mais as relações interpessoais se formam principalmente baseadas no benefício pessoal, não necessariamente pelos princípios e qualidades do indivíduo em si, as aparências

---

[13] G. Lipovetsky. *A felicidade paradoxal*; *ensaio sobre a sociedade de hiperconsumo*, passim.

se tornam não um engodo, mas uma forma de facilitar a própria inclusão em grupos diversificados e a própria aceitação, ampliando os contatos e favorecendo a construção de relacionamentos. Essa realidade faz crer que o consumo se tornou uma condição tão arraigada à sociedade Ocidental em especial que o próprio contato interpessoal passou a ser regido em muitos casos pela lógica do mercado, o que tende a desagregar as pessoas e a limitar o acesso a novas pessoas que vão e vêm de nossa vida a todo instante. Tendo em vista o caráter social da própria existência humana, o princípio da coletividade passa a cair diante da individualidade, gerando afastamento e solidão em um mundo onde a aproximação via meios de comunicação possibilita a interação quase que simultânea de pessoas de outros continentes.

O consumo de luxo por sua vez se encontra em um "limbo ético", sendo ao mesmo tempo marginalizado e ao mesmo tempo cultuado por diferentes grupos de nossa sociedade. A questão principal da ética no consumo de luxo não está na sua existência, mas na própria forma como a sociedade se organizou. O correto seria que não houvesse distinção entre classes sociais entre as pessoas, onde todos tivessem acesso aos mesmos itens para garantir a satisfação de suas necessidades com qualidade e conforto, porém o que ocorre de fato é uma grande disparidade entre o estilo de vida de ricos e pobres agravada por uma má distribuição de renda, em especial nos países em desenvolvimento. Apesar de medidas governamentais por todo mundo para amenizar esta desigualdade, ela ainda ocorre, e muito dificilmente será neutralizada, já que de fato infelizmente já é algo arraigado em nossa realidade social.

Sendo conceitualmente a ética regida por princípios sociais permanentes, universais e teóricos, talvez a necessidade não seja de avaliar o consumo e luxo sob este aspecto, mas sim sobre o campo da moral. A moral, ao contrário da ética, é dinâmica conforme o passar do tempo, está ligada a aspectos de condutas específicas, culturais, condutas e práticas sociais.

A moral do consumo de luxo, apesar da culpabilização lançada sobre os consumidores, tende a adquirir um novo formato a partir de dois fatores: maior acessibilidade aos artigos de luxo por grupos sociais menos abastados e da mudança nos últimos anos da capacidade de as pessoas perceberem de fato o caráter de diferenciação dos produtos voltados ao consumo de luxo. A percepção correta da moral do consumo de luxo não está nos produtos, nem na fabricação ou do comércio em si, mas na própria forma como a sociedade se estruturou para favorecer que apenas um seleto grupo tivesse acesso a um conjunto específico de produtos com alto valor agregado e instrumentos de desejo de todo um coletivo.

Referências bibliográficas

BAITELLO, Norval. *Era da iconofagia. Ensaios de comunicação e cultura*. 1. ed. São Paulo: Hacker, 2005.

BAUMAN, Zygmunt. *Capitalismo parasitário*. Zahar: São Paulo, 2009.

BRAGA, João. Sobre o luxo. Revista *Costura Perfeita*, 2004.

BYSTRINA, Ivan. *Soluções simbólicas para a assimetria dos códigos culturais*. São Paulo: CISC, 1995.

FORBES, Jorge. *Você quer o que deseja?* São Paulo: Best Seller, 2003.

KOTLER, Philip. *Administração de Marketing*. 1. ed. São Paulo: Prentice Hall, 2000.

LIPOVETSKY, Gilles. *A felicidade paradoxal: ensaio sobre a sociedade de hiper-consumo*. 1. ed. São Paulo: Companhia das Letras, 2007.

_____. *O luxo eterno. Da idade do sagrado ao tempo das marcas*. São Paulo: Companhia das Letras, 2004.

MASLOW, Abraham. *Motivation and Personality*. New York: Harper, 1954.

MOULIAN, Tomás. *El consumo me consome*. Santiago: LOM Ediciones, 2000.

SCHWERINER, Mário René. *Comportamento do consumidor; identificando desejos e supérfluos essenciais*. Saraiva: São Paulo, 2006.

Relatórios

Crescimento do mercado de luxo – 2011. Disponível em: <http://modaspot. abril.com.br/news/mercado-de-luxo-brasileiro-cresce-11-em-2010>. Acesso em: 04/01/2011.

Crescimento do mercado de luxo no mundo – 2011. Disponível em: <http:// www.luxuo.com/luxury-trends/world-luxury-market-to-grow-2011. html>. Acesso em: 25/05/2011.

Crescimento do mercado de luxo nos países emergentes. Disponível em: <http://lhmarketingdeluxe.blogspot.com/2011/05/brasil-russia-e-china-mostram-forca-no.html>. Acesso em: 29/05/2011.

IBGE. Disponível em: <http://www.ibge.gov.br/home/presidencia/noticias/noticia_visualiza.php?id_noticia=1830&id_pagina=1>. Acesso em: 15/05/2011.

Mercado de luxo crescerá 8% em 2011. Disponível em: <http://www.dasmariasblog.pop.com.br/post/7486/mercado-de-luxo-crescera-8-em-2011. Acesso em: 10/05/2011.

O mercado do luxo no Brasil. Realizado por MCF Consultoria e GFK Indicator. 2007.

Segmento de luxo investe em mídias sociais. Disponível em: <http://www.webluxo.com.br/noticias/11/luxo-investe-midias-sociais.htm>. Acesso em: 15/05/2011.

Os 100 maiores PIBs do mundo. Disponível em: <http://georgelins.com/2010/12/12/os-100-maiores-pibs-do-mundo-fmi-2010/>. Acesso em: 29/05/2011.

Pirataria no mundo. Disponível em: <http://www.lvba.com.br/web/imprensa/?mercado_de_produtos_falsificados_cresce_tanto_quanto_o_de_originais1>. Acesso em: 30/05/2011.

Mídia e construção do desejo[1]

Joana T. Puntel

Na sociedade contemporânea, seria um truísmo falar da importância central da mídia, uma vez que vivemos imersos em uma cultura midiática e surfamos o tempo todo numa mobilidade generalizada, no dizer de Peter Pál Pelbart.[2] E como afirma Roger Silverstone:[3] "não podemos escapar à mídia. Ela está presente em todos os aspectos de nossa vida cotidiana (...) A mídia agora é parte da textura geral da experiência". Na cultura da mídia, entretanto, continua o autor, é indispensável "interessar-se pelo que a mídia faz, como também pelo que fazemos com ela".

Este artigo entende Mídia,[4] na sua evolução de conceito, como um sistema complexo que envolve não mais simplesmente os meios, mas o sujeito, os meios (artefatos), as organizações de mídia com as suas várias combinações e articulações: publicidade, marketing etc. Daí a decorrência de que ao falar de mídia estamos abordando um sistema complexo. E é nele que o homem contemporâneo se move, se articula, se alimenta, produz, consome e "satisfaz" seus desejos, através da variedade e diversidade das ofertas sempre em crescente inovação para as novidades que poderiam atrair e despertar as necessidades, reais ou imaginárias, dos consumidores.

Sem pretender demonizar a mídia (esta realmente não é nossa intenção), somos sim convidados, como nos guia Silverstone, a investigar as maneiras como a mídia participa de nossa vida social e cultural contemporânea. Seria necessário examinar a mídia como um processo, como algo em constante construção, onde as pessoas "se comunicam, onde procuram persuadir, informar,

---

[1]   A escolha do enfoque para o presente artigo não contempla aspectos psicológicos na abordagem do desejo, mas tão somente a questão midiática.

[2]   P. P. Pelbart, *A vertigem por um fio.*

[3]   R. Silverstone, *Por que estudar a mídia?*, pp. 9, 13-14.

[4]   Mídia, que vem do latim *media*, o plural de *medium*, que significa meio(os).

entreter, educar, onde procuram, de múltiplas maneiras (...) se conectar umas com as outras".[5] Na realidade, a mídia como sistema complexo, acima mencionado, é uma constante presença em nossa vida diária. É só pensar: ligamos, desligamos, vamos de um espaço, de uma conexão midiática para outra; do rádio para o jornal, para o telefone; da televisão para o aparelho de som, para a internet. Isto pode ser em público e privado; sozinhos e com os outros (idem). Sem falar na mobilidade extraordinária que as novas tecnologias de comunicação nos oferecem e alteram a paisagem espacial dos comportamentos humanos.

Percebemos que é no mundo mundano que a mídia opera de maneira mais significativa: molda realidades cotidianas (por exemplo, as telenovelas), fornece critérios, referências para a condução da vida diária. Enfim, ela é referência para a produção e a manutenção do senso comum. Trata-se do senso comum, compartilhado ou compartilhável, muitas vezes invisível, de quase todas as coisas. "A mídia depende do senso comum. Ela o reproduz, recorre a ele, mas também o explora e distorce".[6] Há uma virada reflexiva da modernidade para a pós-modernidade que, ao menos nos textos de especialistas da filosofia ou da ciência social, nem sempre levou-se em conta – a de que a mídia é o elemento articulador das mudanças sociais. No dizer de Silverstone "a mídia é essencial ao projeto reflexivo não só nas narrativas socialmente conscientes da novela, no *talk show* vespertino ou no programa de rádio com participação do ouvinte, mas também nos programas de notícias e atualidades, e na publicidade (...). O mundo é apresentado e representado".[7]

Para entender a transformação

Sem dúvida, ao contemplar o novo cenário da sociedade contemporânea, constatamos que estamos vivendo em uma sociedade de rápidas transformações onde se presencia "uma aceleração contínua de comportamentos imprevisíveis, ecléticos e complexos".[8] Na verdade, a lógica da análise de classes e grupos sociais "se fragilizou diante das novas linguagens, da efemeridade das relações, da busca dos valores intangíveis, da expressão das emoções e dos desejos, e da busca do prazer e da beleza".[9]

---

[5]   R. Silverstone, op. cit. p. 17.

[6]   Ibid., p. 21.

[7]   Ibid., p. 22.

[8]   G. Mendes. *Midiatização/Mediatização*; um novo olhar para os novos tempos, apostila, p. 2.

[9]   Ibid., p. 3.

Um novo cenário

A midiatização da sociedade é, hoje, um elemento central, porque o que caracteriza o comunicacional é uma preocupação com os fenômenos da interação humana, independentemente dos vários olhares, muito diferenciados, com que se pode olhar a mídia. Na verdade, a midiatização é um conceito em formação e desenvolvimento e a partir dos últimos doze anos tornou-se objeto central de estudos.[10]

Não há dúvida que a sociedade atual está imersa em um espaço midiatizado,[11] regido pelas novas tecnologias e moldado pelo virtual. O que ocorre (e é o "novo"!) é que a comunicação centralizada, unidirecional (unilinear) e vertical *é transformada*, especialmente pela ambiência proporcionada pelas redes digitais. Nesse contexto, a mídia deixa de ser um campo fechado em si, de utilidades apenas instrumentais, e passa à condição de produtora dos sentidos sociais.

É o pesquisador Muniz Sodré quem afirma:

> De fato muda a natureza do espaço público, tradicionalmente animado pela política e pela imprensa escrita. Agora, formas tradicionais de representação da realidade e novíssimas (o virtual, o espaço simulativo ou telerreal) interagem, expandindo a dimensão tecnocultural, onde se constituem e se movimentam *novos sujeitos sociais*. Transmitida em tempo real, uma fórmula já antiga, como o noticiário jornalístico, torna-se estratégica nos termos globalistas do mercado financeiro: um pequeno boato pode repercutir como terremoto em regiões do planeta fisicamente distantes.[12]

O *medium* televisivo (com possibilidades de mutação técnica, a exemplo das previsões de especialistas sobre o "telecomputador") permanece como fulcro da mídia tradicional, enquanto o virtual e as redes (internet) apontam para caminhos abertos. Tempo real e espaço virtual operam o redimensionamento da relação espácio-temporal clássica.

Sodré[13] discorre sobre as novas tecnologias como modos que transformam a pauta de interesses costumeiros em direção a uma qualificação virtualizante

---

[10] Cf. José Luiz Braga. Entrevista à IHU on-line. *Revista do Instituto Humanitas Unisinos*, abr. 2009, ed. 289.

[11] M. Sodré. *Antropológica do espelho*; uma teoria da comunicação linear e em rede.

[12] Ibid., p. 19.

[13] Ibid., passim.

da vida. O autor entende a globalização como a teledistribuição mundial de pessoas e coisas, considerando a Revolução da Informação contemporânea como sucessora da Revolução Industrial, levando em conta que os avanços técnicos trazem a capacidade de acumular dados, transmiti-los e fazê-los circularem rapidamente. Esse processo propicia a midiatização e traz à tona um novo tipo de formalização da vida social, que implica uma outra dimensão, ou seja, formas novas de perceber, pensar e contabilizar o real.

Para Sodré, "Midiatização (...) é a articulação do funcionamento das instituições sociais com a mídia". Para ele, trata-se de algo realmente novo, "fruto das transformações nos modos de urbanização e no advento das tecnologias da informação e da comunicação, vetorizadas pelo mercado capitalista".[14] Considera que a principal consequência social da "telerrealização das relações humanas" é a "redefinição dos modos de constituição da comunidade humana". E acrescenta que "a corporeidade tende a ser neutralizada pelos dispositivos tecnológicos", o que, na sua opinião, não é nenhuma catástrofe, "tão só um novo modo de instalação do corpo humano na rede social, agora tecnologizada".[15]

Para Pedro Gilberto Gomes,[16] da Unisinos,

> este novo modo de ser no mundo está relacionado com o fato de que, hoje, as novas gerações já são nativas digitais. Muito mais do que antes, somos seres em comunicação global. Este é um modo de ser em rede comunicacional. Há um processo, pode-se dizer, de superação da existência individual para o estabelecimento de um corpo coletivo.

Por isso, Gomes diz que "a tecnologia digital está colocando a humanidade num patamar distinto. Este patamar, muito embora tenha raízes no progresso anterior, representa a constituição de uma nova ambiência social [um quarto *bios*]".[17]

Na continuação do seu discurso, Gomes considera que tal fato é um salto qualitativo porque representa um estágio superior do qual não há volta. Exemplifica que, assim como a invenção do alfabeto foi um salto qualitativo com

---

[14] Muniz Sodré. A interação humana atravessada pela midiatização. Entrevista à IHU on-line. *Revista do Instituto Humanitas Unisinos*, abr. 2009, ed. 289, p. 7.

[15] Ibid., p. 7.

[16] P. G. Gomes. Entrevista à IHU on-line. *Revista do Instituto Humanitas Unisinos*, abr. 2009, ed. 289, p. 5.

[17] Ibid.

respeito à oralidade, e a eletricidade com respeito ao vapor, a tecnologia digital está colocando as pessoas em uma nova ambiência social.

O quarto *bios* implica uma nova tecnologia perceptiva e mental, portanto, um novo tipo de relacionamento do indivíduo com as referências concretas e com a verdade, ou seja, uma outra condição antropológica. Em outras palavras, Sodré afirma que está se gerando uma nova ecologia simbólica, isto é, há uma alteração nos modos de percepção e práticas correntes na mídia tradicional; uma alteração nos comportamentos e atitudes na esfera dos costumes normalmente pautados pela mídia. Surge, antão, no entender de Sodré, um novo *ethos*: um novo "habitat", uma atmosfera afetiva (emoções, sentimentos, atitudes) em que se movimenta uma determinada formação social. "O *ethos* caracteriza-se pela manifesta articulação dos meios de comunicação e informação com a vida social. Ou seja, os mecanismos de conteúdos culturais e de formação das crenças são atravessados pelas tecnologias de interação ou contato".[18]

Outro grande pesquisador, que vem estudando o fenômeno da midiatização, hoje, é Antonio Fausto Neto.[19] Para ele, o processo da midiatização significa a ação das mídias. Afirma Fausto:

> Nós vivemos crescentemente uma sociedade que está, de maneira complexa, atravessada por mídias, sejam as mídias nas suas características mais convencionais ou as mídias que vão tomando formato, no contexto da convergência digital, por exemplo. A midiatização seria a incidência de técnicas e tecnologias de linguagem sobre a vida social, sobre a organização socioafetiva e sociopolítica. Uma vez que a midiatização afeta todas as práticas, da religião à política, da educação à saúde, parece-nos que começar a discutir o pentálogo com esta manifestação da midiatização na política [por exemplo] é importante. Isso pelo fato de termos, nos últimos dois, três e quatro anos, transformações intensas no campo da política por conta da presença de mídias. Um exemplo recentíssimo que tem a ver com essa associação da política com o espetáculo é que, na visita do presidente francês, Nicolas Sarkozy, ao Brasil, para assinar o acordo de compras e troca de tecnologias, as grandes redes de televisão não consagraram ao presidente francês um maior número possível de tempo. Eles deram mais registro à figura de sua mulher, uma personagem do entretenimento, do espetáculo midiático e da música, que é a Carla Bruni. Em que

---

[18] Muniz Sodré. A interação humana atravessada pela midiatização. Entrevista à IHU on-line. *Revista do Instituto Humanitas Unisinos*, abr. 2009, ed. 289, p. 8.

[19] A. Fausto Neto. Entrevista à IHU on-line. *Revista do Instituto Humanitas Unisinos*, abr. 2009, ed. 289.

medida o fenômeno da política está associado a outros fenômenos que não são políticos, mas que precisam, por exemplo, da ingerência midiática para ser reconhecido? A midiatização se manifesta na cotidianidade, na vida das instituições, então é preciso pesquisar isso, dizendo que ela não se manifesta de maneira homogênea em todas as instituições, ela se manifesta de modo distinto nas diferentes instituições.[20]

Assim que, segundo Fausto, a midiatização pode ser conceituada como "a emergência e o desenvolvimento de fenômenos técnicos transformados em meios, que se instauram intensa e aceleradamente na sociedade, alterando os atuais processos socio-técnico-discursivos de produção, circulação e de recepção de mensagens". Ele considera que a midiatização "produz mutações na própria ambiência, nos processos, produtos e interações entre os indivíduos, na organização e nas instituições sociais".[21]

Ao refletir sobre as transformações do cenário midiático, ainda que brevemente, é preciso levar em conta que o processo mudou. Os dispositivos tecnológicos, tão importantes, são apenas uma pequena parte, a ponta visível do iceberg, de um novo mundo estruturado pelo processo de midiatização da sociedade. Estamos vivendo hoje uma mudança de época, um câmbio epocal, uma nova inflexão, com a criação de um *bios* midiático que toca profundamente o tecido social. Surge uma nova ecologia comunicacional.[22] É um *bios* virtual. Entendemos, então, que muito mais que uma tecnointeração, está surgindo um novo modo de ser no mundo representado pela midiatização da sociedade.

A midiatização é a reconfiguração de uma ecologia comunicacional (ou um *bios* midiático). Torna-se (ousamos dizer, com tudo o que isso implica) um princípio, um modelo e uma atividade de operação de inteligibilidade social. De outra maneira, a midiatização é a chave hermenêutica para a compreensão e interpretação da realidade. Nesse sentido, a sociedade percebe e se percebe a partir do fenômeno da mídia, agora ampliado para além dos dispositivos tecnológicos tradicionais. Por isso, é possível falar da mídia como lócus[23] da compreensão da sociedade. Isso é tão imperioso que a posição, antes então revolucionária, do *palco à plateia*[24] perde seu sentido e é superada. Agora existe

---

[20] Id. Entrevista a Edital: *A midiatização e os governos latinoamericanos*, 22 set. 2009.

[21] Id. Entrevista à IHU on-line. *Revista do Instituto Humanitas Unisinos*, abr. 2009, ed. 289.

[22] P. G. Gomes, op. cit.

[23] G. B. Artieri. *I media-mondo*. Roma: Meltemi, 2004.

[24] Segundo a conceituação de Maria Cristina Mata (Palestra no Mutirão da Comunicação – Porto Alegre, 2010).

um teatro de arena, onde não mais se fala de palco e de plateia, pois é impossível pensar uma realidade sem palco, uma vez que ele abarcou tudo. As pessoas não distinguem mais a sua vida separada do palco, sem ele. Se um aspecto ou fato não é midiatizado, parece não existir.

Aceitar a midiatização como um novo modo de ser no mundo põe-nos numa nova ambiência que, como dizíamos acima, mesmo que tenha fundamento no processo até agora desenvolvido, significa um salto qualitativo no modo de construir sentido social e pessoal. Mesmo que as mediações material e simbólica estejam unidas no processo de midiatização, essa não é um degrau a mais no processo evolutivo, *mas um novo qualitativo*,[25] síntese na dialética sujeito/objeto. Na sociedade do grande irmão, a tecnologia midiática é uma ambiência que trabalha na construção de sentido, induzindo uma forma de organização social.

Aventa-se a hipótese de que a midiatização está para a história da humanidade assim como esteve (e está) a invenção da escrita. Do mesmo modo como não se pode regredir ao período pré-letrado (a não ser se houver um cataclisma universal), também não se retrocederá a uma era pré-midiatização. Ambas significam um salto no hiper-espaço da evolução humana.

Por isso, na linha de superação dos ambientes, estudar os processos midiáticos na sociedade contemporânea significa colocar-se, a si e à reflexão que se deseja, um horizonte mais amplo que os limites estreitos dos campos que hoje nos ocupam no dia a dia.

Considerando o quadro evolutivo da trajetória da comunicação, mencionado brevemente, e a provocação que a cultura midiática cria e re-cria na sociedade hoje, damo-nos conta de que algo, nunca vivido anteriormente, está se passando e "forjando um novo sujeito" na sociedade, onde permanecem necessidades fundamentais do ser humano, mas modifica-se rápida e profundamente a sua forma de se relacionar.

Uma nova esfera afetiva para "os desejos de sempre"

No contexto de cultura digital, porém, é importante enfatizar que na transformação comunicacional, isto é, nas múltiplas formas de conhecer, ser e estar, portanto, nos usos das novas tecnologias,

---

[25] A ênfase é minha.

a mente, a afetividade e a percepção são agora estimuladas, não apenas pela razão ou imaginação, mas também pelas sensações, imagens em movimento, sonoridades, efeitos especiais, visualização variada do impossível, encenação de outras lógicas possíveis de construir realidades e se construírem como sujeitos.[26]

No processo de mudanças rápidas, a pessoa humana continua buscando o sentido de sua vida, de sua felicidade e de sua realização. Como diz Lya Luft[27] em seu livro *Perdas e ganhos*:

> Vertiginosamente, no século passado, a sociedade mudou, a família mudou. Transformou-se a cultura, evoluíram tecnologia e ciência, tudo avança em uma velocidade inimaginável há 50 anos. Porém, as emoções humanas não mudaram. Nossos desejos básicos são os mesmos: segurança, afeto, liberdade, parceria; sentir-me integrado na sociedade ou na família, ser importante para meu grupo ou ao menos para uma pessoa – aquela que é meu amor.

Chegamos, então, a uma reflexão que discute a intensa imbricação entre mídia e consumo. Trata-se de uma associação central no contexto contemporâneo. E aqui se faz pertinente o pensamento de Gilles Lypovetsky[28] sobre a evolução da "civilização consumidora", considerada em três grandes momentos, ainda que breves, mas de indispensável enfoque, pois o "jogo" da mídia está presente como a forma simbólica "por excelência" para "satisfazer" os desejos do ser humano, mas desenvolver o consumo que, por sua vez está ligado ao capitalismo. Assim que, no dizer de Lypovetsky, a era do consumo de massa começa já nos anos de 1880, terminando com a Segunda Guerra Mundial. É a fase I em que os pequenos mercados locais dão lugar aos de grande porte, nacionais, e que devido às facilidades de velocidade para o fluxo de grandes quantidades acabaram por aumentar a produtividade com custos mais baixos, abrindo vias para a produção e, como consequência, para o consumo em massa.

Assim, as novas indústrias apostaram seus produtos "fazendo publicidade em escala nacional em torno de sua marca. Pela primeira vez, empresas consagraram enormes orçamentos à publicidade. (...) A fase I criou uma economia baseada em uma infinidade de marcas célebres, algumas das quais conservaram uma posição de destaque até nossos dias".[29] Foi o período em que rompeu-se a

---

[26] S. H. Borelli; J. Freire Filho (org.). *Culturas juvenis no século XXI*, contracapa.

[27] L. Luft. *Perdas e ganhos*, p. 33.

[28] G. Lypovetsky. *A felicidade paradoxal*; ensaio sobre a sociedade de hiperconsumo.

[29] Ibid., p. 29.

relação de mercado mais antiga, dominada pelo comerciante, "transformando o cliente tradicional em consumidor moderno, em consumidor de marcas a ser educado e seduzido especialmente pela publicidade". Julgava-se e comprava-se mais o produto a partir do seu nome, "comprando uma assinatura no lugar de uma coisa".[30]

Uma segunda fase se estabelece na economia de consumo a partir de 1950 e se prolonga nas três décadas do pós-guerra. Sem abdicar totalmente os processos do estágio anterior, a fase II se constitui em "uma imensa mutação cuja radicalidade, instituidora de uma ruptura cultural, jamais será sublinhada o bastante".[31] É a fase que se chamou de "sociedade da abundância". Edifica-se a

> sociedade de consumo de massa como projeto de sociedade e objetivo supremo das sociedades ocidentais. Nasce uma sociedade, na qual o crescimento, a melhoria das condições de vida, os objetos-guias do consumo se tornam os critérios por excelência do progresso. (...) toda uma sociedade se mobiliza em torno do projeto de arranjar um cotidiano confortável e fácil, sinônimo de felicidade.[32]

Sem dúvida, há uma profusão do consumo, em termos de produção, mas, segundo o autor citado, há algo "além da rápida elevação do nível de vida médio: a ambiência de estimulação dos desejos, a euforia publicitária, a imagem luxuriante das férias, a sexualização dos signos e dos corpos". Substitui-se "a coerção pela sedução, o dever pelo hedonismo, a poupança pelo dispêndio, a solenidade pelo humor, o recalque pela liberação, as promessas do futuro pelo presente". A fase II se apresenta como "sociedade do desejo". É o imaginário de felicidade consumidora que impregna o cotidiano, "os sonhos de praia, de ludismo erótico, de modas ostensivamente jovens". Nesta fase, os investimentos publicitários multiplicam-se por cinco, por três em curtos períodos de tempo. É a mídia ganhando novos espaços, construindo desejo e/ou satisfazendo os desejos de sempre. No dizer de Lypovetsky, criou-se "o vírus da compra, a paixão pelo novo, um modo de vida centrado nos valores materialistas. Shopping compulsivo, febre dos objetos, escalada das necessidades...".[33]

---

[30] Ibid., p. 30.

[31] Ibid., p. 32.

[32] Ibid., p. 35.

[33] Ibid., p. 36.

A terceira fase apontada por Lypovetsky é aquela que "inventa um novo futuro para a aventura individualista e consumista das sociedades liberais".[34] É denominada pelo autor como a época do "hiperconsumo", isto é, trata-se do reino da hipermercadoria e do individualismo.

> Agora, a busca das felicidades privadas, a otimização dos recursos corporais e relacionais, a saúde ilimitada, a conquista de espaços-tempos personalizados é que servem de base à dinâmica consumista (...) desejamos as novidades mercantis por si mesmas, em razão dos benefícios subjetivos, funcionais, emocionais que proporcionam... (...) Numa época em que as tradições, a religião, a política são menos produtoras de identidade central, o consumo encarrega-se cada vez melhor de uma função identitária.[35]

Vive-se a época do consumo emocional. Teóricos e atores do marketing trabalham mais e mais nos processos que fazem "com que os consumidores vivam experiências afetivas, imaginárias e sensoriais". Chama-se, hoje, "marketing sensorial ou experiencial", que "procura melhorar as qualidades sensíveis, táteis, visuais, sonoras, olfativas dos produtos e dos locais de venda". O sensitivo e o emocional tornaram-se objetos de pesquisa de marketing: importa prometer uma "aventura sensitiva e emocional" ao hiperconsumidor para um maior bem-estar sensível. Pelo marketing emocional, cria-se a publicidade numa imbricação com a mídia e que vai criando necessidades supérfluas, impulsionando continuamente novos desejos de aquisição, identificando a felicidade aos bens mercantis. As imagens da felicidade são, então, programadas, prometendo saúde, beleza etc. "A publicidade é o que cria e recria as necessidades que o aparelho produtivo procura satisfazer".[36]

O teórico inglês Roger Silverstone nos lembra que consumo e mídia são interdependentes. "Consumimos a mídia. Consumimos pela mídia. Somos persuadidos a consumir pela mídia. A mídia, não é exagero dizer, nos consome".[37] Assim também o teórico norte-americano Douglas Kellner[38] entende que o entretenimento é o principal produto oferecido pela cultura da mídia, que espetaculariza o cotidiano de modo a seduzir suas audiências. Múltiplos modelos e padrões hoje convivem nas ondas, páginas ou telas dos mais variados meios

---

[34] Ibid., p. 37.

[35] Ibid., pp. 45.

[36] Ibid., pp. 171-172.

[37] R. Silverstone. *Por que estudar a mídia?*, p. 150.

[38] Cf. D. Kellner. *A cultura da mídia.*

de comunicação que permeiam nosso cotidiano. Trata-se da hibridização entre mídia e consumo, "lugar privilegiado" na economia do entretenimento, onde as formas do espetáculo são incorporadas aos negócios. Neste cenário temos as indústrias culturais transformadas em megaconglomerados que fundem informação, entretenimento e negócios.[39]

No comentário do sociólogo polonês Zygmunt Bauman,[40] acerca da centralidade do consumo na cultura atual, o autor constata que "a sociedade pós-moderna envolve seus membros primariamente em sua condição de consumidores, e não de produtores". Enquanto a produção é regulada por normas estritas, "a vida organizada em torno do consumo é orientada pela sedução, por desejos sempre crescentes e quereres voláteis".[41] É justamente aí que se insere a potência do discurso publicitário-mercadológico. Portanto, marketing e propaganda são hoje vistos como instâncias essenciais desempenhando um importante papel na segmentação do público em torno de novos gostos, tendências e estilos. Como sugere Featherstone, seus profissionais ajudam a "modelar e criar os mundos dos sonhos",[42] participando da constituição do imaginário social através da cultura da mídia.[43]

Ao concluir, valemo-nos ainda das palavras sábias de Nelly de Carvalho em sua tese de doutorado, hoje transformada em livro *Publicidade: a linguagem da sedução*:

> O texto publicitário dirige-se a um receptor individual, portador de desejos e aspirações, e busca sua identificação com um determinado produto. Desse modo, introduz o consumidor no universo lúdico e do maravilhoso e estabelece seus próprios valores estéticos em busca de uma persuasão sedutora.[44]

Todos buscamos o caminho para a felicidade. Entretanto, diz Bauman,[45] "essa maneira de alcançar o estado de felicidade só fica a meio caminho do sucesso (...) as alegrias momentâneas que ela traz se dissolvem e logo se dispersam na ansiedade de longo prazo". Mudam-se as formas, as ofertas para

---

[39] Rose de Melo Rocha; Gisela G. S. Castro. Cultura da mídia, cultura do consumo: imagem e espetáculo no discurso pós-moderno. Revista *Logos 30 – Tecnologias de Comunicação e Subjetividade*, pp. 51-52.

[40] Z. Bauman. *Modernidade líquida*, p. 90.

[41] Ibid., p. 91.

[42] M. Feathrstone. *Cultura de consumo e pós-modernismo*, p. 111.

[43] Ibid., p. 52.

[44] N. Carvalho. *Publicidade*; a linguagem da sedução.

[45] Z. Bauman. *A arte da vida*.

preencher os desejos de felicidade, conforme a evolução da sociedade capitalista e das tecnologias da comunicação. O marketing se transforma em "marketing emocional". Entretanto, conclui Bauman: "o consumo não leva à certeza e à saciedade. O bastante nunca bastará".[46]

Tudo se transforma, mas os desejos do ser humano "são os de sempre". A satisfação deles constrói-se sobre o patamar da mídia.

Referências bibliográficas

ARTIERI, Giovanni Boccia. *I media-mondo*. Roma: Meltemi, 2004.

BAUMAN, Zigmunt. *Modernidade líquida*. São Paulo: Jorge Zahar, 2001.

_____. A arte da vida. São Paulo: Jorge Zahar, 2008.

BORELLI, Sílvia H.; FREIRE FILHO, João (org.). *Culturas juvenis no século XXI*. São Paulo: EDUC, 2008.

BRAGA, José Luiz. Entrevista à IHU On-line (*Revista do Instituto Humanitas Unisinos*), abr. 2009, edição 289.

CARVALHO, Nelly de. *Publicidade*; a linguagem da sedução. São Paulo: Ática, 2004.

FAUSTO NETO, Antonio. Entrevista à IHU On-line (*Revista do Instituto Humanitas Unisinos*), abr. 2009, edição 289.

_____. A midiatização e os governos latino-americanos. Entrevista à IHU On-line (*Revista do Instituto Humanitas Unisinos*), set. 2009, edição 309.

FEATHERSTONE, Mike. *Cultura do consumo e pós-modernismo*. São Paulo: Studio Nobel, 1995.

KELLNER, Douglas. *A cultura da mídia*. São Paulo: EDUSC, 2001.

LIPOVETSKY, Gilles. *A felicidade paradoxal*; ensaio sobre a sociedade de hiperconsumo. 2. ed. São Paulo: Companhia das Letras, 2010.

LUFT, Lya. *Perdas e ganhos*. Rio de Janeiro: NE, 2003.

MENDES, Gildásio. *Midiatização/mediatização*; um novo olhar para os novos tempos. (Texto apresentado no I Seminário sobre Pastoral Urbana – CNBB – 2009).

PELBART, Peter Pál. *A vertigem por um fio*. São Paulo: Iluminuras, 2000.

---

[46] Ibid., p. 35.

ROCHA, Rose de Melo; CASTRO, Gisela. Cultura da mídia, Cultura do consumo: imagem e espetáculo no discurso pós-moderno. Revista *Logos 30 – Tecnologias de comunicação e subjetividades*, Rio de Janeiro, Logos/Comunicação & Univesidade, ano 16, n. 30, 2009.

SILVERSTONE, Roger. *Por que estudar a mídia?* São Paulo: Loyola, 2002.

SODRÉ, Muniz. *Antropológica do espelho*; uma teoria da comunicação linear e em rede. Petrópolis: Vozes, 2002. Publicado também em: MORAES, Denis de (org.). *Sociedade midiatizada*. Rio de Janeiro: Mauad X, 2006.

ÉTICA DO CONSUMO:
A MESA, A PLUMA E O VENTO

Maria Angela Vilhena

A felicidade é como a pluma
Que o vento vai levando pelo ar
Voa tão leve, mas tem a vida breve
Precisa que haja vento sem parar...

Tom Jobim e Vinícius de Morais

Abordar o tema proposto implica entrar em campo pioneiro, altamente complexo, em que há muito a ser investigado para ser conhecido e analisado. O consumo é um novo objeto para as Ciências Sociais, instaurado, sobretudo, nas últimas décadas do século XX. Desde então, tem catalisado estudos que exigem conceitos e métodos de pesquisa condizentes com as aceleradas transformações econômicas e sociais que conferem ao ato de consumir amplitude, significados e contornos inauditos. Trilhar por este campo implica considerar que o consumo é atividade protagonizada por seres humanos, e, como tais, seres compósitos nos quais se entrecruzam dimensões biológicas, psíquicas, sociais, culturais. Assim sendo, a eleição do consumo como objeto de estudo exige concurso de várias áreas do saber e suas disciplinas. Contemporâneos que somos das pressões que advêm das novas práticas consumistas, falta-nos, por vezes, o tempo necessário para a compreensão e reflexão sobre suas implicações em perspectiva histórica. Todavia, a difícil apreensão do objeto não deve paralisar, mas incentivar estudos em direção a promissoras possibilidades que ele oferece, pois, que se faz necessário compreender e explicar a sociedade na qual estamos imersos e onde é ele uma realidade simultaneamente em expansão, dilatação, fragmentação, unificação, diferenciação, setorialização, agregação e desagregação.

Localizado entre possibilidades e limites, este artigo tem em vista identificar e analisar possíveis relações entre duas realidades distintas: a reflexão ética, atividade possibilitada pela capacidade humana de pensar e a ação voltada para o consumo, que não é destituída do pensamento. A busca por relações entre tais realidades, que não sendo idênticas, tem em comum atividade e pensamento, é possível, dado que não são impermeáveis ou justapostas uma à outra, pelo contrário, imbricam-se em mutualidade de incidências. O texto apresentado é, pois, uma tentativa de pensar sobre atividades e pensamentos nucleados pelo consumo, que na atualidade é verificável em sociedades avançadas do ponto de vista das lógicas do capital internacionalizado.

Em sua acepção estrita, a ética é referida, sobretudo, ao âmbito da investigação e reflexão crítica sobre os valores morais e às suas significações historicamente construídas. Aborda questões como o verdadeiro, o belo, o bom, o justo, o prazer, a felicidade, a liberdade, a responsabilidade e seus contrários. O consumo, como fato social que é, diz respeito aos comportamentos humanos ligados à produção, aquisição, utilização e destinação de bens que acontecem em formações sociais, políticas e econômicas relacionadas com o meio ambiente. Ocorre que, dentre as questões tratadas pela ética estão, justamente, a investigação e a compreensão racional sobre os comportamentos e costumes humanos com suas regras, prescrições, interdições, legitimações. A ética não cria a moral que prevalece nos comportamentos e costumes, porém, reflete criticamente sobre eles, indagando quais suas origens, o que representam, quais são os valores e significados a eles atribuídos cujas consequências afetam positiva ou negativamente a vida em suas apresentações mais amplas estendidas à natureza em dimensão planetária. No ato de consumir, como em toda a ação humana, estão presentes dinâmicas motivacionais como a busca da felicidade e do prazer; processos interpretativos e valorativos tecidos em relação aos objetos e bens dispostos para o consumo, bem como à ação consumista e seus atores; critérios normativos que na tensão entre liberdade e responsabilidade prescrevem ou interditam condutas. Desta forma, o consumo é objeto da reflexão ética enquanto filosofia moral.

Por sua vez, as ações sociais são elas mesmas fonte de valores com conotação crítica ou acrítica, pois que a própria sociedade, ou setores dela, é capaz de refletir sobre as proposições, os comportamentos e as justificações nelas e por elas engendrados. Alarga-se assim entendimento sobre a ética, agora não mais restrito ao âmbito da filosofia, porém, estendido aos significados valorativos e normativos que a própria sociedade confere às motivações, costumes e ações que nela se verificam. Nesta acepção, é legítima a utilização do termo ética para designar, também, os valores, as motivações e os impulsos práticos para a ação que se encontram nos contextos pragmáticos e psicológicos das sociedades.

Sendo assim, podemos discorrer sobre uma ética que a sociedade de consumo propõe sobre o próprio consumo, ou seja, uma ética do consumo. É preciso que tenhamos claro que esta ética é aqui estabelecida na relação com uma forma singular de organização da sociedade contemporânea, que em contexto globalizado é erigida sob a lógica do capitalismo avançado, pautado por princípios oriundos do liberalismo econômico. É preciso, também, considerar na complexidade do modo de produção capitalista, espraiado por diversas formações culturais, a presença de fatores singulares provenientes de múltiplas tradições, visões de mundo, concepções acerca do humano, disposições morais e estéticas, conteúdos e significados em íntima articulação com a qualidade e estilos de vida que compõem em dinamicidade o *éthos* cultural de cada povo, em cujo interior e em ebulição encontram-se as aspirações, desejos, projetos, medos, frustrações dos indivíduos que compõem a sociedade. Eis por que nunca é supérfluo ressaltar a dialética sutil entre a formação econômica de uma sociedade, a cultura e o psiquismo individual.[1]

Ora, como facilmente se verifica, a qualidade de vida de um povo está intimamente vinculada às maneiras como a vida é socialmente produzida e conservada, ou seja, ao modo de produção, distribuição e consumo dos bens materiais e imateriais em articulações com fatores históricos, políticos, econômicos e geográficos. É necessário ressaltar, mais uma vez, que no bojo da aquisição e do consumo de bens estão as maneiras pelas quais estas práticas são interpretadas, significadas e valoradas socialmente. Portanto, a vigência do consumo como valor ou sua interpretação em clave crítica implica ética e *éthos*. Se o termo *éthos* oferece possibilidades para as articulações apontadas, cabe uma observação no que tange a sua aplicação não matizada, extensiva e indiferenciada a todo um povo, como se fosse ele internamente homogêneo, o que não é verificável, posto que em todas as sociedades é assimétrico o acesso aos bens materiais e imateriais, assim como a pregnância de valores e suas significações gozam de autonomia relativa diante das disposições oriundas do modo de produção. Isto se verifica tanto nas sociedades pré-modernas, bem como naquelas em que a modernidade e suas promessas estão se instaurando ou seus resultados já se fazem vigorosamente presentes sob a égide de políticas econômicas neoliberais. Engana-se, pois, quem imagina que mesmo nas sociedades

---

[1]   Cf. C. Geertz. *A interpretação das culturas*, pp. 143-144.

opulentas todos os indivíduos tenham oportunidades similares para consumir, gozem de total acesso a bens relativos à habitação, saúde, educação, ou que, como já assinalava Weber,[2] todos os estratos sociais e no interior do mesmo estrato fossem unívocas as atitudes e interpretações da vida individual e social.

Sublinhar este fato é necessário para não incorrer em uma compreensão idealista e essencialista que confere aos valores, às inclinações, disposições e motivações humanas para a ação uma natureza supra-histórica, autônoma, padronizada e universal. Por outro lado, favorece não resvalar ingenuamente para uma visão que engessa a capacidade humana crítico-reflexiva a partir de supostos determinismos econômicos, históricos ou culturais, ignorando a autonomia relativa do pensar, do conhecer e valorar. Tal não fosse, a reflexão ética em seu corte crítico seria de vez por todas impossibilitada. Importa, ainda, ressaltar que afirmar a íntima vinculação entre a ereção de valores e a multiplicidade de contextos sócio-históricos não equivale a uma postura relativista incapaz de reconhecer a existência de valores essenciais associados a práticas sociais destinadas à manutenção e promoção da vida pessoal e coletiva.

O outono da modernidade

Nos anos sessenta, quando o mundo era cinquenta anos mais jovem, Maysa Matarazzo compunha e cantava em tonalidade dramática e lacrimosa uma música com o título premonitório "Meu mundo caiu". A letra da música ao assinalar o final de um mundo – no caso o mundo de romances malsucedidos – não resvala para uma apocalíptica comum a muitos filósofos prontos a detectar o fim da história, pois que aponta a possibilidade de reconstrução, do novo a ser gerado que pode surgir da degenerência. *Se meu mundo caiu, eu que aprenda a levantar.* Se um mundo caiu outro pode ser erguido. Com efeito, os chamados *anos dourados*, então em seu ápice, assinalavam o outono dos tempos modernos e em gestação novas estações. Le Goff,[3] em seus comentários à obra de Huizinga *O outono da Idade Média: estudo sobre formas de vida e pensamento*, lembra que o outono é a estação em que todas as fecundidades e todas as contradições da natureza parecem se exacerbar, quando todos os contrastes aparecem com brilho extraordinário, quando surgem à plena luz as tensões existentes em uma época. Estendendo as ponderações de Le Goff para o âmbito

---

[2]   M. Weber. A psicologia social das religiões mundiais. In: H. H. Gerth; C. Wright Mills. *Ensaios de sociologia*, pp. 189-211.

[3]   J. Le Goff. Entrevista a Claude Mettra. In: J. Huizinga. *O outono da Idade Média*. p. 589.

da vida econômica, social e cultural podemos aludir à época outonal dos anos sessenta como aquela em que se despregavam ramos e folhas de sólidos e tradicionais troncos fazendo espaço para que do tronco vivo da vida coletiva brotassem novos rebentos, redesenhando cenários, colorindo a paisagem com novas tonalidades. Sejamos nós, contemporâneos ou não daquela época, entre recordações interpretadas ou narradas, habita o imaginário social comum, de corte saudosista, ter sido aquele um tempo *em que tudo que acontecia na vida era dotado de contornos bem mais nítidos que os de hoje.*[4]

Zygmunt Bauman,[5] ao comparar a época contemporânea, regida pelo consumo elevado a exponenciais inauditos, com períodos históricos anteriores, utiliza a metáfora da fluidez líquida que inunda, vasa, encharca, borra contornos e altera tradicionais sólidos hoje já em estado de desintegração, deixando desprotegidas e expostas complexas redes de relações sociais, políticas, econômicas, culturais. Para Bauman, impotentes para resistir aos critérios de racionalidade inspirados pelo mundo dos negócios econômicos, os primeiros sólidos derretidos junto com as antigas certezas foram as lealdades e os deveres tradicionais, as pesadas obrigações familiares, os direitos costumeiros e suas normas, os poderes do Estado para ordenar, coibir, legitimar comportamentos, as garantias de trabalho fixo e sua contrapartida na segurança de salário recebido, as relações comunitárias asseguradas por pertenças socialmente reconhecidas. Deste conjunto de fatores, em suas múltiplas articulações, decorria como que naturalmente a identidade dos indivíduos-cidadãos. A nova racionalidade liberaria a economia de seus embaraços políticos, éticos e culturais, agora enfraquecidos e incapazes de mudar ou reformar a antiga ordem. Outros sólidos, que através de prescrições e sansões ainda guardavam os limites entre o certo e o errado, o permitido e o interditado, estariam em processo de derretimento. Dentre os sólidos a se derreterem Bauman aponta aqueles provenientes de ideias e práticas revolucionárias que engajavam sujeitos em torno de causas trabalhistas ou políticas. Hoje, a ver do autor, outros sólidos estão em processo de derretimento: são eles os elos que entrelaçam as escolhas e estilos individuais de vida e os projetos e ações coletivas com seus padrões de dependência e interação. Neste diapasão, os poderes liquefeitos passaram do "sistema" para a "sociedade", da "política" para a "política da vida individual", do nível macro para o nível micro do convívio social. É neste nível que o sujeito coletivo tradicional, até então principal esteio da vida social, é sufocado,

---

[4]   J. Huizinga. *O outono da Idade Média.* p. 11.

[5]   Z. Bauman. *Modernidade líquida,* passim.

para ser substituído pelo sujeito individual, erigido agora como o protagonista por excelência capaz de gerar valores e diretrizes para a singularidade da vida pessoal. A identidade deste novo sujeito individual encontra suas raízes na atividade de consumo. A sociedade de indivíduos e sociedade de consumo são faces autorreferentes da mesma moeda.

Após o outono da modernidade, com seus tradicionais valores e normas provenientes de instituições em processos de mudança e liquefação, a sociedade necessitou gerar alguns pontos de referência comuns.

> Agora é o menor, mais leve e mais portátil que significa melhoria e progresso. Mover-se não mais aferrar-se a coisas vistas como atraentes por sua confiabilidade e substancialidade. [...] Hoje o capital viaja leve – apenas com bagagem de mão que inclui nada mais que uma pasta, o celular e computador portátil.[6]

O conjunto dos elementos e objetos apontados assinala a passagem do capitalismo pesado para o capitalismo leve, do éthos da sociedade pré-moderna à gestação de um novo éthos cultural, uma nova visão de mundo capaz, em certa medida de adequar seus valores, suas disposições morais e estéticas a novos e flutuantes e substituíveis objetos. Com a nanotecnologia, objetos cada vez menores enfeixando múltiplas funções, dantes específicas de determinados equipamentos, agora sintetizam aquelas próprias de computadores, máquinas fotográficas, calculadoras, telefonia e internet, que rapidamente se tornam obsoletos, fora de moda e substituíveis. Demandando pouco esforço para carregá-los, e quase nenhum conhecimento sobre as razões pelas quais funcionam, bastando saber operá-los. Pequenos, leves, substituíveis os modernos equipamentos destinam-se, sobretudo, ao uso individual, libertando seus usuários de aborrecimentos ligados à utilização coletiva, que pressupõe acordos, trocas, dissensos e consensos entre pessoas ou grupos de usuários. Cada qual com seu pertence. Porém, como já dito, da inconstância advêm desafios para a criatividade que possibilita a reinvenção de significados ou a inovação permanente de sentido acompanhando as inovações tecnológicas.

Com a extensão desta lógica mutante dos objetos de vida breve para o conjunto do corpo social, os indivíduos não são mais atraídos por aderências a lugares e obrigações, por exigências que implicam grandes investimentos intelectuais para conhecer as razões pelas quais a vida social decorre desta ou daquela maneira, por fidelidades, por devotamentos e sacrifícios às pequenas e grandes causas, agora em processos de contração. Em um mundo onde impera

---

[6] Ibid., p. 21, p. 70.

a parte e a visão do todo se esvai, escorrega-se facilmente das relações sociais mais amplas e vinculantes para relações mais esvanecidas ou diminutas, do social para o individual, do primado da política enquanto atividade voltada para o bem comum para a política da vida individual cada vez subjetivada. O único sentido dos interesses comuns não é outro senão permitir que cada indivíduo satisfaça a seus próprios interesses, busque livremente e individualmente sua própria felicidade. Assiste-se, então, à ereção de uma ética onde o social e o bem comum são crivados e escalonados pela supremacia do individual. Note-se, porém, que a supremacia dos interesses individuais não equivale à total aniquilação daqueles interesses que pertencem ao âmbito do coletivo. Dir-se-á com mais propriedade que o bem estar coletivo é interpretado e fundamentado a partir de uma base erigida sobre o que concerne diretamente aos indivíduos; é essa a lógica da sociedade hiperindividualista. Atualmente, no corpo social, não há mais pejo em afirmar que o topo da pirâmide que hierarquiza valores é ocupado pelo sujeito individual sob cujo patrocínio uma nova ética é construída.

A mesa de ofertas: consumidores felizes

Em Bauman[7] encontramos outra alegoria para descrever a situação não mais do outono da modernidade, mas do período contemporâneo, que em suas apresentações no Ocidente pode ser identificado como hipermoderno.[8] É quando assistimos não ao óbito da modernidade, mas seu remate, seu ápice que alude a indivíduos ante a incrível multiplicidade de opções que a sociedade coloca à disposição de cada qual. O autor constrói um cenário imaginário onde os indivíduos se encontram como comensais diante de uma grande mesa, que, como bufê, expõe uma infinidade de pratos a serem escolhidos. A mesa representa o mercado com seus inúmeros e atraentes produtos expostos à venda, os comensais são os consumidores atuais cuja mais irritante e custosa tarefa, a perturbar seus desejos de felicidade, é a necessidade de estabelecer prioridades entre tantas opções.

Tomo a liberdade para extrapolar a alegoria inserindo questões que possibilitam a reflexão sobre a ética do consumo com suas implicações entre o mercado de objetos e bens, tanto materiais quanto imateriais, revestidos todos de simbolismos e significados sociais, em aparatos atrativos exibidos para venda, e os indivíduos consumidores com seus possíveis pensares, indagações,

---

[7] Cf. ibid., p. 75.

[8] Cf. G. Lipovetsky. *Os tempos hipermodernos*, p. 53.

avaliações e atitudes. Eis que de pronto nos deparamos às voltas com o imenso universo de objetos, em amplitude até agora não imaginada, para opções oferecidas pelo *self-service* hipermoderno, recém-inaugurado em tempos quando não mais havendo condutas prescritas e normas impostas, caberá ao indivíduo assumir a responsabilidade por suas escolhas. Todavia, há expectativas tanto pessoais subjetivas como coletivas, implícitas ou explícitas, recaindo sobre os comensais-consumidores, deixando-os ávidos, tensos, nervosos, inseguros.

Se alguns indivíduos atiram-se vorazmente à aquisição de objetos de consumo, ora representados como os pratos e as bebidas expostos na grande mesa do mercado, embriagando-se e comendo desbragadamente, outros sentirão que é preciso obter *a priori* certas informações para posteriormente consumir mais e melhor, ou seja, sem muito peso na consciência. Em uma possibilidade o consumo recairá sobre o que é mais leve, o que pode ser deglutido com maior facilidade e mais facilmente digerido, a fim de fazer no estômago espaço para novas escolhas de novos pratos. Com efeito, nem todos os consumidores estão interessados em objetos duráveis quando do predomínio da sedução pela inconstância que se faz acompanhar pela lógica do efêmero: no futuro, muito em breve, haverá produtos mais apetitosos, mais desejáveis. Eis o drama ético que aflige os indivíduos consumistas: o que posso e devo escolher? Quais critérios devem guiar minhas escolhas? Será, por acaso, a qualidade ou a aparência sedutora dos pratos? O cheiro que prenuncia sabor e prazer? O preço a pagar? A comida fará bem ao organismo? O que pode engordar por ser muito calórico? Como organizar tantos alimentos em um único prato? Primeiro os salgados e depois os doces é regra válida? O que beber para acompanhar o cardápio? O que os outros indivíduos comensais pensarão sobre mim em base a minhas escolhas? Mas, sempre há um porém. Outros bufês existem, outras e inauditas opções prazerosas estarão à mostra e à disposição de quem possa se aproximar da mesa e se servir. Será melhor comer agora ou aguardar por novos pratos e visitar outros bufês? O que devo fazer? O que posso esperar? Sob quais fundamentos devem se pautar minhas opções? Estas possíveis questões levantadas por consumidores apontam para a compreensão de que o ato de consumir não é antitético a uma lógica que integra a sedução ao racional, à informação, ao cálculo, ao prazer usufruído ou esperado.[9]

Colin Campbell[10] buscando afinidades eletivas entre uma ética romântica pré-moderna e o espírito do consumismo contemporâneo utiliza-se, como

---

[9]   Cf. id. *O império do efêmero*; a moda e seu destino nas sociedades modernas, passim.

[10]   C. Campbell. *A ética romântica e o espírito do consumismo moderno*, p. 96.

Bauman, do exemplo da alimentação para caracterizar uma ética nova. Enfatiza que o consumidor hedonista moderno *dirigirá a atenção para os primeiros bocados e para provar diferentes grupos de iguarias a fim de experimentar novos estímulos*. Sob a ótica de Campbell, o comedor-consumidor não se dirige à mesa porque esteja faminto, ou seja, não é movido pelo princípio do estado de carência que comprometeria a continuidade de sua existência, mas pelo prazer que os alimentos-objetos expostos possam proporcionar. Esse consumidor deseja não apenas possuir determinados objetos, mas experimentar certas sensações agradáveis que desfruta projetivamente em sua imaginação, até porque o prazer não é uma propriedade intrínseca aos objetos, nem uma propriedade de estímulos, mas decorre da capacidade humana de reagir aos estímulos de determinada maneira.[11] Trata-se, em uma primeira instância, da busca pelo prazer imaginado, sendo os benefícios ou a utilidade imediata dos alimentos, como de resto para os produtos a serem consumidos, no mais das vezes, apenas elementos acessórios. De fato, não sendo os homens condicionados exclusivamente por interesses materiais, se infere que nem todas suas necessidades podem ser satisfeitas tão somente por objetos e bens materiais. Daí que ao serem dispostos e expostos para o consumo os objetos devem ser revestidos de simbolizações suficientemente fortes, cujos significados artificialmente construídos e a eles atrelados tenham a capacidade de sediar, promover e imantar afetividades, emoções, deslumbramentos, impulsos, contentamentos, benefícios capazes de proporcionar bem-estar e prazer intensificados, acirrando o imaginário desejante. Eis por que, ao se comprar margarina compra-se também a matinal felicidade sorridente de uma família idealizada; quando a consumidora adquire peças íntimas é estimulada a imaginar se adquirindo a sedução e o charme de uma top model; apartamentos são vendidos e comprados com a ilusão de amorosa convivência familiar em torno de uma churrasqueira e amistosa rede de vizinhos que se utilizarão da mesma área comum; cosméticos vendem pele brilhante e sem rugas da desejada eterna juventude. Bens simbólicos imateriais, entre o velar e o desvelar, como o soprar do vento, são apresentados ao consumidor.

Ainda sob a inspiração dos autores citados podemos relacionar os consumidores-comedores com os "passeadores" de shopping center que buscam exporem-se a múltiplos estímulos externos expostos na mesa ou nas vitrines, na esperança de que ressoem internamente detonando desejos que podem ou não consubstanciar-se no ato de comer ou comprar. Por isso, passear em centros de

---

[11] Cf. ibid., p. 91.

compras afigura-se para o consumidor tão ou mais prazeroso do que passear em jardins e deleitar-se, todavia, sem levar para casa árvores e plantas. Contemplar a beleza de objetos expostos nas vitrines pode ser substitutivo para a contemplação dos vitrais de antigas catedrais que ao filtrarem luz colorem espaços, oportunizam experienciar sensações de transcendência. Acresce que a busca incessante pelo prazer intenso potencializado pela estimulação do desejo não é redutível a estimulações apenas externas. Na presença ou ausência delas a imaginação hedonista é capaz de ampliar consideravelmente o leque de possíveis experiências prazerosas maiores que aquelas relacionadas a objetos "reais". O consumidor hedonista moderno é simultaneamente receptor, intérprete e agente criativo de significados que extrapolam a eles, constituindo-se artífice de ilusões, de fantasias, de simulações capazes de despertar emoções voltadas para a obtenção do prazer. Assim, pois, como no consumo de alimentos, também a compra de mercadorias é revestida pela compra do prazer. Estaremos, desta forma, na vigência de uma ética regida não mais pelo modelo deontológico de normas absolutas, nem pelo princípio da eficiência ou da simples utilidade, mas de uma ética consequencialista-hedonista na qual as ações consumistas são consideradas boas ou más, sobretudo, em virtude dos resultados prazerosos que produzem. Por certo o princípio do prazer não chega a negar o útil e o eficiente, mas pela imaginação e fantasia são transmutados em fonte de prazer tão imaterial quanto a brisa, tão leve como a pluma a acariciar os rostos dos consumidores.

Como posso consumir sossegado, pergunta-se o consumidor hedonista?

Retomando a metáfora da mesa com seus pratos-objetos expostos para o consumo, os comensais-consumidores opulentos observam que há indivíduos olhando para ela, mas que não estão montando seus próprios pratos. Por que não o fazem? – perguntam-se os que têm acesso à mesa. O que os impede? Estarão famintos? É certo que a refeição tem preço. Se não têm como pagar pela refeição, por que não aprenderam a ganhar o dinheiro necessário? Não se dedicaram suficientemente ao trabalho, não souberam acumular o capital necessário para consumir? Certamente serão preguiçosos, inaptos, indivíduos inúteis e, sobretudo, incomodativos. Tenho algo a ver com aqueles que não comem? Como posso comer com tranquilidade e alegria sabendo que há famintos ao meu lado? E se os famintos se atirarem com voracidade sobre os pratos que estão à minha frente? Os alimentos poderão acabar num piscar de olhos, e eu sairei prejudicado. Além do que, provavelmente, eles não saibam as regras de etiqueta sobre a utilização de garfos, facas, colheres e guardanapos. Terão lavado as mãos antes de comer; suas roupas estarão limpas? Há sempre o perigo de contaminação. Poderá haver um desagradável tumulto, a desordem pode ser instaurada ao redor da bela mesa. Os famintos trazem o caos. Decididamente os famintos são empecilhos para plena satisfação dos consumidores afortunados.

Distribuir um pouco de alimentos poderia ser uma saída. Os comensais opulentos podem mandar que os garçons e copeiras ponham para os famintos uma mesa no quintal. Cobrindo a mesa, toalha de plástico imitando a toalha de seda adamascada da mesa dos privilegiados. Para aqueles, talheres e copos de plástico. Que lhes sejam servidas sardinhas ao invés de hadoc, sidra e não Moet Chandon. Seja como for, não saberão mesmo distinguir entre um produto sofisticado e uma cópia de segunda classe, até porque, pensam os opulentos, são indivíduos de segunda classe. E por que não dizer, são um fardo social, peso inútil para os verdadeiros cidadãos, os compradores de comida, os consumidores de fato e de direito que por seu trabalho e aptidão colaboram para a manutenção da ordem e do erário público, afinal pagam impostos. Com efeito, os comensais-consumidores são aqueles que ao pagarem pelos alimentos e serviços são os que financiam salários de tantos trabalhadores, que permitem o bom funcionamento do mercado. Ah! Se não fossem os consumidores pagantes que colocam seu capital em circulação, certamente não haveria postos de trabalho disponíveis. Só por isso, são indivíduos beneméritos, aos quais os não opulentos devem ser gratos. Porém, no momento, o que importa é que os famintos fiquem na deles, e o melhor, que não incomodem os comensais com a exposição de sua fome. Que comam, pois. Famintos saciados são aquietados, não perturbam. É bem possível que até encontrem prazer em satisfazer a fome, restaurando o equilíbrio biológico, superando a sensação de fraqueza que a carência alimentar ocasiona.

Como é bom ser bom: o altruísmo hedonista

Por outro lado, é gratificante – termo em moda, mas altamente revelador da autoexaltação e da autossatisfação que deveriam estar acobertadas – para o ego dos comensais opulentos, aquece e acalma seus corações saber que praticaram uma boa ação, um belo gesto humanitário. Podem mesmo organizar um festival ou evento social com a finalidade de recolher dinheiro para financiar a comida dos pobres. É uma bela ideia: cria-se nova ocasião para encontro festivo de cidadãos, para as mulheres exibirem suas joias e roupas de grife, para os homens entabularem negócios rentáveis. É o consumo associado à virtude responsável que gera paz social e à pedagogia que preside o rito de comensalidade. Os filantropos modernos obtêm prazer ao se entenderem e apresentarem socialmente como educadores, reformadores tanto das vidas dos carentes ou, como está em moda dizer, daqueles que "estão em situação de risco", mas também da saúde da sociedade. Assim, uma tripla satisfação pode ser alcançada com o altruísmo festivo e sentimental, é claro, desde que nossos pratos não fiquem vazios: Queira Deus, que os famintos vendo, mas ao longe, como se come com elegância e ouvindo como devem se comportar à mesa modifiquem seus hábitos rudes. Pode até acontecer que ex-famintos se transformem em trabalhadores, que, como se deve, consumam por conta própria. Ora, eis aí um novo nicho a ser explorado por empresários: criar produtos baratos, produtos de segunda linha para trabalhadores que ganham pouco. Com certeza, o mercado, como o coração dos ricos, será aquecido.

Na vigência do altruísmo hedonista, o Alter é, em grande parte, construído pela imaginação do Ego glorificado e etnocêntrico. Decorre daí uma ética de viés conservador, paternalista e colonialista na qual não há lugar para o diálogo. Nada se pergunta aos rudes para não se obterem respostas da parte daqueles que são *ab initio* desqualificados, considerados incapazes de conhecer, expor e argumentar sobre suas próprias preferências, escolhas e interesses, quanto mais de realizá-los. Na ausência de processos interativos, de discussões igualitárias, é negada ao outro a condição de sujeito, e consequentemente a ele cabem tão somente a introjeção dos valores e a prática dos costumes que, no limite, legitimam aqueles das camadas opulentas. É quebrada, assim, a ética que reivindica liberdade e autodeterminação para todos os humanos. Por certo, é valor ético o atendimento de necessidades materiais básicas para aqueles que estão impossibilitados de satisfazê-las, porém, é também valor ético não cercear e sim aumentar espaços de autonomia e autodeterminação introduzidos através, dentre outras formas, do diálogo, nem sempre fácil, pois implica despojamento e transformações da parte de interlocutores igualmente respeitados.

Como acontece frequentemente, terminada a comensalidade ou o ato consumista, cada comensal-consumidor vai para seu lado, segue seu caminho, pois o consumismo não cria laços duradouros ou responsabilidades comunitárias. Quando ao sabor do mercado, ou devido às vicissitudes da vida, ou ainda a investimentos mal planejados e malsucedidos, um consumidor opulento perde o poder de compra, perde também seu círculo de amizades, perde o respeito de seus antigos pares, ou como vulgarmente se diz: cai em desgraça. Como não se consomem apenas objetos, mas também serviços, entre consumidores individuais e seus prestadores de serviços, tais como profissionais liberais, lojistas, vendedores, bancários, escriturários, cabeleireiros, empregados domésticos, terminada a ação de consumo que os aproximou, terminada está a relação social. Seria um contra-senso esperar pela existência de laços duradouros entre empresas e empregados. Muito embora seja do interesse de empresas apresentarem-se a seus empregados e à sociedade como "grandes famílias" unidas por compromissos interpessoais que vão além de interesses meramente mercantis, não é preciso muita acuidade para perceber-se o engodo, a ilusão, a simulação que prevalecem nestas propostas. Todavia, parece que empregados encontrem na ilusão uma dose de ópio que lhes permite "vestir a camisa da empresa" e continuar com seu trabalho. Por isso, é frequente que, quando a um simples vendedor de uma grande rede comercial é perguntado se tal ou qual produto está disponível para a venda, ele responda: "No momento nós não temos o produto desejado, mas semana próxima teremos". Ora, de fato quem tem ou não tem o produto solicitado é a loja ou a empresa. O uso do pronome "nós" indica inclusão desejada, mas indevida. Até porque qualquer vendedor, como qualquer mercadoria exposta à venda, é peça facilmente substituível, em sua ausência a empresa continuará tal e qual.

Em voo leve

A metáfora da mesa posta para a alimentação que exemplifica produtos a serem consumidos afigura-se, assim, como bastante elucidativa sobre as relações entre valores a serem erigidos e escolhidos conforme critérios individuais. Critérios esses, porém, relativamente autônomos, posto que indivíduos não pairam como mônadas em céu abstrato, mas são herdeiros criativos do *éthos* cultural consumista onde estão inseridos. No momento, nas sociedades opulentas e democráticas este *éthos* é caracterizado pela fluidez, pela flexibilidade que, desapossada de uma unidade moral capaz de oferecer sentidos e significados únicos, padronizados, normatizadores para a autocompreensão do sujeito, para as relações interpessoais não é dissociada da conjunção entre meios e fins. Trata-se de um novo paradigma ético, que exige experimentações, um grande volume de informações por vezes díspares, do que advêm incertezas quanto à eficácia e a garantia da melhor escolha para poder, como se espera e se deve, consumir em paz.

Cabem aqui as observações de Lipovesky a respeito da sociedade atual, por ele cunhada como pós-moralista, ou seja, aquela que repudia a retórica da rigidez do dever imposto e paralelamente advoga a supremacia dos direitos individuais, da autonomia e da felicidade:

> Nenhuma aceitação do dever heroico, mas, reconciliação entre o coração e a festa, entre a virtude e o interesse, entre os imperativos do futuro e a qualidade da vida presente. Longe de representar uma oposição frontal à cultura individualista pós-moralista, o impacto ético constitui uma de suas mais típicas manifestações.[12]

Filantropia sim, mas desde que não imponha sacrifícios ou restrições ao acesso aos bens disponibilizados para o consumo individual daqueles que podem arcar com as despesas. Aliás, como já dito, é de bom tom ser socialmente reconhecido como indivíduo bondoso, caridoso. Evidentemente, a questão da justiça social não deve ser esmiuçada, melhor ainda, que não venha à tona. Que no dia de Natal os pobres que receberam "cestas básicas" possam satisfazer sua fome, que crianças às quais foram ofertados brinquedos ou mudas de roupas se sintam agraciadas e agradecidas, que no inverno cobertores e agasalhos sirvam para minorar o frio daqueles que não têm poder de compra, que pela manhã ou noite sejam distribuídos lanches ou sopas. Nas demais épocas do ano... que se virem como puderem. Poucos são os grupos que se sentem indignados ao ver a fila de pobres que se formam diante de instituições "beneméritas", organizadas quase sempre por senhas, para receber, com humildade, é claro, o que os ricos ofertam em caridade.

Para a maioria, o bom é que aqueles que agora desfrutam da abundância continuem assim e que distribuam aos que não têm parte do excedente ou do indesejável no momento. Com efeito, quando o infortúnio alheio é exposto pelas redes de comunicação, assinalando enchentes, inverso rigoroso, secas devastadoras, incêndios em favelas despertando ímpetos esporádicos de caridade, a justiça tende a se transformar em evento festivo que ajuda a aplacar a consciência moral e a suportar sua ausência durante os demais períodos. Daí surgem movimentos ou campanhas promovidas por entidades civis e religiosas, que em suas festividades maiores ou situações de catástrofes incentivam a doação de alimentos, de roupas usadas, brinquedos seminovos, eletrodomésticos fora de linha, móveis que não mais se adéquam à decoração do momento. Estas ações, além de esvaziar armários e espaços domésticos para novas aquisições, são entendidas como atos que confirmam para o indivíduo seu caráter

---

[12] G. Lipovetsky. *A sociedade pós-moralista; o crepúsculo do dever e a ética indolor dos nos tempos democráticos.*

generoso, virtuoso. Desta maneira, é dirimida a tensão incomodativa entre a percepção do egoísmo pessoal e a necessidade que as pessoas têm de se perceberem fazendo o bem, atuarem de maneira correta. Estes subterfúgios protegem a autoimagem idealizada de consumidores que preferem se entender como agindo segundo os ditames de uma moral interior, sensível às carências e dores alheias.

Fracos ventos: a pluma cai

Se o consumo trouxe bem-estar para parte da população, as ações meramente filantrópicas e assistencialistas sempre foram insuficientes para debelar o mal-estar social em âmbito regional e global. Na verdade, a maior parte dos movimentos e campanhas destina-se a resolver problemas pontuais sem colocar em discussão as grandes questões estruturais das quais o pontual é ponta de iceberg. Não é, pois, motivo para espanto correspondência entre a sociedade de consumo e seus processos voltados para o bem-estar individualizante e autofragmentário e a presença de uma ética setorializada e fragmentária que passa ao largo do bem-estar como valor e direito permanente adstrito ao todo social.

Expostos à ideologia da vida boa e feliz que o consumo proporcionaria, desejosos de obter os bens exibidos no mercado, insatisfeitos em receber restolhos filantrópicos dos opulentos, grupos de desfavorecidos se organizam em gangues que buscam pela força, pela extorsão e pela violência obter o que desejam e lhes falta. Ataques a bens particulares apresentados como valores supremos da vida feliz, ao patrimônio público dos quais se sentem alijados, invasões de lojas, esses bastiões avançados do consumismo, uso e tráfico de drogas, muitas vezes sucedâneos de pobres para os deleites do consumo, sinalizam o desencaixe e a falta de perspectivas dos proscritos da sociedade de consumidores. Os fatos apontados constituem ameaças e prova incontestável de violência que incrimina a pobreza como responsável pela desordem pública que coloca em xeque o bem-estar dos bem aquinhoados. Sendo assim, como ameaça ao bem dos cidadãos honestos, são construídos para os pobres reformatórios e prisões. É bom que se lembre de que extorsão, corrupção não é apanágio privativo dos pobres, nem hoje, nem nunca o foi. Os ricos e poderosos, sejam capitalistas, empreendedores, políticos, negociantes, investidores desejosos de acumular e consumir cada vez mais, não são imunes a práticas de transações encobertas ou explícitas, que primam pela corrupção ativa e passiva. Corruptos endinheirados, não raro frequentadores de colunas sociais, tidos como cidadãos virtuosos, quando operam superfaturamentos em obras públicas, desvios de dinheiro destinado à educação e saúde, provavelmente, porém não usando armas brancas ou de fogo, causem maiores danos e matem mais que assassinos e ladrões "populares". Entretanto, como podem pagar hábeis advogados de defesa, também ávidos de dinheiro para ampliar seus leques de consumo, muito raramente são enviados a reformatórios ou ao sistema prisional comum. Essas considerações fazem pensar até que ponto princípios éticos pautados pelo bom, justo e verdadeiro são igualmente resguardados, garantidos por sansões legais em sociedades nas quais a assimetria econômica, social e cultural é realidade insofismável.

Impõem-se, então, questões éticas a serem examinadas e respondidas. A dificuldade está em analisar e responder satisfatoriamente a determinadas questões quando estamos mergulhados na realidade por elas agitada.

Ética do consumo para o consumo: é preciso que haja vento sem parar...

Vento, ar, espírito, clima, vida, *animus, éthos* de uma sociedade. Mas, para onde sopra o vento? Espera-se que sopre e circule suavemente em todas as direções, envolva e seduza todos os indivíduos. Que seja agradável como a brisa matinal, perfumada como aquela exalada pelas flores quando cai a tarde, e de forma alguma se transforme em furacão trazendo questionamentos que abalem sociedade, ou destruam o jardim que ela cultiva para colher os frutos do consumo, bons de ver e gostosos de comer. Assim deve ser a ética que como o vento sustenta no ar a leve pluma consumista.

Por óbvio, uma sociedade estruturada a partir do consumo não poderia gerar valores éticos contraditórios a seus fundamentos. Sendo assim, o valor fundamental tanto decorre como é correlato aos fundamentos. É perceptível, a sociedade de consumo, desejosa de preservar sua continuidade, elabora princípios e condutas éticas a nível tanto macro quanto micro. Uma ética do consumo, por certo, recebe suas marcas, seus conteúdos, anunciações e promessas de fontes econômicas. Porém, há outras fontes que ora tendem a acomodar-se a elas, ora a contestam.

De uma macro ética consumista, espera-se que não imponham, pelo que seria rejeitada, comportamentos, deveres e valores pautados pelo justo, pelo bom, pelo verdadeiro, mas que venha de maneira quase sub-reptícia a potencializar com o menor desvio padrão possível destes valores a circularidade entre os interesses que regem a procedência (Donde) e a destinação ou finalidade da ação consumista (Aonde). O movimento entre bens e objetos produzidos e seus consumidores é realizado pela formalidade pragmática e normativa do mercado, regido pela eficácia de métodos que impulsionam práticas de venda e compra, objetivando sua manutenção e dinamização em contexto globalizado. Como nele predomina a conjunção entre o capital e suas forças em dimensões internacionais, é preciso que seja coadunado a regulamentações regionais atendendo a interesses econômicos e políticos locais. Salva-se, assim, o mercado de consumo em suas dimensões globais e locais.

A ética para o consumo em sua dimensão macro é entretecida com a dimensão micro com a qual tem que se a ver os indivíduos, em si mesmos impotentes ante os ditames que daquela advêm. Para que a impotência, reflexa ou irreflexiva, não descambe para a angústia generalizada e paralisante impeditiva da ação consumista, a ética do consumo fornece aos indivíduos satisfações subjetivas encontradas no ato de consumir, ao mesmo tempo que deve manter em obscuridade a força normativa do mercado para que consumidores da era pós-moralista não se percebam coagidos, mas agentes livres para os quais o consumo é opção. Dado que consumidores não desejam se sentir obrigados a consumir, tampouco desejam se perceber como irresponsáveis por consumir, sobretudo quando o fazem em demasia, pois essa é capaz de colocar em risco a reserva finita de bens encontrados na natureza, além do que a produção de detritos poluentes é ameaça ao bem-estar no mundo.

Para atender a tantas expectativas as opções para o consumo devem ser apresentadas como eticamente corretas, ou seja, o consumo responsável. O marketing empresarial tem procurado fazer jus às expectativas de ampliação das mercadorias disponibilizadas para o consumo e à sensibilidade ética dos possíveis consumidores atraindo-os para produtos que colocam à venda. Veiculam-se através de propagandas vantagens em consumir produtos onde o processo de fabricação preserve o meio ambiente. Consumidores sentir-se-ão felizes ao comprarem detergentes biodegradáveis, produtos de beleza em cujas fórmulas há referências explícitas à preservação da natureza, vegetais e cereais cultivados sem uso de agrotóxicos, carnes provenientes de animais que não foram tratados com antibióticos ou engordados com uso de anabolizantes, eletrodomésticos que consomem pouca energia e não desperdiçam água. A moral minimalista que propõe e sustenta valores relacionados com ecoprodutos, ecomarketing e ecologia do consumo não implica sacrifícios e autorrenúncias coletivas. O consumo individual é salvaguardado por indicações sobre o não desperdício, proposta de racionalidade que oscila entre máximos e mínimos suficientes para manter produção, estoques e vendas, reciclagem de dejetos, e outras medidas que não limitam o desejo, tampouco o prazer.

Por tudo isso, uma ética do consumo voltada para manutenção do consumo deve fornecer elementos tais que aplaquem as ansiedades, atendam às preocupações, reconheçam os desejos, afirmem o valor de ações assistencialistas, articulem com a menor contradição possível a razão ao sentimento e à festa, intensifiquem os estímulos para a compra, potencializem o imaginário, ofereçam identificações e reconhecimento público, criem redes de significados que enalteçam o indivíduo sem abolir o social, oportunizem pertenças para que os consumidores não se sintam como ovelhas desgarradas, propiciem certeza de que suas experiências de prazer, apesar de pontilhadas, serão renováveis quando e sempre novas oportunidades para o consumo estejam disponíveis no mercado, quando novas escolhas poderão ser feitas, pois tudo que é desfrutável e consumível é descartável.

Os consumidores hedonistas desejam a felicidade que tem leveza de uma pluma, que sem esforço e sem dor é sustentada pelo vento invisível da imaginação que propicia sensações agradáveis, mesmo que a vida seja breve.

Como se vê, dúvidas, questionamentos e apelos à razão não faltam no primado da busca subjetiva do indivíduo pela sua satisfação e prazer. O consumo associado à era das incertezas, ao contrário de previsões catastróficas, não resultou em caos social generalizado no seio das sociedades opulentas. A liberdade para escolher não redundou no sepultamento de todas as normas em direção à imoralidade e barbárie coletiva. O clima de indeterminação pelo enfraquecimento de instituições fundadas na obediência irrestrita a padrões e valores estabelecidos a partir de ordenações heteronômicas não conduziu ao relativismo e à permissividade como apresentação radicalizada da desordem total. A derrocada das antigas solidariedades que pressupunham abnegação, altruísmo desinteressado em clave sacrifical não foi suficiente para a degenerescência de todos os vínculos sociais. Vínculos frágeis, efêmeros, leves, setoriais, é bem verdade, todavia existentes.

É verdade que do interior da cultura de consumo emergem grupos organizados a partir de ideais humanitários propositores de uma ética solidária que busca romper com aquela derivada do mercado neoliberal que fomenta a cultura consumista. No momento atual, estes novos movimentos sociais apresentam-se fragmentários, com contornos pouco nítidos, ora direcionados para problemas locais e setoriais como aqueles relacionados ao feminino, aos direitos da criança e do adolescente, às questões trabalhistas, aos problemas de habitação e saneamento básico, ora voltados para questões globais como relações internacionais, imigrações, problemas que afetam os ecossistemas etc. Emergem, também, aspirações éticas preocupadas com o exercício das várias profissões, dando origem a várias iniciativas como comitês de ética médica, ética na política, nos sistemas de informação e comunicação social, e tantos outros preocupados com uma busca realista do bem-estar coletivo, com o presente e o futuro da vida. A diversidade de objetos, interesses e objetivos, que por um lado propicia iniciativas localizadas capazes de modificar condutas, por outro, dificulta a intersecção e a formulação de planos comuns suficientemente articulados para afetar o conjunto social.

Também é verdade que a ética do consumo sob o signo da ilusão, da imaginação que contradiz e tensiona a apreensão da realidade em sua factualidade bruta, da leveza em escala superficial que nega o aprofundamento sobre causalidades estruturais que subjazem às contradições e assimetrias sociais e econômicas, do paradoxo entre estímulos ao consumo em excesso e ao desperdício frente à necessidade de contenção, do hiperindividualismo como contraponto à solidariedade e à vida em sociedade, é de perguntar sobre a possível continuidade da vida social conforme esses parâmetros. Pode o consumo ser considerado sólido, o único sólido que subsiste como ancoragem em ambiente de liquidez? A estas questões, outros artigos deste livro tratarão de responder.

Termino com uma anedota narrada por Gérard Fourez[13] sobre uma entrevista que Bachelard teria concedido a um repórter. Ouçamos a anedota, como quem tem ouvidos ouve uma parábola. Poucos minutos após o início da entrevista, Bachelard afirmou ao repórter: "O senhor, manifestadamente, vive em um apartamento e não em uma casa". O jornalista, surpreso, perguntou-lhe que queria dizer com isso. O entrevistado respondeu que uma casa possui além do térreo, um sótão e um porão, sendo que os moradores circulam entre os três pavimentos. Pela imagem do sótão pretendeu mostrar que subir até ele é buscar as significações da existência, o mundo das ideias, da imaginação, dos sentimentos, da filosofia, da arte e da religião. Descer ao porão implica buscar pelos fundamentos econômicos, sociológicos e psicológicos da existência e discernir o que de fato oprime ou liberta. Perambular pelo térreo é colocar-se no nível da resolução das tarefas práticas da vida cotidiana, dos códigos restritos e normas que as regem. A anedota faz pensar sobre as deambulações do indivíduo consumista, da sociedade de consumo e o alcance de sua ética.

---

[13] G. Fourez. *A construção das ciências; introdução à filosofia e à ética das ciências,* pp. 21-22.

Referências bibliográficas

BAUMAN, Zygmunt. *Modernidade líquida*. Rio de Janeiro: Jorge Zahar Ed. 2001.

_____. *Vida para consumo:* a transformação das pessoas em mercadorias. Rio de Janeiro: Jorge Zahar, 2008.

CAMPBELL, Colin. *A ética romântica e o espírito do consumismo moderno*. Rio de Janeiro: Rocco, 2001.

COMPARATO, Fábio Konder. *Ética:* direito, moral e religião no mundo moderno. São Paulo: Companhia das Letras, 2006.

FEATHERSTONE, Mike. *Cultura de consumo e pós-modernismo*. São Paulo: Studio Nobel, 1995.

FOUREZ, Gérard. *A construção das ciências:* introdução à filosofia e à ética das ciências. São Paulo: Unesp, 1995.

GEERTZ, Clifford. *A interpretação das culturas*. Rio de Janeiro: Guanabara Koogan, 1989.

H.H.GERTH e C.WRIGHT MILLS (orgs.). *Max Weber:* ensaios de sociologia. Rio de Janeiro: LTC S.A., 2002.

HUIZINGA, Johan. *O outono da Idade Média*: estudos sobre as formas de vida e de pensamento dos séculos XIV e XV na França e nos países baixos. São Paulo: Cosac Naify, 2010.

LIPOVETSKY, Gilles. *Os tempos hipermodernos*. São Paulo: Barcarolla, 2004.

_____. *A sociedade pós-moralista:* o crepúsculo do dever e a ética indolor dos novos tempos democráticos. Barueri, SP: Manole, 2005.

Parte II

Consumo e religião

O DESEJO, A RELIGIÃO E A FELICIDADE

Edin Sued Abumanssur

A religião sempre esteve envolvida com a busca humana da felicidade. Religião não diz respeito às realidades transcendentes, aos seres divinos ou à vida além da morte. A ação religiosa "está orientada para este mundo".[1] É visando, pois, à produção da vida, aqui mesmo nesta terra, que os homens produziram as primeiras ações religiosas. Com isso também Durkheim concordaria.[2]

Por estranho que pareça, religião e felicidade formam um binômio de termos autorreferenciados. Por trás de toda ação religiosa, das mais belas às mais vis, sempre esteve a busca por aquilo que, nos diferentes momentos da civilização, entendeu-se por felicidade. Na verdade, essa busca sempre foi religiosa ou criptorreligiosa.

Diz o sábio pregador que a busca da felicidade pode ser ilusão e vaidade: "Eu disse a mim mesmo: Pois bem, eu te farei experimentar a alegria e conhecer a felicidade! Mas também isso é vaidade".[3] A mesma busca contemporânea da felicidade estava, pois, já presente nos tempos bíblicos. E, certamente, este mesmo anseio perseguirá o homem até o fim de todas as coisas com os mesmos resultados encontrados pelo Pregador: frustração, decepção e tédio. O trabalho, a riqueza, as realizações, o amor, as drogas e a música não puderam trazer-lhe a felicidade desejada.

O Pregador reflete longamente sobre a condição humana e conclui que nada vale a pena, pois o destino de todos é o mesmo: a sepultura e o esquecimento. Isso vale para o bom e para o mal, para o justo e para o injusto, para o puro e para o pecador. Ninguém escapa a esse destino comum. Diante dele, que sentido têm o amor, o ódio e o ciúme? Tal como "peixes presos em uma rede

---

[1] M. Weber, *Economia e sociedade*, p. 279.

[2] Cf. E. Durkheim. *As formas elementares da vida religiosa*, p. 475.

[3] Eclesiastes 2,1.

traiçoeira", estamos enredados no "tempo da desgraça". "Então examinei todas as obras de minhas mãos e o trabalho que me custou para realizá-las, e eis que tudo era vaidade e correr atrás de vento". Triste conclusão. Além de sábia. Por isso, segundo o autor, o que sobra é a simplicidade de comer com alegria o pão conquistado com o trabalho e gozar a vida ao lado da mulher amada. O que for além disso é canseira e enfado.

A conclusão do livro de Eclesiastes é uma rendição. Felicidade não há, mas um coração simples, quieto e reflexivo é preferível à busca incessante e desesperada por uma miragem de felicidade que está sempre um passo adiante de nosso alcance.

É curioso que as religiões procurem aquilo que os deuses nos negaram. A felicidade do homem não fazia parte dos planos do Criador. No século XVI, em Sevilha, Jesus voltou à Terra e foi feito prisioneiro por um cardeal inquisidor.[4] Na madrugada quente, perfumada de limoeiros, ele foi visitar Jesus no calabouço e entabulou o monólogo de maior impacto sobre a alma oitocentista. A primeira coisa que faz o cardeal é acusar Jesus e suas intenções: "Por que vieste estorvar-nos?". Desde o início de seu discurso, o cardeal apresenta os dois projetos em disputa pelos corações e mentes dos homens e das mulheres nos começos da modernidade. De um lado, o projeto da igreja representada por aquele inquisidor, que afirmava ser a felicidade o maior desejo humano e para isso trabalhavam a igreja e seu magistério. De outro lado, o projeto de Jesus que buscava na liberdade humana os fundamentos da nossa realização. E, pela ótica do sacerdote, felicidade e liberdade são projetos incompatíveis. O Grande Inquisidor afirma ter "suprimido a liberdade, com o fito de tornar os homens felizes". Diz, o velho padre, que somos todos revoltados e, sendo assim, não podemos ser felizes. A liberdade é um dom funesto e, tão logo tenha oportunidade, o homem procurará livrar-se dela em favor de quem lhe garanta o pão e as certezas cotidianas. E assim correm os homens o percurso de suas vidas: balançando entre a busca da felicidade e o desejo da liberdade.

Essa contradição entre a felicidade e a liberdade está colocada para nós desde o Jardim do Éden. Ali, a liberdade para se comer o pão de cada dia, conquistado com o "suor de teu rosto", custou ao homem o paraíso. Desde então, a ciência – pivô de nossa desgraça – tem sido também a fiadora de nossa liberdade. O bom – ou ruim dependendo do ponto que se olha o assunto – dessa história é que Eva, sabendo das consequências do gesto ousado e diante da

---

[4] Cf. F. Dostoievski. *Os irmãos Karamazov*, p. 184.

escolha entre viver a felicidade no Paraíso ou a liberdade no deserto, optou pela segunda alternativa.

Religião e consumo

A partir de perspectivas funcionalistas, por muito tempo se pensou na religião como um discurso estruturador da realidade, capaz de imprimir um sentido à vida e ao cotidiano. Esse olhar grandiloquente sobre a religião e suas razões ainda perdura em autores[5] que veem nas expressões religiosas contemporâneas uma espécie de degradação da fé. Se a religião não serve mais como fiadora da ordem, se ela já não é mais capaz de manter o caos afastado, se as "estruturas de plausibilidade"[6] já não se encontram mais no discurso religioso, então qual será o seu lugar e sua razão de ser numa sociedade que transforma tudo e todos em coisas consumíveis?

O consumo é filho dileto de uma ordem social que transforma qualquer coisa em mercadoria: objetos, afetos, pessoas e também, por que não, a religião. Uma mercadoria é "um objeto externo, uma coisa que, por suas propriedades, satisfaz necessidades humanas, seja qual for a natureza, a origem delas, provenham do estômago ou da fantasia".[7] Ela possui necessariamente duas propriedades básicas, a saber: um valor-de-uso e um valor-de-troca. Portanto, nem tudo com alguma utilidade pode ser considerado mercadoria. Para isso é necessária a síntese entre ambas as propriedades. Grosso modo, transformar algo em mercadoria é realçar o seu valor-de-troca em detrimento de seu valor-de-uso. Em nossa sociedade, as coisas de maior importância são aquelas com pequeno ou nenhum valor-de-uso.

Adianto aqui nossa tese: a religião vale pelo seu valor-de-troca e não pelo seu valor-de-uso. O grande equívoco nas análises dos fenômenos religiosos contemporâneos é que se busca entendê-los e compará-los pelos seus valores-de-uso. No entanto, pela utilidade, as religiões não são comparáveis. É necessário, portanto, encontrar uma grandeza externa e distinta das religiões mesmas para que se possa estabelecer um parâmetro comparativo entre elas.[8]

---

[5]   Cf. R. ALVES, *O enigma da religião*, pp. 52ss.

[6]   P. Berger. *O dossel sagrado*, pp. 139ss.

[7]   K. Marx. *O capital*, p. 41.

[8]   Quando falamos em comparação, não é no sentido avaliativo ou valorativo que o fazemos, mas apenas e tão somente para estabelecermos as bases para o intercâmbio dos bens religiosos entre as agências e seu público alvo.

Quando se analisam os dados do censo em busca das causas de crescimento de uma religião e de decréscimo de outra, não é pela utilidade essencial de cada forma de discurso religioso, ou tentando responder "a que, ou a quem, serve essa religião", que iremos entender os movimentos que animam os gráficos das estatísticas. Na verdade, essas relações se assemelham muito mais a um grande baile onde a dama mais disputada se torna mais desejada não pelas qualidades intrínsecas a ela, mas pelo prestígio que aquele que gozar de sua predileção obterá nos jogos sociais do baile. Em outras palavras, a mercadoria só o é por causa de seu valor-de-troca e não pelo seu valor-de-uso. Acompanhando o raciocínio de Karl Marx[9] podemos dizer que um objeto pode ter uma utilidade e um valor e o que o transforma em mercadoria é o seu valor e não a sua utilidade. Ainda que a religião não sirva para muita coisa mais, o seu valor só faz aumentar por conta de sua transformação em mercadoria.

A grande verdade por trás dessa ideia é que a mercadoria não se esgota em si enquanto objeto inanimado. Ela é, antes de tudo, um feixe de relações sociais. Por isso, ao contrário do que poderíamos desejar, há muito mistério a encobrir a mercadoria. Ela é "cheia de sutilezas metafísicas e argúcias teológicas". As mercadorias têm vida própria, e elas mantêm relações entre si e com os seres humanos. Marx chamou essa qualidade misteriosa de "fetiche da mercadoria".

A religião só pode exprimir-se como uma construção social e agir como elemento articulador das relações entre os homens se ela assumir o seu caráter de mercadoria, ou seja, se ela abstrair-se de sua utilidade, caso ela tenha alguma. O aspecto consumível da religião é consequência dos valores transitivos que conformam as relações sociais e, portanto, só é possível falar-se em trânsito religioso se as religiões forem reduzidas aos seus valores-de-troca. Essa é a característica de qualquer mercadoria, e da religião enquanto tal, que lhe permite o câmbio e a sua circulação entre os homens. Em um contexto onde as religiões se expõem aos desejos dos consumidores, as escolhas são feitas em base aos elementos de equalização que tornam possível a competição entre diferentes agências religiosas.

Segundo Karl Marx, nas passagens já citadas de seu *O Capital*, o trabalho humano é justamente o elemento presente em qualquer mercadoria capaz de criar os termos de comparação, e consequentemente de intercâmbio, entre diferentes mercadorias em oferta.

---

[9]   K. Marx, op cit., pp. 54ss.

Uma coisa pode ser valor-de-uso, sem ser valor. É o que sucede quando sua utilidade para o ser humano não decorre do trabalho. Exemplos: o ar, a terra virgem, seus pastos naturais, a madeira que cresce espontânea na selva etc. Uma coisa pode ser útil e produto do trabalho humano, sem ser mercadoria. Quem, com seu produto, satisfaz a própria necessidade gera valor-de-uso, mas não mercadoria. Para criar mercadoria, é mister não só produzir valor-de-uso, mas produzi-lo para outros, dar origem a valor-de-uso social.[10]

Neste sentido avançamos para a compreensão de que a religião só se realiza enquanto tal no espaço das trocas sociais, ou seja, no mercado. A situação de mercado é, neste caso, a situação natural daquilo que já nos habituamos a chamar de campo religioso. Na verdade, essas são ideias correlatas.

No entanto, a religião não foi sempre uma mercadoria. Nas formas sociais arcaicas, a religião não possuía valor-de-troca, pois ela era produzida pelos seus próprios consumidores. O aspecto mercadoria é agregado à religião quando aqueles que a consomem não são os mesmos que a produzem e surgem grupos e pessoas que se dedicam exclusivamente à tarefa produtiva da religião. A religião se torna um produto de especialistas por conta da divisão social do trabalho e o produto religioso passa a ser monopólio desses especialistas.

Segundo Pierre Bourdieu,[11] o surgimento do campo religioso implicou um processo de alienação:

> ... a constituição de um campo religioso acompanha a desapropriação objetiva daqueles que dele são excluídos e que se transformam por esta razão em leigos (ou profanos, no duplo sentido do termo) destituídos de capital religioso (enquanto trabalho simbólico acumulado) e reconhecendo a legitimidade desta desapropriação pelo simples fato de que a desconhecem enquanto tal.

Argumentamos, acompanhando o pensamento de Marx, que o trabalho contido em uma mercadoria é a substância de seu valor. Ora, a religião, entendida enquanto mercadoria, também é portadora de trabalho especializado, isto é de trabalho religioso. Para Bourdieu, o trabalho religioso é a soma das práticas e representações produzidas pelos agentes religiosos e objetivadas socialmente por um grupo ou classe social que reconhecem nessas práticas e representações uma parcela de seus interesses de classe ou de grupo. Esse trabalho religioso é responsável pela produção do valor da mercadoria religiosa.

---

[10] K. Marx, op. cit., p. 47.

[11] P. Bourdieu, op. cit., p. 39.

Tanto maior será o valor quanto maior for a quantidade de trabalho implicado no produto em oferta.

A religião, pois, como toda mercadoria, visa a atender não apenas os interesses dos consumidores, mas também o de seus produtores. Segundo Bourdieu, na verdade, são os interesses desses últimos, em disputa pelo monopólio do capital religioso, que faz por configurar o campo religioso em seus aspectos passíveis do olhar sociológico. Neste caso, os consumidores são apenas um dos elementos da equação.

A interiorização da religião, o seu retraimento à subjetividade dos indivíduos e a possibilidade de cada um poder organização o seu próprio conjunto de crenças, tal qual observamos nos dias atuais, leva-nos a pensar na perda de relevância das organizações e agências religiosas e no decaimento da capacidade de elas atenderem os interesses de grupos e classes sociais presentes na sociedade. No entanto, a satisfação religiosa pessoal se dá a partir das ofertas disponíveis no mercado de bens simbólicos. É a pluralidade da oferta, sua disponibilidade, dinâmica e riqueza, que possibilita e capacita os indivíduos a operarem sua própria experiência religiosa. Por essa razão, no mercado das religiões, as experiências religiosas só podem assumir um caráter pessoal e subjetivo por causa da variedade de oferta de bens simbólicos disponível, mas, por outro lado, tal variedade de oferta só é possível porque sempre haverá agências religiosas dispostas a atender aos interesses de grupos que estejam dispostos a pagar pelo serviço.

A crítica que se pode fazer a Bourdieu não se deve à maneira como ele elaborou sua teoria do mercado religioso e do trabalho religioso implicado, mas antes à sua interpretação dos interesses religiosos dos grupos e classes que compõem a sociedade. Bourdieu é um grande devedor das teorias funcionalistas que veem a religião como um discurso capaz de enxergar ordem em uma natureza caótica. Para ele, o serviço religioso oferecido pelas agências e indivíduos cumpre a função de dar sentido à vida para os grupos que demandam por esse tipo de coisa e justificar a vida vivida em uma determinada posição social.[12] As agências acumulam capital simbólico na medida de suas capacidades em responder a essa demanda. Na verdade, essa forma de olhar a religião é tributária da escola que vê a plausibilidade da realidade sendo sustentada pelo discurso religioso. É nessa perspectiva que Bourdieu traça um divisor entre religião e magia. Esta última se caracteriza como tal porque não é capaz de oferecer uma justificativa, ou uma legitimação à situação de classe

---

[12] P. Bourdieu, op. cit., p. 46.

experimentada por um sujeito social.[13] No entanto, mesmo por conta da pluralidade de ofertas de religião, vemos que elas perderam sua capacidade de sustentar o real. Os interesses religiosos dos indivíduos têm mais a ver com o controle das incertezas cotidianas do que com um sentido maior da vida. E esses indivíduos, apesar do interesse comum, não chegam a se constituir em um grupo que se reconheça como tal. Ou, para usar a expressão de Durkheim, não chegam a se constituir numa "comunidade moral". Por isso, todo o esforço de Bourdieu em separar o trabalho religioso do sacerdote, do profeta e do feiticeiro, analisando as formas e articulações dos interesses desses especialistas com os das classes por eles atendidas, não leva em conta justamente o fato de que a religião enquanto mercadoria não está mais qualificada para articular o conhecimento do mundo. Em outras palavras, a religião, ao transmutar-se em mercadoria pela multiplicação das "estruturas de plausibilidade", sofre um deslocamento epistemológico e já não é mais capaz de cumprir um papel no conjunto das teorias do conhecimento.

Também os detratores do velho Marx dirão que a religião guarda um aspecto que ele não ajuda a entender: o aspecto da gratuidade. Há um momento da vida religiosa que não se submete aos ditames das trocas comerciais e, certamente, tais momentos também são capazes de promover a solidariedade social. Em outras palavras, a vida em sociedade passa também por caminhos que contornam as relações de mercado sem, contudo, deixar de se constituírem dimensões funcionais da lógica social. Sim, embora seja forçoso reconhecer esse aspecto da religião, nossa tese se limita a entender o seu lugar em sociedades onde prevalece a solidariedade orgânica[14] fundada sobre a moderna divisão do trabalho social. Em tais sociedades, as religiões fazem parte do grande sistema de trocas sociais ordenadas pela lógica de um progressivo fetichismo da mercadoria.[15]

Nesta mirada, as sociedades podem ser classificadas em um gradiente segundo o grau de burocratização de seu aparato responsável por produzir, reproduzir, conservar e difundir os bens religiosos, isto é, "segundo sua distância em relação a dois polos extremos, o autoconsumo religioso, de um lado, e a monopolização completa da produção religiosa por especialistas, de outro lado".[16]

---

[13]   P. Bourdieu. op. cit., p. 48.

[14]   Cf. E. Durkheim. *Da divisão do trabalho social*, p. 303.

[15]   Para melhor entender a fetichização progressiva da mercadoria (e do capital), cf. E. Dussel. *Las metáforas teológicas de Marx*, p. 120.

[16]   P. Bourdieu, op. cit., p. 40.

É preciso que se diga que ambos os polos sugeridos por Bourdieu são modelos ideais que servem como viés de análise de um dado campo religioso. Em qualquer configuração, a paisagem religiosa apresentará concomitantemente formas de crença que podem ser localizadas em diferentes pontos entre tais polos e isso faz parte da situação de mercado das religiões.

Sendo, pois, a religião, ela mesma, objeto de consumo seria inadequado pensá-la como uma espécie de reserva moral contra a sociedade estruturada sobre relações mercantis. Inadequado e hipócrita. A própria crítica se torna também mais uma mercadoria em oferta na prateleira das identidades sociais à disposição dos consumidores. Mas, se for assim, resta-nos alguma coisa além da derrisão e do cinismo?

Certamente essa não é uma alternativa válida para aqueles que buscam entender a parte que lhes cabe na chamada sociedade de consumo. De qualquer forma, nenhuma resposta razoável poderá ser obtida se o princípio da reflexão for uma tentativa de negar ou fugir do fato de que somos consumidores de mercadorias. Mesmo a religião, considerando que não produzimos, nós mesmos, as crenças que abraçamos, só nos chega na forma de mercadoria.

Partindo, pois, da ideia inicial de que somos fundamentalmente consumidores de mercadorias, isto é, que não produzimos a maior parte dos bens materiais e simbólicos que consumimos, é importante entender que o problema da mal afamada sociedade de consumo não está na aquisição de bens, por si mesma. A aquisição de bens é uma ação estruturante (e estruturada) de nossa forma de organização social. Ela é que sustenta, ao garantir a troca e a circulação dos bens, a produção material da vida. Onde, então, está o caráter deletério do gesto aquisitivo? Por que lhe imputamos a responsabilidade de roubar da vida a sua substância, seu sentido, sua razão profunda?

No Prefácio à "Contribuição à crítica da economia política", Marx[17] ensina que "na produção social de suas vidas, os homens contraem determinadas relações, necessárias e independentes de sua vontade". Essas relações se dão segundo a lógica que preside a troca e a circulação dos bens produzidos pela sociedade. Se fosse "apenas" isso, não teríamos muita coisa a dizer. No entanto, dado o caráter fetichizado das mercadorias, elas mesmas acabam por imprimir uma velocidade tal no sistema de trocas que aquilo que é trocado perde relevância material e a troca assume a razão e ser da produção. O consumo, neste momento, se torna autojustificado e um signo em si mesmo. O ato de consumir passa a ser designativo de posição de classe. Cidadão é o sujeito que consome e

---

[17] K. Marx, Prefácio à "Contribuição à crítica da economia política". In: *Textos*, p. 301.

a posição de classe é reconhecida pela quantidade consumida, mas também e principalmente, pelo tipo de coisa consumida.

Considerando que as classes sociais não consomem de forma igual, mas variam na quantidade, na qualidade e no tipo de objetos consumidos, não é de se estranhar que também as religiões atendam a públicos distintos. As classes mais afluentes e que ocupam o topo da pirâmide social não consomem o mesmo tipo de religião que as classes da base da pirâmide. O pentecostalismo, por exemplo, cresce nas zonas periféricas das cidades, entre os mais pobres. Ser pentecostal é indicativo da classe à qual se pertence.

Participar do sistema de trocas pode fazer-nos mais felizes, sem dúvida, porém não mais livres. Na sociedade de consumo nossa liberdade está limitada à escolha do que podemos ou não consumir. Pode-se escolher o filme a que se quer assistir, o sabor da pizza ou o modelo do carro e a maioria das pessoas se dá por satisfeita com isso. A felicidade (seja lá o que signifique) custa pouco, na verdade. Ela é a maldição dos homens.

Mas a liberdade custa caro. Implica disciplina e vigilância e não está ao alcance de todos. Segundo nossos mitos fundantes é contra os deuses que lutamos para arrancar-lhes a nossa liberdade. Foi assim com Eva, foi assim com Prometeu, é assim com todos os homens e mulheres que entre a felicidade ou a liberdade escolheram a segunda opção.

Referências bibliográficas

ALVES, Rubem. *O suspiro dos oprimidos*. São Paulo: Paulinas, 1984.

_____. *O enigma da religião*, Campinas: Papirus, 2008.

BERGER, Peter. *O dossel sagrado*. São Paulo: Paulinas, 1985.

BOURDIEU, Pierre. *A economia das trocas simbólicas*. São Paulo: Perspectiva, 1982.

DOSTOIEVSKI, Fiodor. *Os irmãos Karamazov*. São Paulo: Abril Cultural, 1970.

DURKHEIM, Émile. *As formas elementares da vida religiosa*. São Paulo: Martins Fontes, 2000.

_____. *Da divisão do trabalho social*. São Paulo: Abril Cultural, 1973. v. XX-XIII (Coleção Os pensadores).

DUSSEL, Enrique. *Las metáforas teológicas de Marx*. Estella (Navarra): Verbo Divino, 1993.

MARX, Karl. *O capital*. Rio de Janeiro: Civilização Brasileira, s/d.

MARX, Karl. Prefácio à "Contribuição à crítica da economia política". In: MARX, Karl; ENGELS, Friedrich. *Textos*. São Paulo: Alfa-Ômega, s/d. v. 3.

WEBER, Max. *Economia e sociedade*. Brasília: UnB, 1999.

Espiritualidade do consumismo

Wagner Lopes Sanchez

O consumismo é, nos tempos atuais, um novo *modus vivendi*. Isto significa dizer que o consumismo não é apenas o consumo exagerado de objetos colocados à nossa disposição no mercado. Esse *modus vivendi* configura-se como uma determinada forma de viver que abarca tanto a vida dos indivíduos como a vida dos grupos e da própria sociedade.

O consumismo está impregnado na vida da sociedade de consumidores, onde todas as pessoas são tratadas como consumidoras e o seu valor depende dessa condição. O ser consumidor ultrapassa o ser cidadão, sujeito de direitos afirmado pela sociedade moderna.

A inclusão nessa sociedade se faz pelo consumo exagerado. As pessoas são incluídas na medida em que consomem, e na medida em que consomem são reconhecidas.

Problematizar a espiritualidade do consumismo é fundamental para revelar os mecanismos presentes nesse estilo de vida. Se para Marx era fundamental revelar os mecanismos da produção – uma das pontas do mercado – para compreender a organização da sociedade capitalista (de produtores), nos tempos atuais é fundamental revelar os mecanismos presentes no consumo exagerado para compreender a sociedade de consumidores. Por isso, são importantes os esforços feitos por autores como Gilles Lipovetsky e Zygmun Bauman para compreender a outra ponta do mercado: o consumo.

O percurso deste texto procura "desfiar" preliminarmente a espiritualidade do consumismo. Num primeiro momento, refletimos sobre o cenário onde se insere a espiritualidade do consumismo. No segundo momento, procuramos delimitar a noção de espiritualidade e, no terceiro, apresentamos a estrutura da espiritualidade que é objeto deste texto. Finalmente, tratamos da espiritualidade como objeto de consumo.

O contexto: a sociedade de consumidores

Para Bauman, a sociedade de consumidores é aquela onde os potenciais objetos de consumo – as mercadorias – tendem a ser as unidades fundamentais no estabelecimento das relações humanas e das relações das pessoas com a natureza. O ambiente onde se realiza a existência se dá no âmbito das relações entre consumidores e objetos de consumo.[18]

Em certo sentido, podemos afirmar que a sociedade de consumidores é aquela onde as pessoas são transformadas em mercadorias e a mercantilização das relações humanas é radicalizada: "Na sociedade de consumidores, ninguém pode se tornar sujeito sem primeiro virar mercadoria, e ninguém pode manter segura sua subjetividade sem reanimar, ressuscitar e recarregar de maneira perpétua as capacidades esperadas e exigidas de uma mercadoria vendável".[19]

A sociedade de consumidores, em resumo, é aquela que estimula e reforça um estilo de vida e uma estratégia existencial centrada no consumismo e deixa de lado outras alternativas.[20]

O ritmo frenético e a compressão do tempo e do espaço

Dentre as características do mundo moderno, uma delas chama a atenção até mesmo de um observador pouco atento. A rapidez com que os movimentos e os processos envolvem as pessoas e as coisas constitui, de certa forma, o ritmo que perpassa tudo. A rapidez, a aceleração e a agitação são sinais dos tempos modernos bem retratados no filme *Tempos modernos,* de Charles Chaplin.

Esse ritmo atinge os objetos que "circulam" com muita rapidez entre os lugares e as pessoas; atinge os lugares e as paisagens ganham nova caracterização muitas vezes numa velocidade que causa estranheza; finalmente atinge as pessoas, que são obrigadas a "correr" entre os lugares e a submeter-se à atividade frenética no trabalho e até mesmo no lazer, onde deveria acontecer a interrupção desse ritmo e, além disso, se veem assumindo costumes que se alteram rapidamente.

---

[18] Z. Bauman. *Vida para consumo*; a transformação das pessoas em mercadoria, p. 18.

[19] Ibid., p. 20. Bauman afirma que a sociedade de produtores é a fase "sólida" da modernidade; a sociedade de consumidores é a fase "líquida" da modernidade (p. 42).

[20] Ibid., p. 71.

A sociedade moderna é a *sociedade da agitação, do ritmo frenético...* A identidade desse tipo de sociedade é configurada, entre tantos elementos, por esse ritmo que a tudo domina.

A existência humana, em todos os seus aspectos, submete-se a essa dinâmica. As demandas dos sujeitos e dos diversos grupos e aquelas oriundas das próprias dinâmicas da socialização envolvem-se num processo alucinante onde o tempo tem que ser reduzido ao mínimo – pois tempo é dinheiro – e as distâncias têm que ser encurtadas para que tudo se desenvolva de forma mais rápida possível.

O controle do tempo é fundamental para os processos produtivos. A racionalização desses processos passa pela organização e pela compressão[21] do tempo que se leva para produzir as mercadorias.

No caso da distância, ocorre também a compressão do espaço para tornar as distâncias entre as pessoas e entre os objetos cada vez menores. A compressão do tempo e do espaço é necessária para garantir que a dinâmica geral de rapidez seja mantida. Diversos instrumentos são criados tanto nos ambientes produtivos como nos ambientes onde se dá a prestação de serviços.

Os meios de transportes são alguns desses instrumentos colocados a serviço dessa compressão do tempo e do espaço. Um dos ingredientes que sempre está presente na inovação dos transportes é o aumento da velocidade e, em decorrência o encurtamento das distâncias. Neste caso, a compressão do tempo está estritamente vinculada à compressão do espaço e das distâncias.

A compressão do tempo e do espaço atinge toda a dinâmica da vida social. Importa, basicamente, reduzir o tempo, o espaço e as distâncias entre as pessoas e entre estas e os objetos.

No entanto, é necessário ressaltar que entre as pessoas apenas as distâncias geográficas são reduzidas. Há duas distâncias que na sociedade moderna perduram e que não podemos deixar de ressaltá-las. A primeira é a distância existencial entre as pessoas, já que, mesmo num mundo de compressão do tempo e do espaço, elas sentem-se solitárias, com dificuldades para estabelecer vínculos de proximidade e até mesmo de solidariedade. Por isso, gestos de solidariedade chamam tanto a atenção e parecem ser algo surpreendente a ponto de causarem estranheza. A segunda distância é a distância social provocada pela desigualdade e pelas injustiças e ganha expressão na existência da fome e da miséria. Essa distância é, de longe, aquela que, se de um lado mais

---

[21] Cf. D. Harvey. *Condição pós-moderna.*

desumaniza aqueles que vivem numa condição de fome e de miséria, também desumaniza o conjunto da sociedade.

Importa assinalar que a distância existencial e a distância social se dão na proporção contrária à distância entre as pessoas e as mercadorias. Quanto menor a distância entre as pessoas e as mercadorias maior será a solidão e a desigualdade social. Lipovetsky chega a afirmar que "as lutas de concorrência opondo as classes sociais é que estão no princípio da excrescência gigantesca do consumo e da impossibilidade de chegar a um limiar de saturação das necessidades".[22]

Desta forma, nesse tipo de sociedade, tempo e espaço são objetos de domínio, mas também fontes de poder social. Como afirma Harvey, "a intersecção do domínio sobre o dinheiro, o tempo e o espaço forma um nexo substancial de poder social que não podemos nos dar ao luxo de ignorar".[23] O tempo e espaço estão presentes tanto na vida individual como também nas estruturas sociais.

O *modus vivendi* do consumismo

A sociedade de consumidores é a sociedade do *modus vivendi* do consumismo. Para sobreviver nessa sociedade, as pessoas precisam assumir a subjetividade de consumidores e, ao mesmo tempo, *virar* mercadorias. Em outras palavras, elas precisam assumir-se como consumidoras e consumíveis. A sociedade de consumidores é a sociedade onde o cidadão deixa o cenário para dar lugar ao consumidor.

Uma característica que se destaca nesse *modus vivendi* consumista é justamente aquela onde as distâncias entre as pessoas e as mercadorias são reduzidas. De outra forma, importa antes de tudo reduzir ao máximo a distância entre as pessoas e os objetos que, eventualmente, podem suprir as suas necessidades. Ocorre uma verdadeira corrida inesgotável às mercadorias para atender aos desejos estimulados pela máquina da propaganda.[24]

O consumismo é expressão da compressão do tempo e do espaço entre as pessoas e as mercadorias, pois é necessário consumir freneticamente para atender à produção de mercadorias também em ritmo acelerado. No consumismo, as pessoas que podem consumir os bens oferecidos no mercado têm a impressão de que estão muito próximas das mercadorias como se estas tivessem

---

[22] G. Lipovetsky. *A felicidade paradoxal*; ensaio sobre a sociedade de hiperconsumo, p. 39.

[23] D. Harvey, op. cit., p. 207.

[24] G. Lipovetsky, op. cit., p. 39.

vida própria e procurassem automaticamente os seus consumidores. Além disso, sentem-se felizes no próprio exercício do consumismo, pois este é visto também como lazer, como entretenimento.[25]

A distinção que Bauman faz entre consumo e consumismo[26] é importante para o nosso objetivo neste texto:

> de maneira distinta do *consumo*, que é uma característica e uma ocupação dos seres humanos como indivíduos, o *consumismo* é um atributo da *sociedade*. Para que uma sociedade adquira esse atributo, a capacidade profundamente individual de querer, desejar e almejar deve ser (...) destacada ("alienada") dos indivíduos e reciclada/reificada numa força externa que coloca a "sociedade de consumidores" em movimento como uma forma específica de convívio humano, enquanto ao mesmo tempo estabelece parâmetros específicos para as estratégias individuais de vida que são eficazes e manipula as probabilidades de escolha e conduta individuais...[27]

O consumismo é um *atributo* da sociedade de consumidores que tem como sua lógica não apenas o consumo, mas um certo tipo bem específico de convívio humano onde as vontades e desejos são manipulados para que as pessoas consumam cada vez mais.

Além disso, é possível afirmar que esse atributo se constitui num determinado *modus vivendi* onde as mercadorias circulam com muita rapidez e "se aproximam" das pessoas em pouco tempo. Não são as pessoas que demandam por e procuram as mercadorias como na dinâmica do simples consumo. Ao contrário, as mercadorias chegam às pessoas com muita rapidez. Não é preciso ir ao shopping para comprar; as mercadorias estão disponíveis nas lojas virtuais e podem chegar à residência do consumidor muito mais rápido.

Para alimentar o consumo exagerado é necessário, de um lado, que o sistema de produção seja capaz de fornecer ao mercado mercadorias com um grande leque de opções e, de outro lado, que haja uma dinâmica social que estimule um consumo frenético.

---

[25] G. Lipovetsky, op. cit., p. 43.

[26] A noção de consumismo em Bauman é semelhante à de hiperconsumo em Lipovetsky.

[27] Z. Bauman, op. cit., p. 41. Lipovetsky prefere a expressão hiperconsumo. Segundo ele, o hiperconsumo corresponde à fase III do capitalismo de consumo, que ter-se-ia iniciado nos fins da década de 1970 (cf. *A felicidade paradoxal*; ensaio sobre a sociedade de hiperconsumo), p. 37. Os itálicos e aspas são do próprio Bauman.

Nesse *modus vivendi*, a construção do social se dá a partir do tecido de relações humanas que tem no consumo o seu eixo. As relações humanas são construídas a partir da dinâmica do consumo. Consequentemente, a compressão da distância entre pessoas e objetos é fundamental.

No final da década de 1920 o mundo capitalista testemunhou o início de um processo complexo onde a sociedade de produtores foi transformada em sociedade de consumidores.[28] Nessa transição, a desregulamentação e privatização tornaram-se peças-chave numa dinâmica frenética de consumo.[29] O consumismo é a palavra que expressa bem essa dinâmica frenética. Ele caracteriza-se por um consumo frenético e por um consumo que exige "entrega" a essa dinâmica.

A espiritualidade e seus eixos

A espiritualidade está relacionada com aquela dimensão responsável por garantir a unidade da pessoa humana: o espírito. Se o corpo possibilita viver a exterioridade nas relações com o mundo e com os outros, se o psiquismo permite articular suas emoções e seus sentimentos, o espírito possibilita realizar a integração da complexidade que é o humano.

O projeto humano é constituído por essas três dimensões: corpo-psiquismo-espírito. Há uma relação dialética entre essas dimensões, mas a última – o espírito – é a responsável por articular as outras duas dimensões num jogo de tensões e liberdade, onde a busca de realização é a mola propulsora da vida. O equilíbrio tênue entre essas dimensões se traduz na busca de realização. O espírito tem a "tarefa" de construir o sentido necessário para tornar a vida neste mundo mais agradável, mais prazerosa, mais feliz.[30]

Se o espírito é uma das dimensões humanas, a espiritualidade é a sua expressão da mesma forma como a corporeidade é a expressão do corpo.

Tradicionalmente, a espiritualidade sempre esteve vinculada à religião. Essa percepção levou à ideia de que só "tem espiritualidade" ou só "vive a espiritualidade" a pessoa que tem prática religiosa. Neste caso, uma pessoa sem prática religiosa ou que não adota nenhuma referência transcendente para sua vida não teria espiritualidade. É óbvio que toda religião apresenta aos seus

---

[28] Ibid., p. 13.

[29] Ibid., p. 15.

[30] R. Panasiewicz. As múltiplas dimensões do ser humano. In: Paulo A. N. Baptista; Wagner Lopes Sanchez. *Teologia e sociedade*; relações, dimensões e valores éticos, p. 19.

adeptos um modelo ou vários para viver a espiritualidade, mas isso não significa que a espiritualidade esteja vinculada necessariamente a uma religião.[31]

Sendo a dimensão que é responsável por construir o sentido da vida, a espiritualidade articula os elementos fundamentais que possibilitam elaborar um "mapa" para viver. Esses elementos são as crenças e os valores. É com base nesse "mapa" que a pessoa obtém referências que orientam suas relações com os outros, com a natureza e com os acontecimentos.

As crenças e os valores estão diretamente vinculados com os desafios que toda pessoa tem de enfrentar no processo de humanização, que é um processo aberto ao infinito. De certa forma, das três dimensões antes assinaladas a espiritualidade é aquela que é responsável por "conduzir" o processo de humanização inerente à existência humana que se traduz pela construção do sentido da vida.

A espiritualidade do consumismo é o *modus credendi* do consumismo e tem uma relação dialética com o seu *modus vivendi*. As crenças e os valores estabelecem com o estilo de vida que a pessoa escolhe uma relação de retroalimentação: ao mesmo tempo que esses elementos alimentam e dão sustentação ao estilo de vida, eles também são alimentados e reforçados pelo estilo de vida.

Dalai Lama dá uma definição de espiritualidade que pode nos ajudar na tentativa de indicar os seus eixos:

> Considero que a espiritualidade esteja relacionada com aquelas qualidades do espírito humano – tais como amor e compaixão, paciência, tolerância, capacidade de perdoar, contentamento, noção de responsabilidade, noção de harmonia – que trazem felicidade tanto para a própria pessoa quanto para os outros.[32]

Essas qualidades que, segundo Dalai Lama, estão relacionadas com a espiritualidade, são, na verdade, desdobramentos esperados daqueles eixos antes indicados. Do ponto de vista do processo de humanização, a compaixão, a paciência, a tolerância, a capacidade de perdoar, o contentamento... são as qualidades que melhor realizam os eixos da espiritualidade.

Os elementos da espiritualidade que apresentamos neste texto possibilitam, de uma lado, delimitar o que seja essa expressão presente na vida humana

---

[31] A esse respeito ver R. C. Solomon. *Espiritualidade para céticos*; Paixão, verdade cósmica e racionalidade no século XXI.

[32] Dalai Lama. *Uma ética para o Novo Milênio*, p. 33.

e, por outro lado, pensar os modelos de espiritualidades que ao longo do tempo foram construídos.

Entretanto há um aspecto que articula os valores e crenças: o desejo. As pessoas constroem valores e crenças porque desejam ser realizadas, desejam ser felizes. Embora em muitas religiões o desejo seja visto como algo perigoso que pode colocar em risco os objetivos fundamentais da existência humana, ele não pode ser negado ou rejeitado, pois é inerente à condição humana. A pessoa humana é um ser de desejo. Podemos afirmar, portanto, que o desejo, em sua positividade, é transversal a toda espiritualidade, inclusive naquelas em que ocorre a repressão dele.

Tendo como referência esses elementos, podemos agora examinar a espiritualidade do consumismo.

A espiritualidade do consumismo

Para se sustentar, a lógica do consumismo necessita tanto de uma ideologia que a justifique e a impulsione como também de um *modus credendi* que dê às pessoas o que elas precisam para, do ponto de vista existencial, sentirem-se satisfeitas, realizadas. Se a ideologia impõe às pessoas a ideia de que consumir freneticamente é fundamental para sobreviver na sociedade de consumidores, o *modus credendi* do consumismo fornece à pessoa o sentido de que ela precisa para viver nessa sociedade interiorizando as crenças e os valores que são necessários para a reprodução dela.

Se a espiritualidade é a expressão do espírito humano que fornece sentido para a vida, a espiritualidade do consumismo irá dizer que o sentido da vida está em consumir de forma frenética como se este tipo de consumo fosse a única possibilidade para a realização pessoal. Além disso, esta espiritualidade se apresenta às pessoas como uma resposta à agitação, ao ritmo frenético da sociedade moderna.

Toda religião – tradicional ou não – tem uma forma própria de vivenciar a espiritualidade. As espiritualidades presentes no campo religioso, portanto, apresentam os valores e crenças a partir da matriz religiosa.

A espiritualidade do consumismo acontece fora do campo religioso *stricto sensu*. É uma espiritualidade que não está relacionada com as religiões convencionais mas sim a um outro sistema religioso, a uma *religião do mercado* que também tem os seus "deuses", os seus "ritos", as suas "doutrinas". Ela utiliza os mesmos eixos da espiritualidade própria do campo religioso, mas faz deles novas leituras e ênfases.

Dizer que a espiritualidade do consumismo está fora do campo religioso *stricto sensu* significa afirmar que ela não necessita dos referenciais religiosos para acontecer. Ela tem a sua consistência própria e uma dinâmica bem específica, embora compartilhe com a religião a mesma estrutura da espiritualidade.

A espiritualidade do consumismo não é apenas uma nova espiritualidade. Ela opera um deslocamento importante: desloca os elementos mais importantes da espiritualidade religiosa convencional para o âmbito do mercado. Aos elementos fundamentais de toda espiritualidade já assinalados neste texto – as crenças e os valores –, o *modus credendi* do consumismo acrescenta outros elementos que também compõem o universo das espiritualidades: vocação, salvação e contemplação. Essas noções são ressignificadas e transplantadas para o âmbito do mercado.

Consumo como crença e como valor

A lógica do consumo exagerado apresenta-se de forma muito atrativa ao consumidor. A salvação é transferida de uma vida futura além da história para o aqui e agora.

Valores como egoísmo, avareza e individualismo são ressignificados. O egoísmo, a avareza e o individualismo agora tornam-se virtudes e qualidades necessárias para viver e viver bem. Aos olhos do consumismo, a dor e o sofrimento podem ser superados através da entrega frenética à sua lógica. As várias promessas da medicina no âmbito da longevidade ou da estética vão nessa direção: os benefícios são oferecidos como mercadorias que podem ser adquiridas por aqueles que podem comprá-las.

O que permite absorver o *modus credendi* impostos pelo mercado? É justamente a espiritualidade do consumismo onde este é apresentado como meio de salvação. Para o consumismo, ao comprar as mercadorias a pessoa responde aos seus desejos mais profundos de felicidade e de salvação; a busca de felicidade e a busca de salvação não são elementos difíceis de serem conquistados. Ao contrário, estão à disposição da pessoa no mercado através das mercadorias. As mercadorias são apresentadas pelo mercado como fundamentais para viver.[33]

---

[33]   G. Lipovetsky, op. cit., p. 41.

Cria-se um *modus credendi* em sintonia com o *modus vivendi* dominante. É uma espiritualidade onde o consumismo é visto como uma salvação intra-mundana e intimista. A salvação está no consumo e na afirmação da subjetividade compreendida na perspectiva do individualismo.

Sendo as crenças e os valores os eixos da espiritualidade, esses elementos ganham consistência no âmbito do consumo mas na sua forma exagerada, o consumismo.

O consumismo coloca-se para as pessoas como crença que se traduz em afirmações válidas e legítimas que precisam ser aceitas *a priori*: as pessoas creem que, para serem felizes, precisam adotar o consumismo como seu estilo de vida. Acredita-se que imergir no consumismo além de ser algo natural é também *o* caminho para a felicidade e para a salvação.

De certa forma, o consumismo torna a criticidade humana algo supérfluo. O consumidor é visto como um ser ingênuo que segue estritamente as crenças dominantes. A economia da sociedade de consumidores é a *economia do engano*: "ela aposta na *irracionalidade* dos consumidores, e não em suas estimativas sóbrias e bem informadas; estimula *emoções consumistas* e não cultiva a *razão*".[34] As várias estratégias da propaganda são os instrumentos disponíveis para manipular o desejo e para cultivar e crenças sem as quais seria mais difícil reproduzir e perpetuar o *modus vivendi*.

Por isso, podemos falar no *consumismo como crença*, que se apresenta como algo válido e inquestionável, e na *crença no consumismo*, que afirma que este é o melhor *modus vivendi* existente.

O consumismo é apresentado, também, como um valor absoluto ao qual as pessoas devem se curvar. Entregar-se a essa dinâmica torna-se necessário para que a pessoa seja mais feliz e, ao mesmo tempo, seja incluída no processo do consumo exagerado. Rejeitar o consumismo é ser infeliz e estar fora desse processo.

Na sociedade de consumidores o consumismo é colocado como um valor que deve regular as relações entre as pessoas e se constitui como um valor fundamental que fornece os parâmetros necessários para que a pessoa *se dê bem* no âmbito das relações sociais.

Na sociedade de consumidores dá-se uma contradição: a pessoa é consumista, mas também é consumível. Na medida em que o consumismo é um valor e a pessoa se submete a ele, ela é consumida pela engrenagem da sociedade.

---

[34] Ibid., p. 65.

Ou seja, de consumidora de mercadorias ela torna-se mercadoria própria para o consumo.

Essa dinâmica, que transforma as relações sociais à semelhança das relações das pessoas com as mercadorias, possibilita que elas vivam consumindo, em todos os momentos da existência, mas também que vivam para serem consumidas: "Os membros da sociedade de consumidores são eles próprios mercadorias de consumo, e é a qualidade de ser uma mercadoria de consumo que os torna membros autênticos dessa sociedade".[35]

As relações sociais são mercantilizadas na medida em que a pessoa humana, centro dessas relações, é transformada em mercadoria.

Desta feita, o valor da pessoa nesse tipo de sociedade se define pela sua *capacidade* de consumir freneticamente, de atender aos apelos do consumo e de se submeter às rédeas do consumo. O ser cidadão, neste caso, é colocado em segundo plano. Mais do que isso, o ser cidadão é transformado no consumidor: sai de cena o cidadão e entra em cena o consumidor.

A *mágica* que possibilita essa transformação é aquela que se dá no âmbito da espiritualidade do consumismo que limita a capacidade de escolha das pessoas e fornece a elas um sentido – uma orientação para suas vidas –, calcado no consumo como crença e como valor.

Consumo como vocação

A afirmação do consumo como vocação apresenta-o como um destino ao qual não se pode responder negativamente.[36] O consumismo apresenta-se como algo irresistível e imperioso ao qual é difícil resistir. E, ao mesmo tempo, acaba se constituindo num projeto de vida que se sobrepõe aos outros projetos pessoais possíveis. Ou melhor, apresenta-se como o projeto de vida.

A ideia de vocação é, portanto, importante para compreender a espiritualidade do consumismo. Pode-se dizer que ela é a palavra-chave dessa espiritualidade. As mercadorias "chamam" as pessoas para viverem como consumidoras. Na época da sociedade de produtores o consumo não era visto como vocação e sim como um meio para atender às necessidades humanas. Hoje, na sociedade de consumidores, é diferente:

---

[35] Ibid., p, 76.

[36] Z. Bauman, op. cit., p. 73. Os itálicos são do próprio Bauman.

numa sociedade de consumidores, todo mundo precisa ser, deve ser e tem que ser um consumidor por vocação (ou seja, ver e tratar o consumo como vocação). Nessa sociedade, o consumismo visto e tratado como vocação é *ao mesmo tempo* um direito e um dever humano universal que não conhece exceção.[37]

Como bem mostrou Max Weber, em *A ética protestante e o "espírito" do capitalismo*, a ideia de vocação profissional fornecida pelo protestantismo ascético foi importante para a conduta econômica capitalista na época de sua consolidação. Nos tempos atuais, o capitalismo não precisa mais dessa ideia para estimular as condutas econômicas e para garantir um *ethos* que possibilite a reprodução da sociedade. Agora, o capitalismo precisa de um novo tipo de vocação: a vocação para o consumo.

Se no campo religioso a ideia de vocação muitas vezes está vinculada a um chamado divino e irresistível, na sociedade de consumidores as pessoas são chamadas e convocadas para adaptarem-se à dinâmica frenética do consumo como se não tivessem escolha diante dessa realidade e como se a resposta a essa vocação fosse fundamental para que elas se sintam realizadas. O consumismo é apresentado como algo irresistível e que transcende suas forças.

Os consumidores são vistos como vocacionados pelas mercadorias para cumprirem uma "missão": consumir, consumir, consumir... A forma como a publicidade e a propaganda consideram a pessoa humana na sociedade de consumidores aponta nessa direção. Não se trata de oferecer a possibilidade de consumir ou não e, sim, de escolher entre as mercadorias presentes no mercado aquela que chama a atenção. *A priori*, todos são chamados e, consequentemente, *devem* consumir. Não há escolha entre consumir ou não consumir. As pessoas são convencidas a consumir freneticamente sem se indagarem se necessitam, de fato, de todas as mercadorias. A escolha se dá entre as mercadorias ofertadas. Trata-se, ao contrário, de oferecer uma diversidade enorme de mercadorias encantadoras que seduzem e inebriam.

Os chamados *direitos dos consumidores*, com todas as contradições que possuem, são tentativas, nem sempre com muito sucesso, de garantir ao consumidor uma autonomia ante a vocação ao consumismo. Os diversos movimentos que reúnem consumidores são um sinal de que a sociedade civil já percebeu que aqueles que produzem mercadorias nem sempre respeitam os direitos mínimos dos consumidores.

---

[37] Ibid., p. 73. O itálico é do próprio Bauman.

Consumo como salvação

Nas sociedades de consumidores, a lógica que perpassa o consumo, em sintonia com o "império" do indivíduo, é uma "lógica desinstitucionalizada, subjetiva, emocional".[38] Nessa lógica, a subjetividade tem um papel fundamental no consumo. Consome-se para atender aos apelos subjetivos, aos impulsos da pessoa em todas as direções, estimulados pela propaganda sem a finalidade primeira do consumo, que é atender às necessidades básicas.

Consumir torna-se uma exigência do viver bem, do realizar-se, do ser feliz. A vida boa, a realização da pessoa e a felicidade são apresentadas como consequências da lógica do consumo e não como busca pessoal: "as motivações privadas superam muito as finalidades distintivas".[39] A pessoa tem a impressão de que é capaz de fazer as suas escolhas. Ocorre uma intimização do consumo e este é assumido como necessidade para a realização da subjetividade:

> Queremos objetos "para viver", mais que objetos para exibir, compramos menos isto ou aquilo para nos pavonear, alardear uma posição social, com vista a satisfações emocionais e corporais, sensoriais e estéticas, relacionais e sanitárias, lúdicas e distrativas. Os bens mercantis funcionavam tendencialmente como símbolos de status, agora eles aparecem cada vez mais como serviços à pessoa.[40]

De certa forma, na lógica consumista, o consumo torna possível que os objetos disponíveis no mercado possam ser extensão da pessoa e, portanto, tornam-se essenciais para que esta se realize. Consumir, nessa perspectiva, torna-se fundamental para que cada um construa sua identidade. Neste caso, a construção da identidade depende, acima de tudo, dos objetos e das relações que a pessoa estabelece com os objetos. Mais do que isso, os objetos mercantilizados ganham um caráter soteriológico e são apresentados como se pudessem salvar a pessoa daquilo que a faz infeliz.

A lógica do consumismo dá a ideia de que a subjetividade se expande na medida em que consome. E, em decorrência dessa percepção, a pessoa sente-se mais feliz. Enquanto muitas religiões apresentam-se como caminho de salvação, o consumismo também apresenta-se aos olhos do consumidor como caminho de salvação alternativo. É um caminho de salvação que se instala fora

---

[38] Ibid., p. 41.

[39] Ibid., p. 41.

[40] Ibid., pp. 41-42.

das religiões convencionais e no *aqui no agora*, de forma secularizada. É isso que afirma Bauman quando diz que "a sociedade de consumidores talvez seja a única na história humana a prometer felicidade na vida terrena, aqui e agora e a cada 'agora' sucessivo".[41]

No consumismo o consumo é meio de salvação da angústia, da dor, do sofrimento e até da morte. É a promessa de realização plena da pessoa.

Diferentemente das religiões, esse tipo de salvação coloca apenas uma exigência: consumir, consumir, consumir... Ou seja, para ter essa salvação é necessário apenas pagar. E aos olhos do consumismo as pessoas que não podem entrar no ritmo frenético do consumismo estão perdidas, excluídas da salvação.

Consumo como contemplação

Um último aspecto do *modus credendi* do consumismo é a contemplação. Diante do consumo, as pessoas adotam uma atitude de contemplação. E essa atitude é fundamental para que as pessoas adquiram os produtos. É uma contemplação que encanta e que seduz o consumidor para que ele "entregue-se" às mercadorias.

Diante das vitrines reais ou virtuais, as pessoas ficam extasiadas a contemplar as mercadorias. A decoração e a montagem das vitrines têm por objetivo "criar cenários" que visam facilitar a sedução e o encanto. As mercadorias precisam tornar-se objetos de desejo e, por isso, os cenários são importantes pois, independente da real necessidade das pessoas, eles criam o "espetáculo" necessário para seduzi-las.

A real intenção dos proprietários dos *shoppings* e das lojas é tornar esses locais o mais atrativos possíveis para que as pessoas sintam-se estimuladas a comprar as mercadorias.

A beleza do lugar, das mercadorias e das suas embalagens faz parte das estratégias de propaganda para conquistar as pessoas. Para a espiritualidade do consumismo, a estética é fundamental e, muitas vezes, sobrepõe-se à utilidade dos objetos. É uma "estética instrumental" que visa tão somente tornar os objetos atrativos, sedutores. Essa estética, portanto, leva as pessoas à contemplação, pois assim elas serão seduzidas.

---

[41] Ibid., p. 60.

Os passeios no *shopping* escamoteiam a real intenção dos consumidores: contemplar as mercadorias e os seus cenários para depois efetivar as suas compras. É um verdadeiro ritual que segue um roteiro: contemplação-estimulação do desejo-decisão de comprar. Necessariamente, a compra não se dá numa primeira ida ao shopping mas, muito provavelmente, a decisão já estará esboçada. A contemplação, portanto, é a primeira etapa da sedução-preparação do consumidor.

Em certo sentido, os locais de compra tornam-se, assim, locais de contemplação antes de serem locais de compra. São os templos onde se pode contemplar os objetos do desejo.

A espiritualidade como objeto de consumo

Na sociedade de consumidores, a espiritualidade é uma espiritualidade que é deslocada do campo religioso *stricto sensu* para o mundo do mercado onde as mercadorias são colocadas nas vitrines para serem compradas.

No mercado, os objetos tornam-se mercadorias e, portanto, consumíveis e, além disso, as próprias pessoas são transformadas em mercadoria, são mercantilizadas. O *modus credendi* é fundamental para garantir que esse processo seja indolor e aceito como algo natural.

Além disso, o *modus credendi* do consumismo é necessário para que não se perceba a sua dinâmica frenética. As pessoas imergem na realidade do consumismo e se alienam dos outros aspectos presentes na realidade. A alienação, portanto, não se dá apenas no processo de produção, como dizia Marx, mas também na outra "ponta" do mercado: o consumo. Mas aqui a alienação se dá com outro sentido: as pessoas "entregam-se" ao consumismo, sacrificando o seu tempo e o seu dinheiro, para assumirem o papel de consumidores.

A espiritualidade tem a tarefa de atenuar a dura realidade a que a pessoa é submetida no consumismo: consome-se para ser feliz e se é feliz consumindo cada vez mais numa lógica obsessiva. O consumismo apresenta-se como salvação.

Um aspecto importante a respeito dessa espiritualidade: ela não só orienta mas também torna-se objeto de consumo. Para ela ter eficácia, é preciso que as pessoas consumam essa espiritualidade. Acontecem dois movimentos: ao mesmo tempo em que a espiritualidade é necessária para que as pessoas assumam o consumismo, apresenta-se como uma mercadoria para que as pessoas consumam de forma exagerada e possam ser reconhecidas. É um movimento de retroalimentação: as pessoas consomem espiritualidade para serem mais consumistas, e por serem consumistas consomem espiritualidade... Sem essa espiritualidade, a sua dinâmica teria dificuldade para se reproduzir.

Diante desse quadro dessa espiritualidade que coloca no consumo exagerado a realização da pessoa, as religiões convencionais sofrem repercussões importantes que afetam tanto os seus significados como também as suas estratégias de atuação no mundo.

A espiritualidade do consumismo e o cristianismo

O cristianismo está deixando de ser a religião hegemônica no ocidente. Independente de uma avaliação, o cristianismo impactou a cultura ocidental configurando as diversas relações entre as pessoas e entre estas e a natureza.

Mas, como toda religião é também influenciada historicamente pelos diversos contextos e cenários, o cristianismo em tempos da modernidade líquida[42] também se vê afetado pela espiritualidade do consumismo. Isto acontece, pois, por mais resistência que tenha em se adaptar às mudanças históricas, o cristianismo também procura responder às grandes questões humanas e, algumas vezes, acrescenta elementos novos ao seu gradiente doutrinário para mostrar--se mais flexível. Um exemplo disso foi a própria doutrina do purgatório que, segundo o historiador Le Goff, surge no tempo do renascimento das cidades para responder às demandas da burguesia no que dizia respeito à salvação.[43] O mesmo acontece nos dias atuais com algumas correntes do cristianismo.

Nos tempos atuais da sociedade de consumidores, o cristianismo muitas vezes é transformado numa religião que desloca a felicidade do além para o aqui e agora, do futuro para o hoje, dentro da perspectiva do consumismo de fazer da felicidade algo instantâneo, imediato. Nesse contexto, a religião torna--se uma religião instrumental que interessa na medida em que atende a certo utilitarismo. É o que Lipovetsky denomina de "religião a serviço da felicidade intramundana".[44]

No interior do cristianismo, surgiu, inclusive, uma teologia da prosperidade elaborada em sintonia com a espiritualidade do consumismo. Essa teologia, em consonância com as demandas da sociedade capitalista, afirma que Deus responde positivamente às demandas das pessoas por sucesso material e por

---

[42] Z. Bauman. *Modernidade líquida*.

[43] J. Le Goff. *As raízes medievais da Europa*, pp. 166-167.

[44] G. Lipovetsky, op. cit., p. 131.

ascensão social. É uma teologia que está em sintonia com a conduta econômica presente no capitalismo e talvez seja a melhor resposta, do ponto de vista da sociedade de consumidores, dada à espiritualidade do consumismo pois legitima os pressupostos da sociedade de consumidores.

Consumo de espiritualidade e felicidade

Da mesma forma que o consumismo apresenta-se como um valor *a priori*, como algo sem escolha, consumir a espiritualidade do consumismo é necessário para se ter felicidade. A promessa de felicidade do consumismo, que se dá no prazer estrito de consumir, vem acompanhada pela sua espiritualidade.

O papel dessa espiritualidade é dar sentido à felicidade prometida, é proporcionar às pessoas as crenças e os valores que necessitam para orientarem-se na sociedade de consumidores. O consumismo por si só não satisfaz as pessoas; estas precisam de uma espiritualidade que as satisfaça e que as leve a consumir sempre mais.

O consumo dessa espiritualidade, que se dá basicamente através da aceitação dos seus valores e crenças, capacita as pessoas para se localizarem nessa sociedade, para definirem a sua identidade e para justificarem o consumo exagerado.

A dinâmica do consumismo por si só não se sustenta; ela precisa de valores e crenças que possam alimentá-la, reproduzi-la. Esses valores e crenças são oferecidos tanto através das diversas estratégias da propaganda que procuram "vender" esses elementos considerados fundamentais e necessários para a felicidade, como também através dos próprios produtos que os trazem embutidos e da própria dinâmica do consumo exagerado.

A espiritualidade como mercado

Um outro aspecto da espiritualidade do consumismo é aquele que se refere ao mercado da espiritualidade.[45] Isto acontece porque esta última se torna mercadoria e também porque algumas espiritualidades vinculadas às religiões convencionais se tornam mercadorias.

O processo de mercantilização é avassalador inclusive no caso da espiritualidade. A criação de um "mercado" de espiritualidades é uma das consequências da espiritualidade do consumismo.

---

[45] Ibid., p. 132.

Na medida em que acontece a legitimação da espiritualidade do consumismo torna-se legítimo também a criação de um mercado onde os objetos das espiritualidades são oferecidos como mercadorias.

Lipovetsky chega a afirmar que é nesse momento em que a barreira entre o *Homo religiosus* e o *Homo consumericus* se dilui.[46] Em certo sentido o consumidor torna-se um religioso pois quer algo além da mercadoria; ele procura transcender a mercadoria e encontrar nela elementos que estão ocultos: a felicidade e a salvação.

Considerações finais

Os termos espiritualidade e consumismo quando articulados apresentam-se, na sua aparência, como estranhos. Com a reflexão realizada neste texto procuramos mostrar, entretanto, que esses termos são mais do que familiares entre si.

O fenômeno do consumismo, próprio da sociedade de consumidores, aponta não apenas para um dos aspectos do mercado, mas também para um novo *modus vivendi* que acaba configurando toda a sociedade. Um dos aspectos desse tipo de sociedade é, justamente, o *modus credendi* que procura para justificar, alimentar e dar sentido ao consumismo.

A espiritualidade do consumismo se constitui no interior dos processos de consumo e, ao mesmo tempo, permite alargar esses processos contribuindo para que se tenha a impressão de que se é sujeito e capaz de decisão. Essa espiritualidade se constrói a partir dos eixos fundamentais de toda espiritualidade – valores e crenças – e apresenta o consumismo como vocação e como salvação.

A espiritualidade do consumismo, seja como horizonte de sentido ou como mercadoria, emerge nos dias atuais ao mesmo tempo em que as instituições religiosas tradicionais estão se enfraquecendo. Esse vácuo deixado por essas instituições favorece a consolidação de um tipo de espiritualidade instrumental, utilitarista, que convida a pessoa a fazer do consumismo um projeto de vida.

A espiritualidade do consumismo é manifestação de uma sociedade fragilizada e que se coloca à espera de um sentido existencial que venha do mercado. Para esta sociedade o sentido da vida não tem que ser construído, mas está dado pelo próprio mercado segundo uma lógica muito parecida com a mentalidade mítica em que o sentido está predeterminado pelos deuses.

---

[46] Ibid.

Na sociedade de consumidores, os *shopping centers* não são apenas lugares de venda e compra de objetos que podem satisfazer. São também lugares onde as pessoas compram o "sentido" para suas vidas, o alívio para suas angústias e a resposta para seus desejos. São símbolos de uma sociedade marcada pelo vazio e pelo desejo insaciável do ter.

O estudo da espiritualidade do consumismo pode facilitar a compreensão dos diversos mecanismos presentes no consumismo. A crítica desse tipo de espiritualidade e, consequentemente, do seu objeto – o consumismo – é necessária para desvendar a sua dinâmica e a sua trajetória e revelar as suas contradições e seus mecanismos de ocultamento.

Enfim, a crítica dessa espiritualidade pode contribuir para o desmonte de uma mentalidade e de uma espiritualidade que têm como *slogan* "consumimos e por isso somos felizes; consumimos e por isso estamos salvos".

Referências bibliográficas

BAPTISTA, Paulo Agostinho N.; SANCHEZ, Wagner Lopes. *Teologia e sociedade*. Relações, dimensões e valores éticos. São Paulo: Paulinas, 2011.

BAUMAN, Zigmunt. *Modernidade líquida*. Rio de Janeiro: Zahar, 2001.

_____. *Vida para consumo*. A transformação das pessoas em mercadoria. Rio de Janeiro: Zahar, 2008.

DALAI LAMA. *Uma ética para o Novo Milênio*. 4. ed. Rio de Janeiro: Sextante, 2000.

HARVEY, David. *Condição pós-moderna*. 7. ed. São Paulo: Loyola, 1998.

LE GOFF, Jacques. *As raízes da Europa Medieval*. Petrópolis: Vozes, 2007.

LIPOVETSKY, Gilles. *A felicidade paradoxal*. Ensaio sobre a sociedade de hiperconsumo. São Paulo: Companhia das Letras, 2008.

SOLOMON, Robert C. *Espiritualidade para céticos*. Paixão, verdade cósmica e racionalidade no século XXI. Rio de Janeiro: Civilização Brasileira, 2003.

Religião e consumo na Igreja Comunidade da Graça em São Bernardo do Campo

Paulo Barrera Rivera e Edemir Antunes Filho

Introdução

Antes de analisar o caso de consumo por motivos religiosos especificamente no caso da Igreja Comunidade da Graça gostaríamos de dedicar alguns parágrafos às perspectivas teóricas que subjazem neste trabalho. Também a informar os subsídios empíricos que sustentam a análise.

A questão do consumo não é tema novo nos estudos socioculturais e menos ainda nos estudos de economia; nesse sentido pode se dizer que é um tema clássico. Mas, nas últimas quatro a cinco décadas tornou-se tema bem mais abordado e com novas abordagens ainda em relação às perspectivas clássicas. De outro lado, o consumo como prática é muito antigo, mas nem tanto quanto a existência de sociedades humanas. O consumo objeto de análise e crítica dos estudos sociais trata fundamentalmente de um tipo de consumo desenvolvido e intensificado conforme foram consolidando-se as sociedades capitalistas. Mais precisamente, as sociedades com modelos econômicos capazes de produzirem excedentes, e com organização suficiente para colocá-los em circulação no mercado, tal como demonstrado de forma contundente pelos estudos marxistas e de inspiração marxista. Cabe destacar, no entanto, que as sociedades humanas viveram por longo tempo, incomparavelmente maior que o tempo das sociedades com mercado e com poder político, sem preocupar-se em produzir excedentes, trabalhando apenas para produzir o necessário para o consumo próprio e um excedente suficiente para gastar em períodos de festa, tal como demonstrado também de forma contundente, mais recentemente, nos estudos de antropologia política.[1] O consumo, nessas sociedades "arcaicas", não estava vinculado nem a mercado nem a desejos criados. Não havia então "cultura de consumo". Mas havia abundância, como o demonstra Sahlins, de forma magistral no texto, Âge de Pierre, âge d'Abondance. *Economie des sociétés primitives*. Portanto, abundância sem "cultura de consumo". Maravilha! Algo impossível de imaginar hoje. O consumo generalizado sem vínculo com a necessidade de atender demandas básicas à sobrevivência é recente.

Uma definição apropriada para "consumo" na sociedade contemporânea é a seguinte: "conjunto de processos socioculturais em que se realizam a apropriação e os usos dos produtos",[2] e para incluir de vez a questão econômica básica nesse processo: "consumo como um momento do ciclo de produção e reprodução social: é o lugar em que se completa o processo iniciado com a geração de produtos, onde se realiza a expansão do capital e se reproduz a força do trabalho".[3] Segundo essa definição o consumo não é apenas simples exercício de gostos e compras irrefletidas; ao contrário, eles determinam o que e como se consome. Ou mais propriamente, a ideia de Canclini é que a racionalidade econômica macrossocial não é a única que modela o consumo. As práticas de consumo religioso da igreja aqui estudada, por exemplo, não se explicam apenas por determinações do mercado. Cabe adiantar já que, no caso estudado, não se trata apenas de consumir bens religiosos senão também, e especialmente, de consumo inspirado religiosamente de bens não religiosos, como veremos posteriormente. A segunda referência teórica deste texto é o consumo de bens culturais atrelado à procura de prestígio de classe ou grupos sociais. A ideia evidentemente é de Bourdieu.[4] Não é todo mundo que consegue sucesso no processo de adquirir um *habitus* de determinado grupo social e de contribuir a sua reprodução. É apenas um grupo com características e biografias socioeconômicas determinadas que conseguem compartilhar o *habitus* próprio da Igreja Comunidade da Graça, como veremos adiante.

Passamos agora a informar o embasamento empírico de nossa análise. As Igrejas evangélicas de Rudge Ramos, bairro em que se encontra a igreja aqui estudada, foram objeto de atenção por parte nossa em três períodos distintos. No ano de 2000 fizemos um primeiro período de observação dos cultos,

---

[1] Cf. P. Clastres. *A sociedade contra o Estado*; pesquisas de antropologia política; M. Sahlins. Âge de Pierre, âge d'Abondance; economie des societés primitives.

[2] N. G. Canclini. *Consumidores e cidadãos*; conflitos multiculturais e globalização, p. 53.

[3] Ibid.

[4] Cf. P. Bourdieu. *Distinction*; a social critique of the judgement of taste.

ocasião em que realizamos uma pesquisa sobre opções religiosas dos jovens nas cidades do ABC.[5] Nos anos 2009 e 2010 fizemos uma segunda pesquisa com observação de cultos de igrejas evangélicas no bairro de Rudge Ramos, entre elas a "Igreja da Graça".[6] No entanto a observação de campo específica na "Igreja da Graça" foi realizada e sistematizada entre os anos 2006 a 2008 para a tese de doutorado de Antunes Filho.[7] Assim a fonte empírica principal deste texto resulta do cuidadoso trabalho etnográfico dos cultos da igreja em questão realizada pelo autor da tese mencionada.

Entre os vários assuntos observados na pesquisa da igreja em questão destaca-se o consumo incitado e praticado pelos fiéis desta igreja. Detectou-se na pesquisa que o consumismo reproduzido e vivenciado nesta comunidade evangélica era tipicamente o da classe média contemporânea. O desafio que se pôs ao refletir sobre a classe média contemporânea foi entendê-la para além de definições teóricas desconectadas da realidade, ou seja, observando o desenvolvimento e o modo como esta apresenta um *habitus* particular no cotidiano, nas suas relações entre os que fazem parte do grupo, nos seus gostos e práticas sociais em geral. Não é nossa perspectiva, e não detectamos isso no grupo estudado, que as práticas de consumo religioso possam ser explicadas apenas como resultado da influência estratégica do mercado. Certo "Mercadologismo" nos estudos de religião recentes tendem a associar os grandes centros comerciais com verdadeiros templos. Perspectiva limitada de análise tal como já criticada pelo artigo de Nogueira Negrão. No caso que estudamos constata-se enorme trabalho religioso muito bem organizado no interior da igreja que está em afinidade com as condições sociais e econômicas de seus seguidores, permitindo-lhes compartilhar o mesmo *habitus* de grupo.

---

[5] Parte da observação de campo foi aproveitada no "paper" de Barrera Rivera "Hibridación y aflojamiento de fronteras entre evangélicos latinoamericanos", apresentado no Congresso da Associação Europeia de Latinoamericanistas, realizado em Amsterdã, em 2002, e publicado em *Boletín Antropológico*, n. 2, 2002.

[6] Nessa ocasião a pesquisa de campo fez parte do projeto "Evangélicos e periferia urbana no ABC paulista. Religião e desigualdades sociais no município de São Bernardo do Campo", coordenado por Barrera Rivera e desenvolvido com apoio da FAPESP.

[7] E. Antunes Filho. "Religião, corpo e emoção: educação dos sentidos e habitus de classe na igreja Comunidade da Graça em São Bernardo do Campo", Tese de doutorado, Ciências da religião, Universidade Metodista de São Paulo, 2009.

A libertação financeira na Igreja da Graça

Os membros da Comunidade da Graça (CG) mostram pouco senso crítico ao consumo próprio da sociedade contemporânea. Ao participar dos cultos na CG em São Bernardo do Campo e dos encontros dos *Grupos de Comunhão, Edificação e Multiplicação* (GCEMs[8]) ligados a esta igreja, não foi possível detectar nenhum tipo de censura ao sistema capitalista e à busca dos fiéis por bens e dinheiro. Antes, o que mais se enfatiza é a capacitação acadêmica, técnica, profissional e experimental dos membros diante das demandas e das concorrências observadas no Mercado de Trabalho, a administração eficaz das finanças familiares, os compromissos financeiros com a instituição religiosa, e o reforço de uma forma de viver, valores, bens e gostos particulares ao grupo.

Estas ênfases econômicas no contexto da igreja são acompanhadas da ideia de que Deus tem real interesse nas finanças dos membros e os ajuda a prosperarem dando-lhes condições para estudarem, trabalharem e gerirem com sabedoria[9] os recursos adquiridos. Para tanto, cada integrante da igreja deve inicialmente entregar a Deus os direitos sobre as finanças pessoais. Cada crente precisa rejeitar qualquer domínio ou fascínio que o dinheiro exerça sobre si. Ao fiel é requerida a submissão total à Divindade, pois assim os valores econômicos ficam em segundo plano, isto é, no lugar que lhes é devido. Entende-se, por consequência, que "os tesouros deste mundo devem servir às pessoas e não o contrário". Nesta lógica, se os crentes passarem a viver para o dinheiro, Deus ficará em segundo plano e a pessoa cometerá o pecado da idolatria, padecendo os males deste ato. Para corroborar o mau agouro que recai sobre aquele que age erradamente é citado o texto bíblico de 1 Timóteo 6,10: "Pois o amor ao dinheiro é uma fonte de todos os tipos de males. E algumas pessoas, por quererem tanto dinheiro, se desviaram da fé e encheram a sua vida de sofrimentos".

O ato subsequente indicativo da entrega dos direitos sobre o dinheiro a Deus é o oferecimento dos dízimos e das ofertas para a igreja. Acredita-se na CG que o fiel demonstra que é submisso com a atitude de separar parte das finanças e entregá-las no altar. Simbolicamente a pessoa religiosa proclama que Deus está no centro da sua vida quando, antes de qualquer gasto, ela retira os

---

[8] Os GCEMs são formados pelos membros da CG. As reuniões destes acontecem uma vez por semana nas casas dos fiéis.

[9] Ao analisar o uso do termo "sabedoria" na CG, conclui-se que se trata da somatória entre o conhecimento racional, o conhecimento empírico e as experiências com Deus.

dez por cento do seu salário bruto e gratuitamente deposita-os nas "salvas"[10] da igreja. O *Manual sobre Finanças* da CG reafirma que o dízimo deve ser calculado sobre a renda sem descontar os impostos: "Seria razoável entregar a Deus menos do que você entrega ao governo? Não é o Senhor mais digno do dízimo do que o governo dos impostos?".[11] Creem também que se as economias forem apresentadas nos cultos de maneira voluntária e sincera, Deus suprirá todas as necessidades do crente e permitirá que tais valores se multipliquem a fim de que o fiel da CG seja bem-sucedido em seu trabalho, administre com propriedade os seus ganhos, bem como ajude ainda mais a sua família, a igreja e os indivíduos carentes.

O membro da igreja ao seguir as etapas anteriores está apto para alcançar a libertação financeira. Esta culmina com o suprimento de todas as necessidades pessoais, familiares e eclesiais. Segundo Bezerra, algumas pessoas conseguirão mais dinheiro do que outras, não obstante a isso Deus sempre suprirá aquilo que for necessário para a pessoa subsistir. Independente se a pessoa se torna rica ou não, um discurso que se ouve corriqueiramente é que todos aqueles que procedem em fidelidade àquilo que é ensinado na CG terá todas as reais necessidades pessoais supridas. Uma vez que Deus foi colocado em primeiro plano, é necessário que o fiel se empenhe por trabalhar, ajudar quem precisa, economizar gastando menos do que se recebe, planejar colocando as prioridades em ordem e investir multiplicando o disponível para que ele se "livre de ser alguém egoísta, avarento, estressado, corrupto, arrogante, presunçoso, infeliz, idólatra do dinheiro e amaldiçoado".[12]

Conforme as orientações da igreja, a dívida nasce quando a pessoa acata as seguintes palavras

> "diabólicas": "você precisa ter, todos têm, só falta você; você pode, faça um crediário, parcele, use seu cartão; a parcela é pequena, você paga fácil; se você esperar para ajuntar o dinheiro nunca vai ter nada!". O crente, por conseguinte, é instigado pelos pastores a não permanecer endividado. Para sair desta situação a liderança pastoral se dispõe a orar, a aconselhar o portador de dívidas e encaminhá-lo a um GCEM onde receberá orientações práticas para se libertar gradativamente destes débitos. Ao "tomar posse da libertação financeira", ou melhor, reprogramar a mente segundo o modo como se deve lidar

---

[10] Ao invés do gazofilácio, na CG as ofertas e dízimos são recolhidas nas "salvas", a saber, recipientes de pano em que os fiéis colocam os seus envelopes com dinheiro ou cheque dentro.

[11] C. Bezerra. *Fé e finanças,* p. 29.

[12] Ibid., pp. 24-25.

com o dinheiro na perspectiva da CG, bastará ao membro da igreja colocar as orientações religiosas em prática e contemplar a Deus em suas finanças.

Gestão eficaz das finanças

Tanto nos cultos no templo quanto nos encontros dos GCEMs os fiéis são incitados a pouparem o dinheiro para terem condições de pagarem à vista aquilo que for necessário comprar. A fim de que isso se concretize na vida de cada crente, o líder do GCEM ao qual o indivíduo está vinculado utiliza conhecimentos de Administração e Economia somados ao ensinamento religioso de como fazer o orçamento familiar, poupar e investir aquilo que sobra. Via de regra, as orientações dadas nos GCEMs reproduzem os ensinamentos transmitidos pelos pastores da CG, mas em alguns grupos o conhecimento compartilhado é mais aprofundado em decorrência de o líder ser administrador, economista, contador ou empresário. Uma das primeiras ações que o crente precisa fazer para mudar o rumo de sua vida financeira é aprender a preencher o formulário intitulado "O que eu devo". Neste a pessoa coloca somente as dívidas contraídas, atrasadas ou não, para ter uma visão mais clara do total da dívida que ela precisa quitar e qual tem sido o pagamento mínimo mensal. Além deste relatório, ela é orientada a calcular o valor total do seu patrimônio subtraindo o que deve a fim de perceber se as dívidas são maiores ou não do que os bens e dinheiro próprios.

Outro formulário que visa ajudar os membros é aquele que discrimina a receita familiar mensal especificando o rendimento ou salário pessoal do cônjuge, dos outros membros da família e outros rendimentos. E para completar é ensinado ao membro preencher o formulário de despesas mensais, na seguinte ordem: 1) Dízimos e ofertas; 2) Dívidas e bancos: anuidades de cartão, juros de cheque especial, CPMF e tarifas do banco, dívidas negociadas; 3) Futuro: investimentos, previdência privada, poupança e seguro de vida; 4) Alimentação: padaria, mercado, feiras e despesas semanais; 5) Despesas da casa: prestação ou aluguel, condomínio, água, empregada, luz, gás, IPTU, consertos e manutenção, taxa do lixo, seguro; 6) Educação: colégio, escola, faculdade, cursos (inglês, música etc.), lanches, livros e material escolar; 7) Comunicação: celular, telefone de casa, internet; 8) Saúde: consultas, dentista, remédios, plano de saúde; 9) Transporte: combustível, estacionamento, pedágio, IPVA, despachante, manutenção, multas, seguro, passes, táxi; 10) Lazer: jornais, revistas, TV a cabo, diversão, esportes, clube, livros, CDs, DVDs, viagens, passeios, restaurantes; 11) Pessoal: presentes, vestuário, cabeleireiro, academia, esportes, perfumaria; 12) Filhos: mesadas, passeio, vestuário; 13) Outros.[13]

Descoberta a real situação financeira, o fiel da CG terá que refazer o seu orçamento e esforçar-se por conviver dentro dos limites dele. Nos discursos religiosos desta instituição são reforçadas as seguintes ponderações de Bezerra:

> Nas Escrituras Sagradas observamos que os que serviam a Deus eram pessoas prósperas, e não miseráveis. Todos eles tinham o necessário para si e para os outros, e nada lhes faltava. Entretanto, hoje encontramos muitos cristãos vivendo uma vida financeiramente miserável, instável, endividada.[14]

Na ótica desta igreja a gestão do dinheiro é uma questão espiritual e a prosperidade é consequência de uma espiritualidade cristã eficaz e, sobretudo, institucionalmente aprovada. Aquele que obtém da parte de Deus as dádivas econômicas nos moldes supraditos já passou por um período de assimilação de regras e gostos do grupo. Em outros termos assumiu o *habitus* do grupo. O trabalho, o estudo, a administração das finanças e as demais coisas que compreendem a vida de um crente devem ser exercidas com empenho e competência para a "glória de Deus".

A administração eficaz somada ao ato simbólico da oração e à doação de valores por meio de dízimos e ofertas se configuram como a "cura e libertação financeira"[15] dos membros da CG. Com a aderência dos costumes morais, estéticos e valorativos desta igreja passa-se a entender que a prosperidade gravita entre os planos terreno e espiritual, e um posicionamento é necessário a fim de ficar de bem com Deus e viver corretamente no mundo. A partir da adesão deste ideário e das experiências pessoais e coletivas decorrentes, ao crente abre-se a oportunidade da detecção de "maldições" como ganância, lucros desonestos, sociedades com incrédulos, mentiras para ganhar mais dinheiro, precipitação, falta de planejamento e conselheiros, não saber quanto ganha e quanto gasta, confiar na própria capacidade, entrar em dívidas, ser fiador, seguir os próprios conselhos, negligenciar o trabalho, dentre outras relações econômicas perigosas.[16] Para se libertar delas caberá ao crente realizar o rito da oração ("confissão vitoriosa") e reordenar suas finanças com base nos textos sagrados e nas orientações técnicas da área econômica.

---

[13] Cf. C. Bezerra. *Formando discípulos*, pp. 61-65.

[14] C. Bezerra. *Fé e finanças*, p. 12.

[15] Expressão bastante usada nos cultos.

[16] C. Bezerra. *Fé e finanças*, pp. 27-29.

As ofertas e os dízimos são recolhidos exclusivamente nos cultos no templo em envelopes. O crente pode colocar dinheiro, cheque ou comprovante de depósito ou transferência para a conta bancária da igreja. Cada um destes invólucros de papel trazem o logotipo da igreja, imagens (mãos levantadas, plantação de trigo, mãos abertas) e versículos bíblicos que reforçam o ideário da CG. Há um envelope destinado ao dízimo que traz o seguinte trecho da Bíblia em Malaquias 3,10: "Trazei todos os dízimos à casa do Tesouro, para que haja mantimento na minha casa; e provai-me nisto, diz o Senhor dos Exércitos, se eu não vos abrir as janelas do céu e não derramar sobre vós bênção sem medida". Neste o fiel escreve o seu nome completo, coloca a data de entrega e discrimina o valor em reais do seu dízimo. Outro envelope traz uma citação bíblica em 2 Coríntios 9,7: "Cada um contribuía segundo tiver proposto no coração, não com tristeza ou por necessidade, porque Deus ama a quem dá com alegria". E em certas ocasiões é disponibilizado um envelope que traz a expressão "Gratidão" acompanhada da frase da Bíblia em 1 Crônicas 29,14: "Tudo o que temos feito veio de Deus, e nós somente damos ao Senhor o que já é seu!". Conforme asseveram os pastores no culto, os valores são colocados em envelopes com o intento de não constranger os fiéis a terem que expô-los na frente de outros crentes que estejam por perto, todavia uma forma de coação ocorre quando os líderes religiosos pedem aos crentes que desejam "louvar a Deus com suas finanças" que estendam uma das mãos a fim de um diácono levar até eles as sobrecartas em que farão o seu depósito. Como muita gente oferta nos cultos, muitos daqueles que não estavam dispostos a participar deste ato acabam por colocar nas salvas algum dinheiro, pois vários fiéis estão participando. Em sequência, uma oração é feita a Deus agradecendo a oportunidade de compartilhar daquele rito financeiro; pede-se que os crentes não passem necessidades econômicas, suplica-se em favor de quem esteja desempregado e não pode contribuir, e finalmente solicita-se ao Espírito Santo que desperte aquelas pessoas que têm condições e não colaboram financeiramente com o Reino de Deus.

Consumismo e religião

Na atualidade, os projetos sociais devem ser apregoadores da liberdade privada e facilitadores dos projetos individuais. Por outro lado, os projetos individuais não possuem garantias, tampouco certeza e/ou estabilidade para se concretizarem. Em meio a esta complexidade o Mercado oferece a realização individual ao suprir todos os anseios de consumo viabilizados pela produção em larga escala através da contínua especialização técnica. Exemplificando, vende-se na atualidade alguns produtos para consumir como imagens, entretenimento, sensações que podem ser considerados supérfluos. Bauman[17] afirma que "o *spiritus movens* da atividade consumista não é mais o conjunto mensurável de necessidades articuladas, mas o *desejo* – entidade muito mais volátil e efêmera, evasiva e caprichosa, e essencialmente não-referencial que as necessidades".[18]

Na primeira metade do século XX, Brian Owensby[19] ao estudar as classes médias nas capitais do Rio de Janeiro e São Paulo já detectava a distinção entre essas e as demais camadas sociais como sendo a propensão às atividades intelectuais, educacionais e consumistas – constatação válida na realidade até o término da década de 1980. Já a partir de 1990 gradativamente o que fica em voga como fator distintivo é o consumo e não tanto o nível intelectual ou cultural dos integrantes da classe média. Para além do *habitus classista* apontado por Elias[20] no processo de vir a ser civilização das sociedades europeias, o ato de consumir e poder fazê-lo em espaços segregados[21] excede na contemporaneidade à produção de "artefatos" culturais peculiares. Embora haja divisões e características diferenciadoras entre as pessoas da classe média,[22] ainda assim ressalta-se a atividade consumista como a principal marca diferenciadora, sendo um dos incentivos a procura por distinção.

As práticas de consumo permanecem como fatores importantes para a formação, identidade e desenvolvimento de classe. Apesar dos desgastes sofridos especialmente com o achatamento do poder aquisitivo de um grupo de indivíduos e a ascensão econômica de outros, a busca por distinção e separação continua firmada no consumo e em padrões culturais mesmo que voláteis e exacerbadamente provisórios.[23] Por conseguinte, é sobre este escopo que se sedimenta a preferência por espaços públicos segregados em que se possam

---

[17]   Z. Barman. *Modernidade líquida*, p. 89.

[18]   Constatação semelhante é feita por Baudelaire, quando afirma que "a Modernidade é o transitório, o efêmero, o contingente; é a metade da arte, sendo a outra metade o eterno e o imutável". Ver: Baudelaire, 1996: 25.

[19]   Cf. B. Owensby. *Stuck in the middle*; middle class and class society in modern Brazil, 1850-1950.

[20]   Cf. N. Elias. *A sociedade dos indivíduos e o processo civilizador*.

[21]   Cf. T. Caldeira. *Cidade de muros*; *crime, segregação e cidadania em São Paulo*.

[22]   Cf. S. de Deus, Simões. *Classe m*édia profissional no Brasil; teoria e organização política e sindical. In: Anpocs, Ciências Sociais Hoje.

[23]   Cf. Clara Mafra. *Autoridade e preconceito*; estudos de caso sobre grupos ocupacionais das classes médias em Campinas. Dissertação de mestrado, Unicamp.

consumir bens, imagens, sensações e práticas, bem como fazer uso de uma linguagem e ações identitárias.

Como já mencionado, na igreja estudada existe a orientação doutrinária sobre a correta administração das finanças no contexto da CG, contudo isso não exclui que o consumo faz parte da vida de grande parte dos fiéis e pastores desta igreja. Se de um lado estão as ponderações precavidas do presidente desta instituição religiosa – marcado por uma tradição pentecostal e que vivenciou o período do milagre econômico brasileiro e a crise nacional apregoadora de uma reformulação social –, de outro Bezerra, e sua igreja, procura adequar-se e apresentar respostas e ofertas religiosas aos crentes inseridos numa sociedade pós-tradicional e envolvida pelo efêmero.

O consumo é algo importante para o grupo religioso analisado e isso é perceptível nas reuniões dos fiéis. Durante os cultos é considerável a quantidade de menções aos produtos valorizados pela classe média como aparelhos de TV de última geração, canais de televisão pagos, perfumes importados, roupas de grife, carros, viagens, passeios a parques de diversão, moradias em lugares nobres e promoções no trabalho. E no cotidiano da igreja o discurso religioso de que Deus supre primeiramente as necessidades dos crentes, e eventualmente os desejos, não pode ser entendido como somente a guarnição celestial de alimento, emprego, moradia, educação e saúde. Embora no diálogo com os fiéis ora se perceba um discurso racional e comedido de rejeição moral a tudo que exceda ao suprimento básico para subsistência, outro "discurso verbal e não verbal" mais intenso e presente é que os cinco elementos da provisão divina devem estar adequados ao *ethos* classista dos envolvidos acrescidos dos elementos que representam noções de conforto, bem-estar e status da classe média.

Esta tensão entre discurso moral e identitário também se percebe no ambiente do culto, do GCEM e nos acampamentos da igreja. No templo, conquanto os pastores entrevistados tenham apresentado a ressalva de que não é tão importante, detecta-se uma preocupação pelo conforto sonoro, estético e dos assentos usados pelos crentes. Nos GCEMs a orientação pastoral de que nas casas dos "anfitriões" dos encontros deve-se promover aconchego e satisfação às pessoas é obedecida. E com relação aos acampamentos da igreja o mesmo se repete. Para exemplificar, o pastor Luís Antonio Blotta,[24] por ocasião da

---

[24] Luís Antonio Blotta era membro da CG Sede, localizada no bairro de Vila Carrão, na cidade de São Paulo, desde 1986. Embora fosse um alto executivo nas áreas de gestão, comercialização de produtos corporativos e desenvolvimento mercadológico, foi ordenado pastor em 1998 e, neste mesmo ano,

proximidade do Acampamento de Carnaval 2008, no terceiro domingo de janeiro, emitiu o seguinte parecer:

> "(...) antigamente nos acampamentos nós dormíamos em barracas, cozinhávamos a nossa própria comida, tomávamos banho no rio, fazíamos culto na base do violãozinho, não existia nem retroprojetor, não tinha essas frescuras. Hoje em dia a gente ficou mais exigente... é som de primeira, data-show, suíte, chuveiro quente, cama confortável, piscina, quadra, campo de futebol, comida pronta... e tem gente ainda que não manda o filho pro acampamento... depois vai reclamar que o filho tá no mundão (...)".

Consumo em perspectiva religiosa

Embora no interior da classe média ainda existam indivíduos que façam distinções entre "ricos" e "novos ricos", tendo como um parâmetro hierárquico daquilo que é ou deixa de ser nobre e honroso, o capital cultural, educacional e os gostos, estas máscaras distintivas não são capazes de suplantar o fato de que o consumo está ocorrendo. Isto era algo intenso entre a velha classe média brasileira, em crise após os distúrbios econômicos em nível nacional e mundial entre os anos 1980 e 1990, e a nova classe média em ascensão, mais atinada a consumir aquilo que é efêmero. Independente de se adquirirem produtos eletrônicos, objetos de arte, sensações, educação, viagens, imagens ou qualquer outra coisa, o consumo está presente. No âmbito religioso da CG, ao se reforçar que Deus está preocupado em acabar com as necessidades dos indivíduos crentes, devem-se entender tais carências em consonância com uma forma de ser classe média na contemporaneidade. A educação ou o consumo desta última, como um dos elementos que distinguia[25] dois grupos dentro de uma mesma classe, na religião estudada é entendida da seguinte maneira.

Não se nota no argumento educacional da CG a separação moral entre consumistas de "bens intelectuais" e consumistas de "bens fúteis". A busca pela capacitação acadêmica é um dever de todo fiel que anela glorificar a Deus com o seu ato e, consequentemente, propiciar melhorias econômicas para a sua família e a sua comunidade religiosa. Assim, ao investir em sua formação intelectual o crente terá melhores condições de administrar sua vida com eficiência

---

fundou a CG em São Bernardo do Campo e pastoreou-a até o ano de 2010. Sua inserção no meio corporativo e político facilitou a expansão de sua instituição religiosa na referida cidade do ABC Paulista.

[25] Cf. P. Bourdieu. *Distinction*; a social critique of the judgement of taste, p. 253.

e "colher as bênçãos de Deus". Nesta instituição religiosa o mês de janeiro é oportuno para que os seus integrantes reavaliem suas atitudes anteriores, valores, objetivos e metas para o ano que se inicia. De tal forma, para facilitar esta tarefa eles recebem uma pequena cartilha intitulada Projeto de Vida, que deverá ser lida e preenchida pelos membros solteiros e casados. Cada livreto traz temas específicos e um deles tem como subtítulo "Eu e meu trabalho/escola". Os deveres ressaltados aos fiéis são os seguintes:

> Buscar promessas de Deus para o meu trabalho/escola; tempo específico de oração pelo trabalho/escola; atitudes que vou tomar em relação ao meu chefe; atitudes que vou tomar em relação aos meus parceiros; atitudes que vou tomar em relação aos meus empregados; atitudes que vou tomar em relação aos meus professores; atitudes que vou tomar em relação aos amigos da escola; o que devo fazer para melhorar na empresa; em que matérias preciso melhorar e o que devo fazer; que pessoas podem me orientar no trabalho/na escola; e que cursos complementares posso fazer.

Em cada um destes itens o crente deve especificar o que fará, quais as datas de todas as atividades, quem são as pessoas envolvidas, quais erros foram cometidos, quais as ações para melhorar e quais são as observações. Neste mês de janeiro, embora os GCEMs entrem em férias, os seus dirigentes e os pastores da igreja se disponibilizam a ajudar cada um a fazer o seu projeto, a orar pelos fiéis e em um culto específico a ungirem com óleo as pessoas e seus Projetos. E após o reinício das atividades nos GCEMs os crentes são incitados nos encontros a compartilharem com os demais participantes do grupo os seus êxitos e a maneira utilizada para alcançá-los, a exporem suas dificuldades e receberem sugestões das pessoas, também como apresentarem suas derrotas para que haja uma interação a fim de que o quadro negativo seja mudado.

Busca-se, então, insuflar os fiéis a tomarem um contato racional com suas debilidades profissionais e acadêmicas, a fim de que posteriormente façam o investimento em educação e atitudes que lhes renderá os benefícios espirituais e materiais galgados. Embora amenizado no grupo religioso pelo discurso de que alguns enriquecem mais que outros por vontade divina e que os possuidores de maiores recursos devem ajudar os de nenhum ou pouco, o *status* econômico e social é interpretado em termos de "bênçãos financeiras alcançadas". Quanto mais o crente se aplica em agir segundo as doutrinas religiosas e exercer uma gestão financeira eficaz, mais sucesso ele obterá.

A fim de contribuir com a compreensão do ideário da CG sobre *habitus* de classe e dinheiro, vale lembrar Bourdieu,[26] quem, ao estudar as diferenciações entre classes operárias e burguesas, assevera que há pessoas que passaram um determinado período de "aburguesamento" e isso lhes forneceu a possibilidade de aquisição de valores e gostos de classe média, todavia por algum motivo econômico qualquer elas não têm mais perspectivas de ascensão social e de consumo requintado como outrora. Nestas condições elas procuram formas de ressignificação do modo como se vive pontuando suas diferenças em relação a outros grupos ao ressaltar, como exemplo, a educação e cultura adquiridas. Para Paugam,[27] estes indivíduos vivenciam um misto de angústia, dificuldades financeiras e humilhação. Se por um lado elas não querem ser amparadas, por outro elas nutrem um sentimento de fracasso pessoal que lhes dá a sensação de que os demais indivíduos olham para elas como se fossem seres inferiores. A identidade negativa incitada pela má situação é integrada progressivamente na consciência social. A interiorização mencionada também abarca os sentimentos de inferiorização, desqualificação e vergonha pela degradação do espaço de moradia. Compartilha-se a humilhação por depender de alguém, a provação, a consciência gradativa de que não vão ascender a um *status* social superior e a angústia nas salas de espera por terem que recorrer ao sistema de assistência social do governo.

Os estudos de Bourdieu e Paugam se dão a partir de uma realidade diferente da nossa, contudo são profícuas e importantes as contribuições para o entendimento do processo de empobrecimento, a relação com o dinheiro, as distinções de classe e os comportamentos defensivos que permitem aos indivíduos inverterem simbolicamente a condição social pela qual passam. Na CG a ênfase ideológica de que Deus supre as necessidades dos crentes acrescida da honra social de quem se esforça por ser um cristão honesto se mostra como um alento aos fiéis da igreja que, no contato com o ideário religioso via testemunhos e sermões nos cultos, notam-se, até então, distantes de alcançarem estes padrões impostos pela instituição. Por outro lado, não é preciso lamentar a dificuldade em crescer socialmente, pois Deus, embora tenha a atitude convencional de prover o básico aos crentes, possibilita o enriquecimento de alguns por razões desconhecidas dos seres humanos.

---

[26] Cf. ibid. *Distinction*; a social critique of the judgement of taste.

[27] Cf. S. Paugam. *Desqualificação social*; ensaio sobre a nova pobreza.

Riqueza e pobreza: tentativas de harmonização religiosa

Os próprios mecanismos utilizados por esta religião tendem a diluir ou dissimular as diferenças socioeconômicas dos fiéis. O discurso de classe é homogêneo, contudo uma parceria comunitária é o que se percebe nas atividades religiosas (almoços, jantares, viagens, festas, acampamentos) promovidas e que carecem de ser subsidiadas financeiramente por cada crente. Estes eventos podem ser pagos em parcelas sem juros, ou uma parte é amortizada pela pessoa interessada e o restante por algum membro da igreja, ou ainda a coordenação destes avalia os casos e em sequência libera a participação dos crentes impossibilitados de pagar. De alguma forma procuram incluir a pessoa naquele universo religioso e estimulá-la a procurar os meios que lhe farão desenvolver-se em nível econômico, tendo condições futuras de arcar com suas despesas e, tal como se sucedeu com ela, adote também aqueles que são membros da igreja e momentaneamente carecem de subvenção. Não obstante a predileção velada por indivíduos de uma mesma categoria, com boa formação acadêmica, boa inserção profissional no mercado de trabalho e níveis médios de renda, há na CG de São Bernardo do Campo pessoas pobres. Entretanto, toda a estrutura de plausibilidade desta igreja culmina em arrimo para pessoas das classes empobrecidas, ajudando-as na compreensão da estrutura social, fornecendo-lhes sentido e concedendo-lhes orientação.[28] Em outros termos, há um aumento da coesão coletiva e auxílio no enfrentamento de problemas humanos, no caso financeiro.

Não se fez aqui uma pesquisa com o intuito de analisar os membros pobres desta igreja em relação ao discurso de classe média e o desencadeamento deste nestas pessoas. Porém, suspeita-se que devem padecer de "um sentimento de inferioridade social" em tensão com a sensação religiosa da honra cristã, alimentada pela ideia comum de que as pessoas trabalhadoras e esforçadas são "abençoadas por Deus" e o juízo de que o bem maior do crente é o ensinamento religioso que modela suas atitudes e a certeza de que obterão a salvação permitindo-lhes uma moradia eterna com a Divindade no céu. Portanto, a honra está na base do sistema de valores desta sociedade cristã, facilitando a percepção e introjeção das noções concernentes à exclusão/inclusão e ao desprezo/respeito. Para estes grupamentos, ter um trabalho é uma expressão de privilégio. Por isso, quem se encontra sem um emprego assalariado por tempo indeterminado vive insatisfeito com sua condição e deseja ter um trabalho, mesmo que seja

---

[28] Cf. P. Berger. *O dossel sagrado*; elementos para uma teoria sociológica da religião, p. 39.

temporário (bicos). Neste sentido, o desemprego é compreendido e vivenciado como perda de *status* social, desorganização, desequilíbrio e carência de recursos. Tais concepções, uma vez assimiladas por jovens que desejam melhorar de vida pelas vias legais, incentivam a juventude a se casar e/ou ter filhos somente quando estiverem em um emprego estável e bem remunerado.

Ao observar os discursos na CG, especialmente ocorridos nos cultos, é possível detectar um confronto interessante de ideias. Na igreja enfatizam-se a vida familiar, a inclusividade, o respeito ao semelhante e o convívio fraterno entre os fiéis, estes compreendidos como membros de uma família especial cujo Pai é Deus. Por outro lado, as muitas alusões ao "mundo" feitas nas orações, prédicas, cânticos e testemunhos têm uma propensão a segregar aqueles que não fazem parte deste estrato social, que não partilham o mesmo *habitus* e porventura estejam presentes nos cultos. Para exemplificar, em um culto ocorrido no dia 14 de maio de 2008, no intervalo entre o recolhimento das ofertas e o sermão, o pastor convida os fiéis a se abraçarem como um sinal de que Deus quer abençoar a todos e aumentar o nível de amizade entre eles. Para tanto ele se vale da seguinte consideração: "vocês podem abraçar despreocupados uns aos outros. Vocês, durante o abraço, terão o prazer de sentir perfumes como Armani, Gucci, Carolina Herrera. Pode ir tranquilo...". Se cada ato devocional catequiza e/ou reforça a educação cristã e os gostos na CG, estes últimos funcionam como meios legitimadores de uma cultura de classe dominante.[29]

Percebemos que há no grupo religioso em estudo uma tendência ao enquadramento classista, a segregar quem não consegue as condições sociais, econômicas e culturais do *habitus* do grupo. Isto se evidencia ainda mais nos depoimentos de pastores desta igreja, também como se firmando em diálogos informais com parte da liderança dos GCEMs. Embora o corpo pastoral da CG não tenha dados precisos sobre o quadro dos membros da igreja, eles têm uma visão melhor em razão do controle exercido sobre os dirigentes de GCEM.

Estes dirigentes são formados pela própria igreja. Uma vez que a pessoa responsável pelo GCEM percebe em alguns dos seus liderados o perfil para liderança, então estes recebem um acompanhamento mais próximo e são indicados ao pastor da igreja para fazerem um curso de capacitação específico. O futuro dirigente precisa sentir-se "vocacionado" para liderar, o grupo deve enxergar nele as feições para exercer tal função, e o dirigente dele também deve atestar que o candidato pode liderar por ser alguém assíduo no estudo da Bíblia, responsável no grupo e comprometido com a igreja.

---

[29] P. Pierre Bourdieu; J. C. Passeron. *Reproduction in education, society and culture*, p. 152.

É importante destacar que cada dirigente deve obrigatoriamente fazer um relatório mensal do andamento do pequeno grupo ao qual coordena, sob pena de ser repreendido ou excluído das suas funções. Neste deve constar nome, idade, data de nascimento, número de telefone e endereço dos participantes, situação eclesial de cada um (conversão, batismo nas águas, batismo no Espírito Santo, tempo de participação na igreja, engajamento em ministérios, frequência em acampamentos etc.), os temas trabalhados, o acompanhamento aos membros do grupo, êxitos, carências, principais objetivos alcançados, principais objetivos não alcançados, novas conversões, encaminhamento ao pastor das pessoas que farão as aulas que antecedem o batismo e o curso para quem deseja se tornar membro da CG, medidas tomadas para solucionar problemas e as ações realizadas para aumento da comunhão entre o líder e o sublíder do grupo.

Conclusão

Nos questionários feitos aos fiéis da igreja em estudo procurou-se coletar a maior quantidade de dados possível capazes de confirmar ou negar a hipótese de se tratar de uma religião de classe média com um *habitus* de classe cultivado também pelos discurso religioso. Nos dados gerais da pesquisa cada pessoa teve a oportunidade de informar a idade, a cidade em que reside, o bairro, o nível de escolaridade e a renda. Com o preenchimento destas, já houve a possibilidade de saber onde as pessoas residem e confrontar este material coletado com as especificações que a Prefeitura de São Bernardo do Campo disponibiliza sobre as localidades. É importante também destacar que a maior parte dos membros mora em bairros nobres do município, entre eles o próprio bairro de Rudge Ramos. Trata-se de bairros muito bem servidos em equipamentos públicos e particulares de saúde, educação, lazer, cultura e esporte. O bairro de Rudge Ramos onde se encontra o templo oferece ampla rede de academias de musculação, salões de beleza, clínicas de estética, consultórios médicos, hospitais, escolas e colégios, teatro, parques, rede de bancos e supermercados etc. Isto é, o espaço geográfico onde está localizada a igreja está em afinidade com as práticas sociais e culturais incentivadas pelo discurso religioso.

Nas nossas pesquisas de outras igrejas evangélicas do mesmo bairro, por exemplo, a Igreja Universal do Reino de Deus, e mais recentemente a Igreja Mundial do Poder de Deus, detectamos que seus seguidores moram em bairros mais populares. Nessas igrejas se detecta de maneira nítida o interesse dos líderes por um consumo propriamente religioso. No caso estudado, tal como anunciado no início deste texto, trata-se mais de um discurso religioso que incentiva e pratica o consumo de bem materiais não propriamente religiosos e, na maioria, vinculados ao bem-estar do corpo e ao cuidado das aparências: acampamentos, academias, viagens de férias, boa leitura, prática de esportes, roupas e perfumes de marca, carros novos etc.

Para chegar a essas conclusões consideraram-se na pesquisa o grau de escolaridade, a renda mensal familiar, os equipamentos de cultura utilizados, o equipamento de saúde usufruído e os equipamentos de esporte e lazer dos quais os fiéis da CG se servem. A conclusão parcial obtida indica que 87% dos membros têm práticas sociais próprias de classe média. Além destes, 10% tem amplas condições de ascenderem socialmente e apenas 3% são indivíduos pobres. Vale ressaltar que estes números apenas indicam uma maior ou menor capacidade de consumo, e a imersão que as pessoas desta igreja têm nos setores frequentados por esta classe social. Além destas considerações, costuma-se considerar neste tipo de análise as declarações como verdadeiras; todavia, não há como descartar que as respostas podem ter sido baseadas em aspirações, ideais ou fantasias dos integrantes desta instituição religiosa. De qualquer forma, os dados coletados permitem afirmar que existem condições materiais que tornam possível práticas sociais e culturais próprias de determinada classe social. Em outros termos, está se falando de um grupo religioso com determinado *habitus* de classe.

Referências bibliográficas

BAUMAN, Zygmunt. *O mal-estar da pós-modernidade.* Rio de Janeiro: Jorge Zahar Editor, 1998.

_____. *Modernidade líquida.* Rio de Janeiro: Jorge Zahar Editor, 2001.

BERGER, Peter. 1985. *O dossel sagrado*; elementos para uma teoria sociológica da religião. São Paulo: Paulus, 1985.

BEZERRA, Carlos. *Fé e finanças.* São Paulo: Comunidade da Graça, 2006a.

_____. *Formando discípulos.* São Paulo: Comunidade da Graça, 2006b.

BOURDIEU, Pierre; PASSERON, Jean-Claude. *Reproduction in education, society and culture.* Beverly Hills: Sage, 1977.

_____. *Distinction: a social critique of the judgement of taste.* Cambridge: Harvard University Press, 1984.

CALDEIRA, Teresa. *Cidade de muros*; crime, segregação e cidadania em São Paulo. São Paulo: Edusp/Editora 34, 2003.

CANCLINI, Nestor García. *Consumidores e cidadãos*; conflitos multiculturais da globalização. Rio de Janeiro, UFJF, 1997.

CLASTRES, Pierre. *A sociedade contra o Estado*; pesquisas de antropologia política. Rio de Janeiro: Francisco Alves, 1978.

ELIAS, Norbert. *A sociedade dos indivíduos*. Rio de Janeiro: Jorge Zahar, 1994.

_____. *O processo civilizador*. Rio de Janeiro: Jorge Zahar, 1990. v. 1.

FEATHERSTONE, Mike. *Cultura de consumo e pós-modernismo*. São Paulo: Studio Nobel, 1995.

GUERRA, Alexandre et al. (org.). *Atlas da nova estratificação social no Brasil – v. 1. Classe média: desenvolvimento e crise*. São Paulo: Cortez, 2006.

MAFRA, Clara. *Autoridade e preconceito*; estudos de caso sobre grupos ocupacionais das classes médias em Campinas. (Dissertação de Mestrado). Unicamp, 1993.

ODOUGHERTY, Maureen. *Middle classes, Ltd.*; consumption and Class identity during Brazils inflation crisis. (Tese de doutorado). Department of Antropology/City University of New York, 1997.

OWENSBY, Brian. *Stuck in the middle*; middle class and class society in modern Brazil, 1850-1950. Yale University, 1994.

PAUGAM, Serge. *Desqualificação social*; ensaio sobre a nova pobreza. São Paulo: Educ/Cortez, 2003.

SAHLINS, Marshall. *Âge de Pierre, âge d'Abondance*; Economie des sociétés primitives. Paris: Gallimard, 1976.

SIMÕES, Solange de Deus. *Classe média profissional no Brasil*; teoria e organização política e sindical. In: ANPOCS, CIÊNCIAS SOCIAIS HOJE. Rio de Janeiro: Rio Fundo/Anpocs, 1992, pp. 160-199.

Novas expressões religiosas: desejo e consumo

Silas Guerriero

Num período de menos de trinta dias, ocorreram em São Paulo duas feiras de exposições voltadas exclusivamente a produtos e assuntos do meio holístico. A primeira delas, Expo Alto Astral,[1] foi montada no Pavilhão de Exposições do Parque Anhembi, tradicional local de feiras comerciais da maior metrópole brasileira. A segunda, *Mystic Fair*,[2] já em seu segundo ano de atividade, teve proporções muito maiores e reuniu público bastante expressivo, ávido por novidades no meio esotérico. Em ambas chamava a atenção o caráter comercial. Estandes de promoção, divulgação e vendas dos mais variados tipos de bens ligados à Nova Era, terapias alternativas, ocultismo e magia, ofereciam uma ampla distribuição de brindes e folhetos explicativos. O público podia adquirir os produtos ali mesmo ou ficar interessado nos bens e serviços esotérico-espirituais fazendo da feira uma porta de entrada num específico grupo iniciático começando a frequentar seus rituais e a praticar seus ensinamentos espirituais. A maioria dos visitantes já demonstrava alguma familiaridade com o meio. Outros estavam ali por curiosidade e muitos foram atraídos pelas chamadas de uma rádio FM que divulga exclusivamente uma programação voltada a temas místicos, espirituais e terapêuticos.[3]

Buscando um caráter pretensamente acadêmico e científico, um dos pontos principais nas duas feiras eram as palestras oferecidas por "autores,

---

[1] A Expo Alto Astral ocorreu entre os dias 9 e 11 de setembro de 2011, no Parque Anhembi, em São Paulo (Disponível em: <http://www.expoaltoastral.com.br/index1.html>. Acesso em: 25/08/2011).

[2] A *Mystic Fair* foi montada em amplo espaço numa universidade da cidade de São Paulo, entre os dias 8 e 9 de outubro de 2011 (Disponível em: <http://www.mysticfair.com.br/local.html>. Acesso em: 25/08/2011).

[3] Pudemos verificar o público das duas feiras através de observação direta.

investigadores e especialistas de temas espirituais diversos".[4] Dentre as mais de oitenta palestras programadas destacam-se algumas com temas bastante recorrentes no meio, como "Deuses e ervas de poder", "Equilíbrio alquímico", "Psicologia sagrada" e "Numerologia e previsões". A oferta expressiva de palestras, vivências de rituais e os conteúdos e produtos nos estandes demonstram não apenas a diversidade de conteúdos do meio, mas principalmente o vigor desse mercado.

Não foi possível ter acesso aos números da movimentação financeira dessas feiras, mas não há motivo por que desconfiar de que se trata de um negócio lucrativo e que emprega um número considerável de pessoas.[5] Não é novidade atribuir à Nova Era um caráter comercial e de consumo. No entanto, muitas dessas alegações, que vêm dos meios de comunicação em massa ou mesmo de acadêmicos não conhecedores do fenômeno, não buscam suas causas mais profundas, limitando-se a críticas sobre um consumo supérfluo e descabido, fruto da exploração comercial realizada por aproveitadores das crendices alheias. Essas posições embutem dois erros principais. Em primeiro lugar, desconhecem o próprio sentido do consumo como realizador de experiências mais profundas e provocador de felicidade, sem aqui fazer qualquer tipo de julgamento de valor acerca do objeto a ser consumido. Além disso, expressam desconhecimento sobre o próprio universo das novas espiritualidades. Nesse sentido, nos cabe perguntar em que medida o componente dessas novas espiritualidades se diferencia, em termos de consumo, dos bens oferecidos pelas religiões tradicionais.

Todas as religiões têm caráter mercadológico e oferecem produtos de bens simbólicos de salvação, disputando, de certa maneira, uma clientela fiel. No entanto, há grandes diferenças na medida em que não apenas as religiões diferem entre si, como o meio social passa por mudanças profundas acarretando diferenças significativas na maneira como se dão esses processos. Nenhuma religião, nem mesmo as formas de espiritualidades contemporâneas, estão à margem da cultura de seu tempo. É preciso olhar, portanto, para as particularidades dessas novas manifestações religiosas tendo como recorte as características de nosso tempo. Em suma, o que se quer frisar é que essas novas expressões religiosas não são apenas modismos de mercado, mas são coerentes com o atual estágio da sociedade contemporânea ocidental. Elas são uma faceta de uma modificação mais ampla sofrida pela sociedade moderna, e que atinge

---

[4]   <http://www.mysticfair.com.br/local.html>. Acesso em 25/08/2011.

[5]   A esse respeito, conferir a dissertação de mestrado de Renato de Almeida: "Tenha fé, é um bom negócio!".

atualmente graus acentuados de visibilidade, a autonomização do indivíduo. Essa autonomia do sujeito tem suas raízes numa inversão de polaridade da fonte última de poder. Se antes o poder fundamental, que orientava e organizava a vida dos indivíduos, era externo, agora passa a ser cada vez mais interior ao próprio sujeito. Essa máxima da modernidade traz consequências em diferentes campos, entre eles o das vivências religiosas. A realização última se dá pelas escolhas individuais, e o consumo é um instrumento poderoso na afirmação da autoridade e na constituição da pessoa moderna. Olharemos primeiramente para as características dessas novas espiritualidades e, em seguida, para algumas tentativas de compreensão do desejo e do consumo na modernidade existentes em torno das novas expressões religiosas.

As novas expressões religiosas

Para muitos, o meio holístico não tem nada de religioso. Entendemos que tal visão se apoia na perspectiva de que a noção de religião se assemelha à ideia de uma congregação de fiéis em torno de uma instituição do tipo igreja. Acrescenta-se a isso o fato de se acreditar que religião fala das coisas e verdades do "alto", do divino, transmitidas aos simples mortais através de visões ou revelações e inscritas na tradição e nos textos sagrados. Porém, para além dos grupos organizados, encontramos uma miríade de expressões e manifestações difusas, não organizadas e centradas no indivíduo. Esses fenômenos requerem outro olhar sobre o universo da religião. Estamos ou não diante de manifestações religiosas? As novas espiritualidades nos levam a questionar o próprio conceito de religião. Se ampliarmos nossa percepção para além das religiões enquanto instituições organizadas que lidam com sistemas de crenças e pensarmos no amplo campo das espiritualidades, teremos oportunidade de não apenas compreender melhor o que ocorre no panorama religioso de hoje, como também compreender esse universo específico do meio holístico e o consumo como instrumento de construção de identidades e de realizações subjetivas.

Não é de hoje que podemos perceber mudanças em relação às crenças. As transformações em curso na sociedade ocidental podem ser compreendidas de acordo com as propostas de dois trabalhos distintos, mas que lidam especificamente com as transformações na cosmovisão ocidental. Primeiramente citamos o trabalho empírico de Paul Heelas e Linda Woodhead,[6] que coordenaram uma pesquisa na Inglaterra acerca da importância cada vez maior que

---

[6] P. Heelas; L. Woodhead. *The spiritual revolution.*

as pessoas atribuem à espiritualidade em detrimento da religião. Para os autores, há uma verdadeira revolução espiritual em curso que aponta para uma vivência subjetiva da religiosidade. Se no momento anterior as referências do indivíduo estavam voltadas às instituições externas, como uma religião tradicional, agora se voltam para questões internas, subjetivas, como estados de consciência interior, experiências corporais, relação corpo-mente-espírito e outras. No levantamento realizado por eles, constatam que termos como espiritualidade, holismo, ioga, *feng shui*, Nova Era e deus interior começam a se tornar mais comuns na cultura geral que vocabulários cristãos tradicionais. A pesquisa realizada no interior da Inglaterra apontou forte declínio do cristianismo e o aumento das pessoas que preferem se identificar com algum tipo de espiritualidade relacionada a um crescimento interior e ao bem-estar.

O importante a destacar é a percepção dos autores de que há em curso uma guinada massiva em direção à subjetividade, ou seja, a valorização das experiências subjetivas. Percebe-se o deslocamento dos valores e imposições advindos de fontes externas, como família, nação, tradição, corporações e religião, em direção a valores internos baseados na própria experiência. Nessas transformações ocorre uma forte valorização do corpo, das emoções, dos sonhos e dos sentimentos. A subjetividade transforma-se na fonte máxima de significação. Nesse sentido, há um decréscimo da importância de autoridades externas e o indivíduo se vê encorajado a se transformar em sua própria autoridade, em forjar sua vida subjetiva.

Essa subjetividade da vida modificou o panorama do desenvolvimento cultural do Ocidente. No modelo anterior, a vida era marcada pela hierarquia e autoridade das instituições e de seus representantes, como o professor, o médico, o político e o sacerdote. Agora tudo passa a ser centrado no indivíduo: educação centrada no aluno, tratamento de saúde centrado no paciente, mercado centrado no consumidor e também a vivência religiosa centrada naquilo que o crente espera e deseja.

A partir dessas mudanças, Heelas e Woodhead traçam a diferenciação entre religião e espiritualidade. A espiritualidade não é a mesma da vivência tradicional do cristianismo, por exemplo, em que o que a define é devoção a Deus e a intensa relação com o divino, numa atitude mística. A nova espiritualidade está centrada na experiência interior autônoma e na dissolução das formas tradicionais de compromisso com o sagrado.[7] Trata-se mais de uma experiência de um caminho interior em torno de um mito fundador que diz que todos nós

---

[7] Cf. P. Heelas; L. Woodhead, op. cit., pp. 12-32.

somos seres divinos com o potencial para desenvolver a plenitude. Há um caminho a percorrer, mas esse caminho quem faz é cada um por si mesmo. A salvação está no interior de cada um e depende das nossas escolhas e as experiências daí resultantes. Essa possibilidade de escolha do indivíduo, obra da modernidade, está na raiz do consumo, como veremos mais adiante.

Uma outra leitura sobre as transformações por que passa a sociedade ocidental vem de um artigo seminal de Colin Campbell. O sociólogo inglês afirma que a visão de mundo ocidental sofre um processo de orientalização,[8] o que não significa a presença de religiões orientais na nossa sociedade, uma das mais marcantes características das novas espiritualidades. Significa, isto sim, uma mudança profunda na teodiceia ocidental. Para o autor, a orientalização não é simplesmente a entrada de produtos culturais do Oriente, como temperos, comidas, roupas, práticas terapêuticas, religiões ou outras. Esses elementos todos poderiam ter sido incorporados à nossa sociedade sem necessariamente provocar mudanças no sistema. Isso seria o mais comum e o esperado. Mas, segundo Campbell, não é isso que está ocorrendo. É no campo dos valores que essa teodiceia oriental é percebida. Crenças e ideias mais amplas como monismo, unidade corpo e espírito, iluminação, intuição, êxtase, religiosidade espiritual e mística compõem, agora, o universo mais amplo dos sistemas de crenças no Ocidente. Ou seja, sem ficar restrita aos grupos isolados, a cosmovisão oriental pode ser percebida em várias instâncias da sociedade ocidental. Da mesma forma, pode-se dizer que os valores das novas espiritualidades, vindos ou não do Oriente, estão presentes na sociedade mais ampla. Aparecem em discursos de personalidades nos grandes meios de comunicação, fazem parte de campanhas publicitárias e são incorporados até em programas educacionais ou nos novos paradigmas científicos. Vistos dessa maneira, pode-se afirmar que fazem parte do senso comum.

Para Campbell, o paradigma cultural ou a teodiceia que tem sustentado as práticas e o pensamento do Ocidente por praticamente dois mil anos está sofrendo, agora, um processo de substituição por um paradigma que tradicionalmente caracteriza o Oriente. Para o autor, essa mudança de paradigma não ocorre de imediato, mas já pode ser sentida no Ocidente há bastante tempo, mas só agora começa a ficar visível. Algumas categorias distinguem os dois estilos: de um lado temos a procura pela síntese, uma visão de totalidade, a valorização da subjetividade e de um conhecimento intuitivo e dedutivo; de outro, aparecem a ênfase da análise, que tornou possível todo o avanço da ciência

---

[8] C. Campbell. *A orientalização do Ocidente*.

ocidental, uma visão fragmentada, a busca da objetividade e de um conhecimento racional e indutivo. Desta breve lista, percebemos que muitas das novas formas de espiritualidade enfatizam os aspectos atribuídos ao que Campbell denominou de modelo oriental.[9] Um dos aspectos mais visíveis dessa mudança pode ser percebido no conceito que cada qual tem da realidade última. De uma visão dualista, com um criador divino, perfeito e separado do restante do mundo, passamos para uma visão monista em que não há separação entre sagrado e profano, pois o cosmos inteiro, nele incluído o ser humano, é visto como algo portador de sentido. Outro aspecto lembrado diz respeito à diminuição da importância da instituição religiosa e ao aumento de uma religião de tipo mística, mais individualista, sincrética, relativista e com forte crença de que a elevação espiritual pode ser alcançada por meio do esforço de cada indivíduo, como um autoaperfeiçoamento.

Essas mudanças na sociedade ocidental nos ajudam a compreender melhor o que estamos afirmando neste texto. As novas expressões religiosas embora nitidamente marcadas por um apelo consumista são apenas parte de um processo de mudança muito mais amplo. Talvez elas sejam o que o próprio Heelas denominou de religião do *self*,[10] a expressão religiosa dessa sociedade centrada no indivíduo. Mas as novas espiritualidades não fazem um mundo à parte do restante da sociedade. Nesse sentido, também as demais expressões religiosas deveriam estar sofrendo essas mudanças. É o que podemos visualizar em vários movimentos internos de grandes religiões tradicionais, nos quais os fiéis buscam maneiras próprias de viver suas religiosidades, sem se submeterem rigidamente às autoridades eclesiásticas. Heelas e Woodhead estabeleceram uma tipologia das religiões em que teríamos num polo a religião tradicional, congregacional, e noutro as espiritualidades difusas. Entre eles teríamos as religiões de humanidade, em que já apareceriam as leituras mais críticas de resistência à autoridade do controle eclesiástico e a autonomia do indivíduo se faria mais visível.[11] O que nos interessa ater é a ideia de que essa vida centrada no sujeito se realiza por escolhas interiores, sendo o consumo o mecanismo básico desse processo que visa, em última instância, à própria satisfação. Se nas novas expressões religiosas, principalmente aquelas denominadas Nova Era, tal processo é evidente, nas próprias religiões tradicionais o mesmo processo começa a ficar perceptível.

---

[9]   Ibid., p. 8.
[10]   P. Heelas. *The New Age Movement.*
[11]   Cf. P. Heelas; L. Woodhead, op. cit.

Uma questão que pode ser então levantada diz respeito à legitimidade das novas expressões religiosas frente às religiões tradicionalmente instituídas. Numa visão mais estreita e até mesmo preconceituosa, a Nova Era não teria nada de religioso. Ela seria apenas uma exploração comercial. Para quebrar essa postura é preciso olhar para o conceito de religião. Afinal, podemos dizer que as novas espiritualidades são religiões? Onde estaria aquilo que define, em última instância, uma religião? As experiências mais subjetivadas e a autonomia crescente do indivíduo neste momento ímpar do processo social nos remetem à indagação se devemos ou não insistir no elemento religioso. Afinal, para o sujeito religioso e para muitos estudiosos que usam um recorte fenomenológico o sagrado existe independentemente do indivíduo e, principalmente, independentemente das mudanças sociais. Haverá sempre uma essência a se manifestar, embora várias das práticas da Nova Era em nada se assemelhem àquilo que entendem por sagrado. Numa visão redutora, que procura entender a religião como um produto social, fica realmente a pergunta: podemos continuar enxergando essas manifestações como religiosas ou não? A difusão de valores holísticos, a perspectiva monista e as vivências cada vez mais centradas na subjetividade demonstram que o fenômeno é muito mais amplo e extrapola a simples oferta de curas terapêuticas xamânicas, de cursos de tarô ou tratamentos de acupuntura, isso para ficar apenas com alguns exemplos.

Há na sociedade atual um conjunto significativo de práticas e serviços que prometem bem-estar a seus adeptos e que têm, em lugar de destaque, a tríade corpo-mente-espírito como componente central de seus discursos. Muitas dessas atividades tiveram origem em tradições religiosas distantes e exóticas, como as religiões orientais ou os xamanismos indígenas. Para muitos de seus adeptos, notadamente aqueles que se dizem sem religião, essas práticas nada têm de religiosas, embora sejam profundamente espirituais no sentido em que buscam o desenvolvimento de uma espiritualidade interior. Um bom exemplo, neste caso, é o da prática da ioga. Oriunda de um universo religioso, hoje é vivenciada como uma técnica corporal que proporciona bem-estar espiritual. Para muitos que a praticam, nada indica que seja uma prática religiosa, muitos nem imaginam suas origens ligadas ao hinduísmo. Contudo, a ioga é vista por muitos, estudiosos inclusive, como uma das práticas mais difundidas do que se costuma denominar de Movimento Nova Era. É nesse sentido que Hanegraaff pode nos auxiliar. Para esse autor, podemos pensar, inclusive, em religiões seculares, como é o caso da Nova Era.[12]

---

[12] W. Hanegraaff. *New Age spiritualities as secular religion.*

Estamos diante de situações que tocam diretamente ou ao menos resvalam a dimensão religiosa, mas ao mesmo tempo estão longe de poderem ser chamadas de religião. A riqueza do objeto nos surpreende pelo surgimento constante de novas experiências e organizações. Para tanto, vamos lançar mão do conceito de religião e de espiritualidade desenvolvido por Wouter Hanegraaff.[13] Ao separar "religião no singular" das "religiões no plural" podem-se compreender as novas espiritualidades como manifestação religiosa possível na sociedade atual. Mas, se Hanegraaff fala da Nova Era como espiritualidade secular, novamente nos situamos diante da problemática de dizer, ou continuar dizendo, se são ou não manifestação religiosa.

Hanegraaff propõe uma nova perspectiva sobre o conceito de religião e o aplica numa análise do campo da Nova Era. O autor parte da previsão feita por Durkheim no começo do século XX de que uma alternativa possível para o desenvolvimento ulterior da religião seria a constituição de religiões individuais instituídas pelo próprio indivíduo e celebradas por conta própria.[14] Se para Durkheim essa religião interiorizada, consistida inteiramente em estados interiores e subjetivos e livremente construída por cada um de nós, era apenas uma virtualidade incerta, para Hanegraaff a previsão do mestre da sociologia se confirmou na espiritualidade da Nova Era.

Hanegraaff faz uma revisão do conceito clássico de religião proposto por Clifford Geertz. Para este, religião é

> um sistema de símbolos que atua para estabelecer poderosas, penetrantes e duradouras disposições e motivações nos homens através da formulação de conceitos de uma ordem de existência geral e vestindo essas concepções com tal aura de fatualidade que as disposições e motivações pareçam singularmente realistas.[15]

Entendemos que a noção de Geertz sobre religião nos seja bastante útil. Podemos perceber que ela serve tanto para religião como para as espiritualidades difusas. Tudo cabe nesta definição: tanto um grupo mais organizado, nitidamente religioso como o Movimento Hare Krishna, por exemplo, como os preceitos que se divulgam pela internet sem uma organização eclesiástica nítida e que são vivenciados individualmente, além das articulações entre religião e ciência, muitas vezes denominadas de uma ciência espiritualizada. O mesmo

---

[13]   Id. *Defining religion in spite of history e New Age spiritualities as secular religion.*

[14]   E. Durkheim. *As formas elementares da vida religiosa*, p. 30.

[15]   C. Geertz. *A interpretação das culturas*, pp. 104-105.

pode ser dito ainda em relação às vivências terapêuticas que cultuam corpo--mente-espírito. Há uma sistematização dos símbolos religiosos tendo ou não a figura de um líder carismático. Interessante notar que muitas práticas da Nova Era são realizadas de maneira não intencional por uma rede de indivíduos. Esse conceito de Geertz é bem conveniente: não fala de sobrenaturalidade ou divindade, muito menos em sagrado.

Para poder analisar aquilo que chamou de religião secular (e a Nova Era como um grande exemplo atual), Hanegraaff estabelece uma revisão crítica do conceito elaborado por Geertz. Sua formulação de religião (aqui entendida como religião no singular) fica, então, assim estabelecida: qualquer sistema simbólico que influencia as ações humanas pela oferta de formas ritualizadas de contato entre o mundo cotidiano e um quadro metaempírico mais geral de significados.[16]

Essa formulação responde, segundo Hanegraaff, pela noção de religião em geral, mas ela deve ser desdobrada para podermos enxergar as formas que efetivamente se manifestam socialmente. Para tanto, ele se utiliza de duas subcategorias: a de "religiões" (no plural), que se manifestam sempre por meio de uma religião específica, e a de "espiritualidades".

As religiões, enquanto subcategorias da classe geral e mais ampla de religião, se caracterizam pelo fato de que o sistema simbólico é representado por uma instituição social. Segundo o mesmo autor, podemos dizer que estamos diante de uma religião sempre que o sistema simbólico em questão estiver organizado sob a forma de uma instituição social. Assim, religião necessita inevitavelmente de um grupo articulado em torno de um conjunto de mitos, com hierarquia e papéis definidos, e de uma doutrina que manifesta ou demonstra um conhecimento sistematizado.

A religião (no singular) pode se manifestar (e frequentemente o faz) em formas de religiões (no plural), mas não precisa necessariamente fazê-lo. A religião pode se manifestar também naquilo que o autor denominou de "uma espiritualidade". Para ele, uma espiritualidade é qualquer prática humana que mantém contato entre o mundo cotidiano e um quadro metaempírico mais geral de significados por meio de manipulações individuais de sistemas simbólicos.[17]

---

[16] W. Hanegraaff. *New Age spiritualities as secular religion*, p. 147.

[17] Ibid.

Para Hanegraaff, essa concepção de espiritualidade é fundamental para a interpretação do Movimento Nova Era. Embora numa religião formalizada o conhecimento apareça de forma sistematizada em doutrinas ou teologias, estas são menos importantes para a preservação da comunidade de fiéis que as estórias e as imagens fundamentais partilhadas pelos seus membros. É o que ele chama de simbolismo coletivo. O mesmo acontece no campo das espiritualidades. Também há um simbolismo compartilhado por um grupo de crentes, constituído por imagens e estórias que exercem forte apelo moral para os indivíduos. Estes são estimulados pelos símbolos em conformidade a um código de conduta de todo o grupo. Embora isso seja mais perceptível no caso das religiões, o mesmo processo ocorre entre as espiritualidades. Destarte, podemos compreender como as vivências individualizadas estão também enquadradas no interior de molduras sociais mais amplas, uma vez que o simbolismo é coletivo. As espiritualidades, no entendimento de Hanegraaff, podem existir em contextos religiosos ou seculares. Os indivíduos podem interpretar e vivenciar um simbolismo coletivo oriundo de uma religião e podem fazer o mesmo com os sistemas simbólicos não religiosos. Este é o caso da espiritualidade Nova Era. Nesse sentido, podemos entender a utilização de mentalização positiva nos processos de cura praticados por adeptos da Nova Era. Muitos dos elementos que compõem a concepção de mentalização (imagens e estórias) são retirados de um universo científico ou paracientífico. Não vêm de sistemas religiosos. Trata-se de uma manipulação individual de sistemas simbólicos disponíveis (religiosos ou não) que cumpre a função de uma espiritualidade, ou seja, influencia a ação humana oferecendo a possibilidade de manutenção do contato entre o mundo cotidiano e um quadro metaempírico mais amplo de significados obtidos por meio de manipulações individuais de sistemas simbólicos (no caso, as ideias e concepções sobre o funcionamento da mente e suas influências sobre o corpo). Hanegraaff usa, como exemplo de um simbolismo coletivo secular, advindo do campo científico, a mecânica quântica. Poucas pessoas que utilizam as imagens e estórias da mecânica quântica,como as interferências do observador no objeto observado, a ideia de partícula como onda e matéria, a noção de energia etc., sabem exatamente do que estão falando. Têm apenas vaga noção e, principalmente, apenas uma suposição de que a física quântica explica o fato de as consciências interferirem na realidade ou de outras possíveis aplicações dessa ciência. Para muitos praticantes da Nova Era, a física quântica explica a existência de outras dimensões da realidade e torna possível a elevação do espírito a partir da exploração desses mundos. Um grupo de pessoas pode se unir em torno dessas ideias com a plena convicção de que possuem uma causa comum que está a serviço de um bem comum para toda a humanidade. O que temos aqui não é exatamente uma ciência, mas um conjunto de mitologias de ciência que serve como um sistema coletivo básico.

É preciso reconhecer que essa mitologia não fala de mundos e personagens fabulosos, mas lida com elementos bastante concretos propiciados pela própria ciência. No entanto, há de se convir que a ciência contemporânea, principalmente a física das partículas e a cosmologia, lida com metáforas bastante abstratas. Como falar do surgimento do Universo, através do Big Bang, sem utilizar figuras de linguagem abstratas? O mesmo se pode dizer a respeito da composição da matéria. Não há como ser objetivo e concreto ao falar das subpartículas. Talvez algo semelhante também ocorra nos campos da cibernética, da neurologia e da biologia molecular.

Essas descobertas da ciência soam como coisas fabulosas para um leigo. Para os adeptos da Nova Era e defensores de uma mudança nos paradigmas, a nova ciência não pode ficar presa aos modelos da ciência moderna, uma vez que esses modelos são vistos como materialistas, mas tem de se aproximar de uma espiritualidade.

Não importa muito o quanto as pessoas que reproduzem esses valores conhecem do pensamento científico. Para Hanegraaff, a sociedade contemporânea não é baseada na racionalidade científica mais do que o cristianismo pré-iluminista teria sido baseado na teologia cristã. Poucos, naquele momento, faziam ou compreendiam os discursos teológicos, da mesma maneira que poucos, hoje, dominam o universo da física das partículas.

De certa maneira, qualquer pessoa pode rearticular individualmente algum sistema simbólico coletivo, religioso ou não, e gerar espiritualidades próprias. Isso explicaria o crescimento de crenças e vivências religiosas cada vez mais interiorizadas e individualizadas.

A espiritualidade pode surgir com base numa religião existente, mas também pode surgir sem esse universo. A Nova Era, para Hanegraaff, é um exemplo de espiritualidade que surge a partir de uma sociedade secular pluralista. Essa secularização pode ser percebida na medida em que as espiritualidades, cada vez mais autônomas e desvinculadas de uma religião, estão em confronto com as religiões instituídas. Esse confronto significa a competição pela formulação de novas sínteses que fornecem a possibilidade de os indivíduos manterem contato com um quadro metaempírico de significados. É através desse contato, muitas vezes ritualístico e que envolve imagens e ideias, que as pessoas dão sentido às suas experiências cotidianas. Numa sociedade secularizada a religião não desaparece, mas sofre a concorrência de outros simbolismos coletivos, agora formulados autonomamente pelos agentes sociais.

A Nova Era utiliza tanto sistemas simbólicos religiosos (de preferência aqueles mais distantes das instituições existentes como as religiões orientais e os xamanismos indígenas), como também sistemas não religiosos. O caso já citado da mecânica quântica é exemplar. A base comum da Nova Era, aquilo em que se consistiria seu universo de crenças e símbolos, não é de uma religião existente, mas a de um grande número de sistemas simbólicos provenientes de várias fontes e reconfigurados por meio da veiculação dos meios de comunicação.

Na medida em que não há uma autoridade comum nem uma estrutura estabelecida, o indivíduo é deixado à sua própria escolha para extrair as implicações religiosas dos sistemas simbólicos disponíveis. Para Hanegraaff, portanto, a Nova Era é uma estranha mistura de elementos seculares e não seculares. Essa autonomia do indivíduo pode ser mais bem compreendida conforme os seguidores da Nova Era não permitem que outros digam a eles em que devem ou não acreditar. Partem do princípio, e este pode ser entendido como o centro simbólico da Nova Era, que o *self* sofre um processo de evolução espiritual ilimitada por meio da qual aprende com suas experiências nas mais diversas combinações realizadas pelo próprio indivíduo.

Assim podemos entender o que Hanegraaff chama de espiritualidades na sociedade contemporânea. Porém, como visto anteriormente, se há a combinação de elementos religiosos e seculares ou a possibilidade de articulações de imagens e ideias totalmente desprovidas de conotações religiosas, permanece a dúvida de até onde podemos dizer que isso seja religião ou simplesmente um conjunto de práticas corporais que visam ao bem-estar. Para melhor entender tal reposição não há como não pensar em exemplos, visto que o universo Nova Era é composto por uma infinidade extremamente diversa de crenças, práticas e até pertencimentos. O que poderia haver de religioso num curso de *Feng Shui*, uma vez que ele trata apenas de configuração de fluxo de energia? O *Tai Chi Chuan* não seria apenas uma modalidade de atividade corporal, assim como tantas outras que se fazem numa academia? A leitura de um livro de autoajuda, que explora conhecimentos da neurolinguística, praticado por sujeitos identificados como pertencentes ao meio Nova Era e vendido numa estante de uma pequena loja de incensos, cristais, produtos naturais e bonequinhos de gnomos, tem alguma coisa a ver com religião? Para Hanegraaff, esse universo todo, que em alguns momentos tem apenas elementos seculares, pode ser entendido como uma espiritualidade, ou melhor, como religião (no singular), já que influencia as ações humanas pela oferta de formas de contato entre o mundo cotidiano e um quadro metaempírico mais geral de significados. Esse quadro metaempírico envolve o mito fundador de que qualquer um de nós traz dentro de si a potência cósmica maior, de que deus se encontra em todas as coisas, inclusive em nossos interiores e que a meta e missão de cada um é alcançar a plena realização. Essa realização passa por uma evolução espiritual ilimitada alcançada a partir das lições que cada um de nós consegue tirar das experiências que nós mesmos criamos.

Feita essa explanação sobre o campo das novas espiritualidades e a tese da vida subjetiva, devemos agora empreender um olhar sobre a questão do consumo, aqui entendido como mecanismo básico dessa sociedade centrada no indivíduo, e a busca do bem-estar.

Consumo e bem-estar

O indivíduo da sociedade contemporânea, tipicamente moderno em sua expressão mais acentuada, constroi sua identidade a partir de opções interiores. Para Bauman, a identidade era antes um projeto para toda a vida. Porém, essa identidade agora é um atributo momentâneo, constituído a cada momento.[18] As identidades não precisam mais durar eternamente, mas podem ser constantemente montadas e desmontadas. Estamos agora, no entender desse autor, numa sociedade de realização, onde o indivíduo se constitui por suas próprias escolhas a partir de referenciais provisórios. Não é mais aquela sociedade de atribuição, em que as identidades eram determinadas por fatores externos ao indivíduo.

Nessa construção de identidades está colocada a busca pela felicidade, mote maior da constituição desse ser. Para Lipovetsky, o paraíso não está mais no outro mundo, mas é prometido nesta terra.[19] A felicidade se identifica com a busca do bem-estar. Para esse autor, "o bem-estar se impõe como um novo horizonte de sentido, a condição *sine qua non* da felicidade, um dos grandes fins da humanidade que já não aceita sofrer passivamente sua evolução".[20] Nessa evolução encontra-se um aumento constante da qualidade de vida. No entanto, essa qualidade não está mais restrita apenas aos equipamentos técnicos, às

---

[18]   Z. Bauman. *A arte da vida*, p. 22.

[19]   G. Lipovetsky. *A felicidade paradoxal.*

[20]   Ibid., p. 217.

inovações e aos bens materiais. Trata-se de "promover dispositivos que proporcionem prazeres sensitivos emocionais".[21]

Para esse autor, o individualismo moderno está intimamente ligado ao consumo e ao hedonismo, ambos no sentido de busca de prazer como modo de vida. O consumo passa a ser um modo de viver e de atribuição de valores. O bem-estar como expressão desse prazer é alimentado pelo consumo incessante. As religiões e as espiritualidades, ou melhor, os bens religiosos, como alimentadores de prazeres sensitivos emocionais entram, também, no circuito do consumo. Segundo Lipovetski, a religião não constitui mais uma resistência ao avanço do consumo. Mesmo o cristianismo, "de uma religião centrada na salvação no além, (...) se transformou em uma religião a serviço da felicidade intramundana, enfatizando os valores de solidariedade e de amor, a harmonia, a paz interior, a realização total da pessoa".[22]

No entanto, será que as raízes da explosão de consumo e da perspectiva hedonista não seriam as mesmas que possibilitaram o incremento das novas espiritualidades? Aqui está uma questão interessante a ser investigada. Para tanto, vamos lançar mão, novamente, do pensamento de Colin Campbell.[23]

Campbell partiu da obra clássica de Max Weber sobre as afinidades entre o capitalismo e a ética protestante, principalmente na sua vertente puritana. Deveria haver algo no interior da nascente sociedade capitalista que não se reduzia apenas ao esforço da acumulação e do trabalho. Afinal, não haveria incremento econômico se não houvesse, concomitantemente, o consumo de mercadorias. Uma outra ética deveria estar presente. A revolução do consumo, que tornou o capitalismo possível, foi levada adiante por meio de uma ética do consumidor, uma ética voltada para o lazer e as emoções e para o culto do amor romântico.[24] Atrelado ao processo de desencantamento, as emoções passaram a ser vistas como oriundas de dentro dos indivíduos, "como estados que emanavam de alguma fonte interna, e, embora estes não fossem sempre 'espiritualizados', há uma opinião de que o desencanto do mundo externo requeria, como processo paralelo, algum 'encantamento' do mundo psíquico interior".[25] Esse novo mundo psíquico interno, onde se relocalizam as emoções, é o do ego. "Crenças, ações, preferências estéticas e respostas emocionais já

---

[21]   Ibid., p. 220.

[22]   Ibid., p. 131.

[23]   C. Campbell. *A ética romântica e o espírito do consumismo moderno.*

[24]   Ibid., p. 53.

[25]   Ibid., p. 107.

não eram automaticamente ditadas pelas circunstâncias, mas 'determinadas' pelos indivíduos".[26] Temos aqui as raízes da autonomia e da autoridade do indivíduo. Para Campbell, o hedonismo moderno apresenta os indivíduos como déspotas de si mesmos que têm controle sobre os estímulos e prazeres.

No hedonismo moderno há o deslocamento da preocupação primordial das sensações para as emoções e estas se encontram cada vez mais no interior dos indivíduos. Não se trata de uma satisfação de carências, como aquela advinda do consumo de objetos, por exemplo, mas uma busca incessante de prazer relacionado à satisfação dos desejos. Esse prazer é adquirido através das experiências. Trata-se de um consumo que não se esgota, pois a sensação é a de que o prazer e a satisfação de um desejo trazem em si mesmos o estímulo a uma nova busca.[27] Os indivíduos não procuram tanto a satisfação dos produtos, mas o prazer das experiências que constroem com suas significações.

Ora, temos então uma afinidade muito estreita com as novas espiritualidades. Pode-se até dizer que essas novas espiritualidades e a Nova Era como expressão mais claramente voltada ao consumo representam a maneira ajustada de vivência religiosa da sociedade contemporânea. Desta forma compreendemos a revolução espiritual preconizada por Heelas e Woodhead e a previsão feita há praticamente um século por Durkheim. Também para Colin Campbell há uma sintonia, visto que a Nova Era traz em seu bojo os elementos constitutivos da ética romântica e representa uma sublevação espiritual indicando uma guinada na espiritualidade da sociedade ocidental.[28]

Segundo Leila Amaral, a Nova Era é uma espiritualidade que se constitui no espaço da diversão e do consumo.[29] Para essa autora, a Nova Era necessita do consumo para se expressar e atualizar. O consumo é "um meio de expansão da própria cultura moral e espiritual Nova Era, porque (...) corresponderia a uma exigência da lógica mesma dessa cultura espiritual".[30] Mais que qualquer outra espiritualidade, a Nova Era e, por conseguinte, as novas espiritualidades requerem a dinâmica do consumo para sua realização.

O indivíduo, impulsionado pelas imagens de desejos, está sempre em busca de novas satisfações. Para tanto, precisa enveredar o caminho das experiências interiores. Como se trata de uma espiritualidade em que não há salvação

---

[26]   Ibid., p. 109.

[27]   Ibid., pp. 90-91.

[28]   Ibid., p. 11.

[29]   Cf. L. Amaral. *Carnaval da alma*; comunidade, essência e sincretismo na Nova Era.

[30]   Ibid., p. 124.

externa, nem muito menos um roteiro dado por qualquer instituição ou líder, é o próprio sujeito que precisa trilhar seu caminho de experimentação. A meta é o bem-estar, uma espécie de salvação desses tempos atuais, que se conquista através de uma elevação espiritual. Para tanto é fundamental que o corpo e a mente estejam em sintonia e integrados nessa busca.

Não é à toa que nessas novas expressões religiosas contam muito as terapias, não necessariamente as psicoterapias tradicionais, mas qualquer forma de terapia que trate do corpo, da mente e do espírito. Para muitos, isso reflete a psicologização das religiões. Mas não poderia ser diferente, uma vez que todo o foco está no indivíduo, na sua subjetividade e bem-estar. Trata-se de uma espiritualidade voltada ao indivíduo em busca de um autoaperfeiçoamento e bem-estar e que tem no consumo seu *modus operandi*.

As feiras apontadas no início desse texto não representam um fenômeno à parte, ou uma exacerbação consumista supérflua. Ao contrário, são manifestações legítimas de uma maneira diferente de viver as espiritualidades que, talvez, nem todos nós estejamos atentos para compreender. Um retorno aos produtos ofertados naquelas feiras nos permite confirmar as afinidades eletivas entre consumo e as novas espiritualidades. Os produtos ofertados visam ao bem-estar e ao aumento da qualidade de vida, como nos seguintes casos: Terapia "Frequência de Brilho", em que o sujeito é orientado a "elevar a frequência de seus átomos e se encontrar com sua essência divina, alterando seu próprio DNA";[31] terapias holísticas diversas; palmilha magnética para fluir a energia telúrica; jarra de água azul com água imantada que proporciona a cura de inúmeras doenças; estudos voltados ao autoconhecimento; venda de diversos acessórios que promovem a pontencialização da energia interior etc.

Não se trata, portanto, de um mero consumismo supérfluo, em que o religioso é apenas um chamariz superficial. O que temos é a combinação de uma maneira muito atual de realização dos indivíduos através do consumo e do desejo atrelado a um mito fundador das novas espiritualidades que prega a elevação do sujeito através do culto ao corpo, à mente e ao espírito, de maneira integrada.

Tudo está ao alcance do indivíduo e é ele, somente ele, quem poderá atingir a sua salvação, ou melhor, a sua plena realização interior. Através do consumo de serviços, como terapias, cursos, workshops, vivências, ou de produtos que propiciam um bem-estar, o sujeito realiza uma busca de si mesmo numa transformação contínua do seu "eu" mais profundo.

---

[31] Informação colhida pelo autor em palestra na Expo Alto Astral, em 09/09/2011.

Referências bibliográficas

ALMEIDA JR., Renato Pinto de. *Tenha fé, é um bom negócio!*; o marketing nas fronteiras da religião. (Dissertação de mestrado). São Paulo: PUC-SP, 2007.

AMARAL, Leila. *Carnaval da alma*; comunidade, essência e sincretismo na Nova Era. Petrópolis: Vozes, 2000.

BAUMAN, Z. *A arte da vida*. Rio de Janeiro: Zahar, 2009.

CAMPBELL, Colin. A orientalização do Ocidente: reflexões sobre uma nova teodiceia para um novo milênio. *Religião e Sociedade*, v. 18, n. 1, pp. 5-22, 1997.

_____. *A ética romântica e o espírito do consumismo moderno*. Rio de Janeiro: Rocco, 2001.

DURKHEIM, Emile. *As formas elementares da vida religiosa*. São Paulo: Martins Fontes, 2000.

GEERTZ, Clifford. A religião como sistema simbólico. In: GEERTZ, Clifford. *A interpretação das culturas*. Rio de Janeiro: Zahar, 1978.

HANEGRAAFF, Wouter. Defining religion in spite of history. In: PLATVOET, J. G.; MOLENDIJK, A. *The pragmatics of defining religion*. Leiden, Boston, Köln: Brill, 1999a.

_____. New Age spiritualities as secular religion: a historian's perspective. *Social Compass*, 46(2), pp. 145-160, 1999b.

HEELAS, Paul. *The New Age movement*. Oxford: Blackwell, 1996.

LIPOVETSKI, Gilles. *A felicidade paradoxal*. Ensaio sobre a sociedade do hiperconsumo. São Paulo: Companhia das Letras, 2007.

A MERCANTILIZAÇÃO DO *DHARMA* COMO DESAFIO PARA A PESQUISA SOBRE O BUDISMO NO BRASIL – REFLEXÕES SISTEMÁTICAS

Frank Usarski

Introdução

Até o momento, a discussão acadêmica sobre o Budismo no Ocidente concentrou-se, sobretudo, na descrição e análise de suas formas sociologicamente manifestadas. Nesse sentido, a maioria dos pesquisadores destacou a importância do lado institucional e das modalidades de adesão definitiva ao Budismo e suas práticas tradicionais. Esta tendência vale também para a discussão acadêmica sobre o Budismo no Brasil. Além de publicações dedicadas a uma reconstrução da presença e da configuração atual do Budismo em solo nacional e seu desenvolvimento estatístico,[1] encontram-se entre os relevantes trabalhos acadêmicos obras direcionadas à investigação de correntes específicas como o Budismo Zen, o Budismo de Terra Pura Amida, o Budismo Tibetano, o Budismo Shingon, a SokaGakkai e outras linhas do Budismo do Extremo Oriente.[2] Estudos sobre as modalidades de conversão de brasileiros a um determinado grupo

---

[1] Cf., por exemplo, F. Usarski. O dharma verde-amarelo mal-sucedido. In: *Estudos avançados*, pp. 303-320.

[2] Cf., por exemplo, C. Rocha. *Zen in Brazil*. R. Y. Matsue. *O paraíso de Amida*; A. C. O. LOPES. *Ventos da impermanência*. R. Shoji. *Continuum* religioso nipo-brasileiro. In: *Debates do NER*, pp. 37-56; R. A. Pereira. The Transplantation of Soka Gakkai to Brazil. *Japanese Journal of Religious Studies*, pp. 95-113. R. Shoji. Reinterpretação do budismo chinês e coreano no Brasil. *Revista de Estudos da Religião*, pp. 74-87.

budista[3] completam a imagem de uma pesquisa norteada, sobretudo, por um conceito do Budismo institucionalmente pronunciado.

Os trabalhos científicos acima indicados contribuíram para estabelecer um saber cada vez mais diferenciado sobre o Budismo no Ocidente, inclusive no Brasil. Todavia, o *statu quo* da investigação do Budismo ocidental apresenta-se menos satisfatório do que parece à primeira vista.

A avaliação apenas parcialmente positiva da situação atual da pesquisa tem a ver com o fato de que, no decorrer do processo da sua transplantação para o Ocidente, o Budismo transbordou suas fronteiras institucionais com a consequência de que diversos dos seus componentes emanciparam-se da sua estrutura organizacional original e foram absorvidos por outros contextos geralmente não preocupados com a função imediatamente religiosa, a lógica espiritual genuína e o caráter sistemático que os elementos possuem do ponto de vista budista tradicional. Esta tendência reflete-se na seguinte citação:

> O budismo é visto como componente do cosmos sagrado da atualidade. Os principais aspectos que contribuem para essa afirmação são: o exercício a nível individual, privado, reconhecido como uma *psicologia budista*; o *pragmatismo* desse tipo de religião, fundamentada em regras úteis para o mundo; e a relação com outras pessoas e com o universo, que enaltece uma *cosmovisão holística*. Os enunciados expressam que o budismo possibilita ao homem experimentar e construir por si o conjunto de suas motivações religiosas. Como o cosmos sagrado atual permite a recorrência a temas heterogêneos ao religioso, cada um pode compor seu universo de sentido de forma particular – abertura para a variedade de fontes que o budismo valoriza.[4]

Com a pretensão de contribuir para a superação da unilateralidade da pesquisa convencional sobre o Budismo no Ocidente, inclusive no Brasil, os próximos parágrafos chamarão atenção para um determinado segmento marcado por elementos budistas "emancipados". Trata-se de um fenômeno altamente dinâmico que foge de uma operacionalização mediante rótulos inequívocos. Para dar conta a esta complexidade empírica, opta-se aqui por uma terminologia "aberta", privilegiando expressões como "budismo comodificado" ou "bens e serviços impregnados por semânticas budistas". Denominador comum destas e outras noções é o fato de que no mercado religioso contemporâneo

---

[3] Cf., por exemplo: D. Alves. Notas sobre a condição do praticante budista. In: *Debates do NER,* pp. 57-80.

[4] G. B. Soares. *O biopoder na contemporaneidade*, pp. 139 e 144.

encontram-se uma série de ofertas que, no mínimo, fazem referências nominais ao budismo e no máximo comercializam ensinamentos e práticas autenticamente budistas para consumidores e clientes independentemente do fato de o comprador do produto demonstrar um compromisso com esta religião ou não.

Este capítulo pretende identificar as características principais do objeto acima circunscrito. O primeiro passo em prol deste empreendimento consta de um resgate de relevantes teoremas sociológicos consideravelmente negligenciados pela pesquisa sobre o Budismo no Brasil. O respectivo esboço não apenas fornecerá uma base conceitual e terminológica para as reflexões posteriores sobre o "budismo comodificado", mas também demarcará o horizonte sociológico em que a mercantilização do *dharma* surge como um subcampo emergente no âmbito da pesquisa sobre o Budismo no Brasil.

Esboço dos teoremas sociológicos relevantes para a reflexão sobre o "budismo comodificado"

Diagnósticos sociológicos atuais desenham a imagem de uma sociedade ocidental contemporânea cada vez menos determinada por esquemas tradicionais e padrões convencionais. Constata-se a diminuição do impacto de macroaspectos como "classe" ou "gênero", ou seja, uma realidade social modificada experimentada pelo indivíduo como horizonte "multiopcional" em uma época "fluida". São consequências de um salto de individualização em prol da liberdade, autonomia, independência e espontaneidade do sujeito quanto às suas opções existenciais, aspirações profissionais, escolhas biográficas e inclinações ideológicas. A busca da Sociologia por abordagens adequadas e úteis em função da descrição e análise das configurações acima descritas reflete-se, entre diversas outras indicações, nos axiomas e hipóteses defendidos por representantes da teoria da "escolha racional".

Metáforas como as do "sagrado *off limits*"[5] apontam para o fato de que as inquietações articuladas no âmbito geral da Sociologia repercutem também na área mais específica do estudo das religiões. Pesquisadores engajados na análise do fenômeno em questão chamam atenção para a dimensão institucional, a dimensão substancial e a dimensão do praticante religioso como os três constituintes principais atingidos pela dinâmica que vem modificando o campo religioso contemporâneo.

---

[5] Cf. A. N. Terrin. O *sagrado off limits*.

Quanto à dimensão institucional, a literatura especializada aponta para fatores como a "porosidade" da religião no sentido de um sistema social diferenciado de outras esferas no nível macro e o deslocamento de funções antigamente dominadas por instituições religiosas. Diante desse processo, o espectro quádruplo convencional composto de tipos de "igreja", "seita", "denominação" e "cult" mostra-se analiticamente cada vez menos satisfatório e inspira tentativas de ampliar o sistema de categorias incluindo formas de religião menos "densas" – por exemplo, as de "client cult", "audience", "culticmilieu", "cultura esotérica"[6] –, e outras como "feiras místicas", "centros especializados" ou "espaços individualizados".[7]

No que diz respeito à dimensão substancial, a pesquisa interessada nas mudanças do campo religioso contemporâneo aponta para a crescente relevância da chamada "religião popularizada",[8] ou seja, para a manifestação particular do religioso moderno não em *substituição*, mas em *tensão* com a religião tradicional institucionalizada e hierarquizada. Essa tensão é fruto de expansão e emancipação de conteúdos e práticas religiosos antigamente encapsulados em contextos geográficos específicos e desigualmente distribuídos conforme os interesses e estratégias monopolizantes de representantes e administradores de religiões "oficiais". A perda de respectivos privilégios é explicada pelo impacto de processos inter-relacionados e recentemente acelerados de globalização, migração, secularização e mediatização sobre as sociedades ocidentais. O mesmo vale para a gênese da "religião popularizada", que se beneficia da acessibilidade facilitada de aspectos religiosos até então fora do alcance e da perda gradual do "poder de interpretação" das tradições religiosas convencionais. Diante desse cenário, a *religião popularizada* é caracterizada como uma forma de religião presente no discurso público fora de instituições religiosas no sentido estrito. Devido ao papel decisivo da mídia no sentido da divulgação intensa, ampla e frequente – e sua apropriação por veículos econômicos –, a "religião popularizada" pode ser entendida como constituinte da cultura de massa. O significado da "religiosidade popular" na perspectiva das religiões tradicionais reside no fato de que aquela representa mais propriamente um desafio em uma situação já caracterizada pela competição entre as diversas comunidades institucionalizadas. Do ponto de vista do "público", a "religiosidade

---

[6] Cf. R. Stark.; W. S. Bainbridge. Of Churches, Sects, and Cults. *Journal for the Scientific Study of Religion*, pp. 117-133; C. Campell. *A Sociological Yearbook of Religion in Britain*; E. A. Tiryakian. *On the margin of the visible. Sociology, the esoteric, and the occult.*

[7] Cf. J. G. C. Magnani. *Mystica Urbe*, p. 17; ibid. *O Brasil da Nova Era*, pp. 29-32.

[8] Cf. H. Knoblauch. Populäre Religion. In: *Zeitschrift für Religionswissenschaft*, pp. 143-161.

popular" abre portas para uma "indiferenciação do saber religioso", ou seja, para a democratização de um conhecimento antigamente especializado e em parte reservado a determinadas camadas especializadas.

Do ponto do vista do praticante religioso registra-se, em analogia com outras esferas sociais, uma individualização dos vínculos com a religiosidade. Isto significa que "a religião torna-se objeto de opção dos sujeitos privados" no sentido de que a antiga modalidade de adesão propriamente dita "converte-se em uma possibilidade, fruto de um gesto, uma decisão, uma afirmação de vontade".[9] Constata-se no nível do sujeito uma dicotomia de tipo ideal entre dois polos. O primeiro representa o "princípio de pertencimento" como pré-requisito para que um "membro" – fiel e comprometido – possa participar integralmente da vida da sua comunidade religiosa convencional. O segundo polo é caracterizado como o "princípio de acesso" associado a um "peregrino espiritual" que se aproxima de ensinamentos e práticas espirituais de maneira espontânea e demonstra uma disposição para a improvisação.[10]

Os dois polos não constituem uma oposição intransponível. Em vez disso, há a possibilidade de alteração entre eles em sentido diacrônico, ou de sua simultaneidade no sentido sincrônico no nível individual, bem como sua complementaridade no nível institucional. Por esse motivo, afirma-se que a subjetividade emergente, caracterizada por aspirações antropocêntricas e mundanas, pode ser vista como um complemento à realidade objetiva institucional.

São desenvolvimentos como os acima indicados que explicam a crescente relevância da economia da religião, cuja função heurística se justifica pela observação de que "a religião equipara-se a outros objetos de eleição e, no limite, a opções de consumo".[11] Sociólogos contemporâneos que se apropriam de respectivas metáforas são conscientes de que o termo "economia religiosa" representa o conceito amplo no sentido da totalidade dos fenômenos religiosos encontrados em uma dada sociedade.[12] Dessa maneira o conceito abrange não apenas diversos tipos de "bens salvíficos" e um vasto espectro de situações em que os referentes "bens" são "produzidos" e "consumidos", mas também diferentes meios de troca segundo os quais os agentes sociais envolvidos se relacionam. Vale lembrar que a economia da religião tem o costume de interpretar o termo "bens salvíficos" de maneira ampla, incluindo nesta categoria aspectos

---

[9]   Cf. G. B. Soares, op. cit., p. 11.

[10]   Cf. M. Hero. Das Prinzip "Access". In: *Zeitschrift für Religionswisswenschaft*, pp. 189-211.

[11]   L. E. Soares. *Sociologia das adesões*, p. 11.

[12]   Cf. J. Stolz. Salvation Goods and Religious Markets. In: *Social Compass*, pp. 13-32.

como a segurança social obtida pela adesão a um grupo religioso (*membershipgood*), as emoções experimentadas durante uma cerimônia (*comunal good*) ou a satisfação sentida pela conquista de um cargo influente em uma hierarquia paroquial (*positionalgood*). Outra contribuição dos teóricos envolvidos na pesquisa sobre a economia religiosa consta na observação de que "bens religiosos" assumem características próprias dependentes do contexto em que se inserem e do papel que desempenham. Nesse sentido, o conceito da "economia religiosa" conta com a possibilidade de que "bens religiosos" não se direcionem a "terceiros", mas são "produzidos" e "consumidos" no interior de uma comunidade religiosa cumprindo funções específicas conforme as doutrinas e objetivos espirituais do grupo.

Em comparação com o campo vasto tematizado em termos da "economia religiosa", o conceito de "mercado religioso" tem assumido na discussão sociológica recente um significado mais delimitado. No sentido empírico, o "mercado religioso", entendido como "um sistema de interação social no qual ou pessoas ou grupos pagam um preço por *commodities* selecionadas de um espectro de alternativas"[13] representa um segmento específico da economia religiosa. Essa definição se abre para a seguinte leitura: a expressão "interação social" aponta para a coexistência de *fornecedores* e *consumidores* engajados em um intercâmbio no sentido da dinâmica gerada entre uma *oferta* e uma *demanda* de *produtos* identificados por Blasi como *commodities*.

Em termos formais, um mercado religioso é constituído pela dinâmica entre três componentes analiticamente distinguíveis, a saber: a) os "produtos" comercializados; b) os agentes que projetam, desenvolvem, "manufaturam" e distribuem os produtos; e c) os "consumidores" dos produtos. No sentido substancial, vale o seguinte: como tipo ideal, o mercado religioso é constituído por bens calculáveis em termos pecuniários. As atividades dos produtores e fornecedores seguem interesses predominantemente mercantis, ou seja, são motivadas pela esperança de um lucro material, seja ele a finalidade imediata ou apenas um meio necessário em prol de objetivos não materiais. Do ponto de vista do consumidor, os bens oferecidos são adquiridos em situações que Hartmut Esser classifica como "paramétricas".[14] O termo refere-se à figura de um ator cuja relativa autonomia social o deixa se posicionar positivamente diante de uma oferta sem que tal posicionamento seja influenciado por demandas, expectativas ou reações de um grupo ao qual o indivíduo em questão faça parte. Em outras

---

[13] A. J. Blasi. A Market Theory of Religion. In: *Social Compass*, p. 265.

[14] Cf. H. *Esser. Soziologie*, p. 239.

palavras: o mercado religioso relaciona atores sociais geralmente anônimos que adquirem determinados "produtos" isolados de acordo com seus interesses e necessidades pessoais, sem que as respectivas operações impliquem algum tipo de compromisso duradouro nem entre os parceiros de troca, nem entre o ator e o horizonte social em que a aquisição de um bem religioso acontece.

O "Budismo comercializado" do ponto de vista da dimensão do "produto"

A primeira parte do presente capítulo mencionou a existência de "bens e serviços impregnados por semânticas budistas" como elementos de um sub-campo emergente ainda não suficientemente refletido por pesquisadores interessados no Budismo no Ocidente. Também já foi esclarecido que os referentes "produtos" devem ser entendidos como ofertas que, no mínimo, fazem referências nominais ao budismo e no máximo comercializam ensinamentos e práticas autenticamente budistas. Quanto aos últimos, destaque-se novamente que – do ponto de vista sistemático – há uma diferença entre bens e serviços publicamente acessíveis, por um lado, e "produtos" e "assistências" preferencialmente "oferecidos" para uma clientela "interna", por exemplo, no sentido de cerimônias budistas por ocasião de casamentos e funerais – serviços apenas raramente solicitados por pessoas não envolvidas na vida da própria comunidade religiosa.

Conforme estas diretrizes heurísticas, um levantamento, o mais completo possível, de "bens e serviços impregnados por semânticas budistas" até agora projetados, produzidos e fornecidos indica uma sistematização conforme seis categorias concretizadas a seguir.

A primeira rubrica consiste em parafernálias imediatamente relacionadas a práticas religiosas. Seguindo Padgett, esses itens podem ser classificados como "*dharma-supplies*".[15] Trata-se, sobretudo, de commodities materiais úteis à prática budista. Um exemplo são as almofadas de meditação que facilitam que o praticante do Budismo zen assuma uma postura reta durante os seus exercícios. Algo semelhante vale para os *malas*, isto é, contas de rosários que praticantes do Budismo tibetano usam enquanto recitam seus mantras. Outros itens que cabem na categoria dos *dharma-supplies* são os chamados *despertadores zen*, que sinalizam de maneira suave o fim de meditação por meio de um som semelhante ao gerado por pequenos sinos utilizados em templos budistas

---

[15]   D. M. Padgett. Americans Need Something to Sit On. *Journal of Global Buddhism*, pp. 61-81.

tradicionais. Complementarmente, Prohl e Rakow chamam atenção para itens como "microjardins zen" (para uso, por exemplo, no ambiente de trabalho) e objetos de arte budista que devem inspirar o praticante.[16]

A segunda categoria é constituída por produtos relacionados à obtenção de "conhecimento" sobre o Budismo. São principalmente três veículos que servem para este fim. O primeiro meio é o de livros. Trata-se de um mercado vasto e muito bem-sucedido, particularmente em caso de obras escritas por protagonistas do Budismo. Isso vale em primeiro lugar para o Dalai Lama, cujas obras encontram-se há anos na lista dos livros mais vendidos no Brasil. Já no ranking de fevereiro de 2001, encontraram-se na categoria "Autoajuda e Esoterismo" entre os dez livros mais vendidos, quatro de autoria de Dalai Lama, a saber: *A arte da felicidade: um manual para a vida, O livro de sabedoria, O caminho da tranquilidade* e *Uma ética para o novo milênio*.[17] A enorme repercussão das obras do líder budista tibetano fez com que a oferta dos seus livros tenha transbordado os limites do mercado de livros propriamente dito. Hoje as obras são virtualmente onipresentes, inclusive em redes como a do Ponto Frio, que possibilita a encomenda dos *best-sellers* do Dalai Lama via internet.[18]

O segundo veículo de conhecimento é o de cursos. São abundantes as respectivas ofertas, entre elas introduções gerais ao Budismo abrangendo temas como: o Buda histórico e o seu primeiro ensinamento sobre as Quatro Nobres Verdades; a História do Budismo e a sua propagação no Ocidente; karma ou lei da causalidade dos atos; ética budista – o caminho para o bem-estar e a harmonia; ações positivas e negativas; karma, condicionamento e liberdade.[19]

Paralelamente há uma série de oportunidades de se inscrever em um curso mais específico, por exemplo, sobre o Budismo Zen. Um dos respectivos seminários é regularmente organizado desde 2008 pela psicóloga e psicanalista Jeane Carvalho, que apresenta sua oferta com as seguintes palavras:

> No cenário da sociedade atual é muito comum vermos as pessoas apressadas, confusas, agitadas e infelizes. A filosofia zen budista nos conscientiza da relação existente entre esta corrida cega e a infelicidade humana. Ao compreender o ensinamento (*dharma*) e ao praticar a meditação zen (*zazen*), o sujeito dá

---

[16] I. Prohl; K. Rakow. *Transformationen buddhistisch inspirierter Vorstellungen und Praktiken, Transformierte Buddhisten*, pp. 3-27.

[17] Refiro-me às listas publicadas na *Veja*, ed. 1688, 21 fev. 2001.

[18] Cf. <http://search.pontofrio.com.br/loja/Dalai%20Lama>. Acesso em: 15 dez. 2011.

[19] Cf. <http://www.e-dharma.org/new/index.php?option=com_content&view=article&id=136&Itemid=145>. Acesso em: 15 dez. 2011.

início a uma transformação gradativa na sua maneira de agir e é convocado a dedicar tempo às suas ações. Através destas pequenas paradas, começa a reconhecer a si mesmo e aquilo que está à sua volta, verificando e legitimando o que é apropriado para a sua vida. Desta forma, entende quando e como deve agir, investindo naquilo que, de fato, interessa: o verdadeiro bem-estar.[20]

A terceira subcategoria é composta de "viagens de conhecimento" para países asiáticos predominantemente budistas. Trata-se de excursões, por exemplo, intitulados "Filosofias da Índia e Nepal" ou "Tailândia, Vietnã, Camboja – Uma jornada interior pelas terras do Sudeste Asiático", que buscam atrair potenciais clientes com frases como as seguintes:

> Durante toda a viagem faremos práticas meditativas e aulas sobre as filosofias de vida desses povos, sempre que possível em locais históricos. Havendo oportunidade teremos aula com mestres locais. [...] Ainda é possível sentir o pulsar de uma filosofia de vida que tem sua origem no hinduísmo e no budismo [...] e onde a ação de conciliar essas filosofias no dia a dia é um desafio.[21]

A terceira rubrica de "bens e serviços impregnados por semânticas budistas" é representada por ofertas relacionadas a tópicos como o da "medicina alternativa", da "medicina complementar" ou da "cultura terapêutica". Neste ambiente o Budismo aparece frequentemente como uma das referências entre diversas outras indicações de origens tradicionais, das quais determinadas abordagens corporais são supostamente derivadas. Um exemplo é o método chamado "Prana Duo Zen", apresentado como uma "massagem com movimento de deslizamentos profundos em pontos de tensão que relaxam a musculatura e aliviam o stress".[22] Em outros casos, a programação de tratamento convencional não contém um elemento terapêutico associado ao Budismo, mas sim um lugar especial inspirado pela tradição budista, como um jardim zen, no qual se pode "relaxar enquanto ouve uma música, lê um livro, toma um delicioso chá, ou mesmo para meditar".[23]

Serviços de consultas cabem na quarta categoria. Neste contexto, o Budismo é um dos componentes que surgem no ambiente da chamada Workplace Spirituality. Propostas orientadas em abordagens budistas oferecem a

---

[20] Cf. <http://curso-zenbudismo.blogspot.com/>. Acesso em: 15 dez. 2011.

[21] Disponível em: <http://www.latitudes.com.br/roteiros.php?cod=264> e <http://www.latitudes.com.br/roteiros.php?cod=270>. Acesso em: 30 jul. 2010.

[22] Cf. <http://www.espacoprana.com.br/spaweek_sao_paulo__janeiro_2011. Acesso em: 15 dez. 2011.

[23] Cf. <http://www.spaholistico.com.br/terapia/jardim.html. Acesso em: 15 dez. 2011.

empresas consultorias buscando criar "nos clientes um estado de consciência que propicia a autocompreensão e a paz interior" e uma "sintonia com o princípio transcendente e transpessoal".[24] Por estes fins apropriam-se de métodos derivados de tradições budistas, como a do Theravada e a do zen, argumentando:

> A dimensão espiritual possibilita o pensamento unificador, onde reside o potencial do princípio animador ou vital do ser humano (Quociente Espiritual). As questões sociais, culturais e psicológicas, assim como as questões ambientais têm merecido a atenção por parte de algumas das organizações mais responsáveis. Contudo, a dimensão espiritual do Homem, vista como o mais alto patamar da prosperidade integral, vem sendo esquecida, porque é muitas vezes confundida com a perspectiva religiosa. Desta forma se verifica o distanciamento da questão do autoconhecimento em ambiente empresarial. O autoconhecimento permite o despertar da consciência, tornando-nos capazes de escolhas mais assertivas e consequentemente mais satisfatórias e significativas.[25]

Na quinta rubrica cabem bens e serviços em prol da beleza e o refinamento de estilo de vida mediante recursos ao Budismo. Trata-se de uma área menos compatível com as doutrinas centrais do Budismo tradicional. O último destaca a natureza passageira de todas as manifestações mundanas e a não substancialidade da existência em todos os níveis. Ao mesmo tempo enfatiza o caráter ilusório das aparências e chama atenção para o caráter sedutor de coisas agradáveis, uma vez que elas podem desviar a atenção do único objetivo que vale para o ser humano: a libertação do ciclo da morte e reencarnação entendido como fonte incessante do sofrimento. É óbvio que conceitos como estes não estão de acordo com empreendimentos que oferecem joias, roupas ou itens de *design* em nome do Budismo. Não é uma surpresa, portanto, que as ofertas nesta rubrica demonstrem esforços de isolar os respectivos bens e serviços do seu horizonte religioso, seja mediante raciocínios explícitos, seja de maneira tácita ou, até mesmo, devido a um desrespeito pelo valor original de símbolos "emprestados" de uma antiga tradição espiritual milenar.

Um bom exemplo para a abstração consciente da significância religiosa de um item budista foi dado pela *designer* carioca Andréa Falchi. Referindo-se à demanda crescente de um cantinho zen nas residências da sua cidade, afirmou que, quando um profissional da área colocasse uma estátua de Buda no respectivo ambiente, não se preocuparia necessariamente com o lado religioso, mas

---

[24] Cf. <http://www.dharmamarketing.org>. Acesso em: 15 dez. 2011.

[25] Cf. <http://mundodomarketing.com.br/imprimirmateria.php?id=4276>. Acesso em: 15 dez. 2011.

se contentaria com a ideia de que a presença desta figura oriental "humaniza" tal espaço.[26] Enquanto este conceito alude pelo menos a um princípio ético budista, outros casos demonstram – no mínimo – um desconhecimento gritante sobre o horizonte do qual os rótulos de determinados produtos foram derivados. Exemplos para uma constelação desta são as calças *jeans* "Blue Buddha",[27] tecidos de tipo BuddhaKhaRhi[28] ou joias e pedras preciosas da marca Buddha Pratas.[29]

Há ainda uma sexta categoria relevante do ponto de vista da busca para a presença de bens e serviços impregnados por uma semântica budista, isto é: a propaganda. Como Habito observou bem,[30] a divulgação de produtos mediante anúncios e cartazes que se apropriam de símbolos budistas é relevante para áreas como a de cosméticos, de horticultura e do esporte. Como os exemplos abaixo comprovam a lista de "bens" promovidos mediante alusões ao Budismo é mais ampla, incluindo cartazes e anúncios chamando atenção para itens e serviços como cigarros, porcelana e seguros de saúde.

O "Budismo comercializado" do ponto de vista de "produtores" e "fornecedores" de "bens e serviços impregnados por uma semântica budista"

O levantamento de agentes responsáveis pela projeção, manufaturação e distribuição de "bens e serviços impregnados por uma semântica budista", diante de um público além do universo do budismo institucional, parte de uma distinção categorial entre dois tipos: "produtores" e "fornecedores". Por um lado, encontram-se entidades budistas cujas ofertas comercializadas pretendem alcançar consumidores fora da própria comunidade religiosa. Paralelamente há o subuniverso dos "empreendedores livres", pessoas ou firmas não comprometidas com o Budismo no sentido institucional. Estes agentes lançam suas ofertas para uma clientela geral, inclusive praticantes budistas.

Entre os dois tipos de produtores e fornecedores acima discriminados não existe uma dicotomia radical. Em vez disso, às vezes se observa uma

---

[26] Cf. T. Fernandes. O budismo no Brasil. In: *Bodhisattva*, p. 17.

[27] Cf. <http://www.thebluebuddha.com.br/>. Acesso em: 31 set. 2011.

[28] Cf. <http://www.bkrbrasil.com/a-empresa.asp?secao=a-empresa>. Acesso em: 31 set. 2011.

[29] Disponível em: <http://www.lojamais.com.br/Loja/Empresa.aspx?codemp=5289>. Acesso em: 31 set. 2011.

[30] Cf. M. R. Habito. *Faith Is ...The Quest for Spirituality and Religion*, pp. 127-144.

colaboração entre uma firma "secular" e uma instância budista (no sentido institucional ou individual) em prol de um benefício mútuo. Em outros casos, o "dono" de uma empresa "secular" é também conhecido como um dos protagonistas do Budismo no Brasil, o que significa que na realidade as duas categorias analiticamente separadas se sobrepõem.

Para ilustrar casos em que instituições budistas oferecem seus "bens" e "serviços" para uma clientela maior, pode-se citar o Bazar Kamakura, de São José dos Campos (SP), vinculado à comunidade budista japonesa da linha da *Soka Gakkai*. Trata-se de uma loja especializada em artigos budistas dos quais alguns, por exemplo oratórios, são especificamente relevantes para praticantes budistas, enquanto outros, como livros, incensos ou CDs não se restringem necessariamente a um público seletivo.[31] Algo semelhante vale para a loja budista *Mandala – Arte e Dharma*, associada ao centro budista tibetano Chagdud Gonpa Odsal Ling, em São Paulo.[32]

Outro exemplo é o do Centro de Dharma de Paz, em Perdizes (SP), cujas diversas ofertas incluem viagens para a Ásia, propostas como oportunidades de desfrutar, durante as jornadas, a proximidade do fundador da comunidade, Lama Gangchen, e de seu discípulo principal, Lama Michel. Apesar do lema "Seguindo os passos do Guru", as jornadas não são exclusivas para membros do grupo, estando abertas a todos os interessados na busca de experiências especiais em países como China ou Tibete. Os anúncios dessas jornadas trazem a seguinte mensagem: "Tanto a riqueza espiritual como a pureza dos arredores costumam deixar os visitantes admirados e extremamente inspirados. Viajar com Lama Gangchen é uma oportunidade única de visitar a terra do Tibete e entrar em contato direto com sua rica história e herança cultural e espiritual, normalmente não acessível aos turistas em geral".[33]

No segmento de produtores e fornecedores em que os papéis seculares e engajamentos em prol do Budismo se sobrepõem, encontram-se personagens como Alfredo Avelino, mais conhecido como Lama Samten. Lama Samten é um dos mais acentuados representantes do Budismo tibetano no Brasil. A seguinte citação da sua biografia deixa claro por que ele é mencionado aqui: "Além do contato muito próximo com a comunidade budista [...] o Lama Padma Samten tem orientado profissionais e acadêmicos de diferentes áreas, que buscam

---

[31] Cf. <http://www.bazarkamakura.com.br/>. Acesso em: 14 dez. 2011.

[32] Cf. <http://www.mandala.com.br/mandala/>. Acesso em: 15 dez. 2011.

[33] Disponível em: <http://www.centrodedharma.com.br/modules.php?name=Content&pa=showpage&pid=57>. Acesso em: 25 set. 2010.

aprofundar e qualificar suas teses, estudos e atuações profissionais, a partir de uma interface com a espiritualidade, de modo geral, e com o budismo, de modo específico". Com este intuito foi "frequentemente convidado a participar como palestrante, conferencista e consultor em ambientes empresariais". Entre as empresas mencionadas no currículo profissional do Lama Samten encontram-se associações e eventos, como a Federação das Indústrias do Estado do Paraná, o Centro de Fomento Industrial de Camaçari/BA, a Associação Brasileira de Supermercadistas ou o VIII Fórum Internacional de Qualidade de Vida no Trabalho.[34]

Outro exemplo para a presença de budistas na área de consultoria é o Instituto Holos. Segundo a autoapresentação, a firma é especializada em medidas de *coaching* baseadas "em uma tecnologia completa e integrada", que se alimenta de uma série de referências, entre elas a "Sabedoria Oriental", o "Budismo" e "Métodos Meditacionais".[35] O diretor da empresa é Marcos Wunderlich, que pretende formar "*coaches* e mentores, com uma visão sistemática e complexa, um profissional capaz de fazer uma diferença positiva na sua vida". Além da sua atuação no Instituto Holos, Marcos Wunderlich trabalha como consultor autônomo. Nesta função faz referências explícitas ao Budismo, por exemplo, mediante citações do Dalai Lama declaradas como leituras relevantes para empresas. Em momentos oportunos colabora com Petrucio Chalegre, apresentado como um dos seus consultores associados. Petrucio Chalegre, por sua vez, não apenas tem uma longa história profissional como consultor de empresas, mas também é nacionalmente conhecido como Monge Meihô Gensho e um dos porta-vozes do Budismo zen em nível nacional. Integrando estes dois lados da sua existência, Petrucio Chalegre fundou em 1991 a empresa Prajna Consultoria, cujo destaque é a geração de uma nova "ética empresarial em reação a uma nova "demanda por espiritualidade" e à "crescente tendência que leva a humanidade a um outro patamar de percepção interna" capaz de substituir "o egoísmo, motor básico do estímulo bem-sucedido do capitalismo".[36]

Mais um exemplo para a mesma constelação dos coordenados "budismo" e "engajamento empresarial" encontra-se na agência "Fator Zen", localizada

---

[34]   Cf. <http://www.cebb.org.br/lamasamten/biografia>. Acesso em: 15 dez. 2011.

[35]   As informações referentes a M. Wunderlich aqui resumidas encontram-se nos seguintes websites: <http://www.criarh.com.br/Artigos/MarcosW_02.html>; <http://www.holos.org.br/perguntas/enviar>; <http://www.marcoswunderlich.com.br/leituras_diversas.php?id=40>; <http://www.marcoswunderlich.com.br/associados_mostra2.php?cod=22. Acessos em: 15 dez. 2011.

[36]   Disponível em: <http://www.chalegre.com.br/www/site/1/artigos.php?cod=22>. Acesso em: 5 dez. 2011.

em Niterói.[37] A firma é sucessora do Instituto Mahayana,[38] fundado em 2000 pelo diretor do Fator Zen, Wilson Medeiros de Moura. Enquanto o Instituto Mahayana era obviamente um centro budista de perfil convencional, o Fator Zen não esconde seus laços budistas, mas multiplica suas referências por acrescentar diversas outras fontes, nas quais se baseia a busca da firma para soluções de diferentes tipos de problemas empresariais. Algo semelhante vale para a biografia de Wilson Medeiros de Moura, que agora destaca mais suas experiências profissionais e o lado científico da sua trajetória pessoal do que sua carreira religiosa no âmbito do Budismo.

Quanto à subcategoria de "empreendedores livres", pode-se citar a Loja Templo Zen, cujo *website* não traz nenhuma indicação a uma afiliação direta com uma comunidade budista ou a um engajamento budista por parte do dono da firma. Não há dúvida, porém, que a empresa é relevante no sentido da comodificação do Budismo. A firma se autodeclara "uma das principais referências em artesanato e decoração em todo o Brasil" e busca, sustentada por sua "experiência" adquirida durante muitos anos, "atender os consumidores de todo o Brasil" que procuram no site "sincrético" (em termos de produtos e referências implícitas) artigos como estátuas de Buda, malas, amuletos ou almofadas de meditação.[39]

Os exemplos mais expressivos para "empreendedores livres" não comprometidos com o Budismo no sentido institucional encontram-se na área da saúde alternativa, representada por firmas como o Buda Spa, Zen Spa, Espaço Zen, Companhia Zen ou Espaço Nirvana. Na maioria dos casos basta um olhar na lista das terapias, técnicas e abordagens para notar uma discrepância entre a imagem criada pela nomenclatura das respectivas firmas e a importância realmente atribuída ao Budismo. O Espaço Nirvana, por exemplo, quer atrair clientes com a mensagem de que o lugar foi concebido para "se cuidar e se sentir bem, idealizado para integrar atividades físicas, terapias, massagens, serviços de spa, alimentação saudável e loja com produtos para sua saúde e conforto". Nenhum item na longa lista de métodos e tratamentos, porém, justifica o termo técnico budista na placa da firma na porta da entrada. Algo semelhante vale para a Companhia Zen, que se apresenta como "uma consultoria de qualidade de vida que promove saúde através de equipe multidisciplinar

---

[37] Disponível em: <http://www.fatorzen.com/>.

[38] Cf. <http://www.institutomahayana.com.br>. Acesso em: 15 dez. 2011. Veja neste site também o link para o site de Fator Zen.

[39] Disponível em: <http://www.lojatemplozen.com.br/sistema/home.asp?IDLoja=9708&Y=21615273 00910>. Acesso em: 15 dez. 2011.

altamente especializada. Além dos cursos, oferece atendimento personalizado, englobando técnicas de massagem, shiatsu, reflexologia, ayurvédica, aurículo acupuntura, drenagem linfática, pilates, RPG, florais de Bach e psicoterapia".[40]

O "Budismo comercializado" do ponto de vista da dimensão do "consumidor" de "bens e serviços impregnados por uma semântica budista"

Devido à falta de pesquisas qualitativas relacionadas à figura do "consumidor" de "bens e serviços impregnados por uma semântica budista", afirmações sobre a dimensão da demanda têm, por enquanto, que se contentar com antecipações de resultados de futuros projetos e sugestões em termos de um quadro teórico heuristicamente funcional.

Conforme a teoria de sistemas sociais, a probabilidade de que um simpatizante de uma religião torne-se um adepto explícito de uma comunidade religiosa cresce à medida que o grupo religioso é capaz de construir fronteiras simbólicas, assim fornecendo critérios que ajudem o indivíduo a se localizar dentro ou fora das demarcações estabelecidas. Todavia, conforme a teoria da escolha racional, tal diferenciação entre "dentro" e "fora" é apenas funcional, porque se manifesta como uma "meia tensão" em termos do capital cultural a ser abandonado pelo indivíduo como "custo" da sua adesão na expectativa de uma "recompensa" equivalente. Caso uma oferta: a) não se destaque suficientemente do padrão de instituições convencionais; ou b) represente uma opção radicalmente diferente aos valores e convicções favorecidos pela sociedade, o referente grupo religioso corre o risco de não se expandir pela discrepância excessiva entre custos e benefícios da adesão.

Norteado pelos princípios conceituais, propõe-se um contínuo de possíveis atitudes diante de ofertas budistas, resumidas na tabela 1, no fim deste item. Para facilitar a leitura do esquema, vale a pena se focar primeiro nos dois extremos do contínuo.

Um polo (estilo 1) é representado pelo tipo ideal de um consumidor "autônomo", que se apropria de ofertas impregnadas por uma semântica budista, livre de qualquer compromisso com um grupo budista institucionalizado. Isso vale independentemente da possibilidade de o consumidor adquirir bens ou serviços fornecidos por uma instância budista. Também não faz diferença se

---

[40] Disponível em: <http://www.ciazen.com.br/cia_zen.htm>. Acesso em: 15 nov. 2011.

esse indivíduo procura ou não uma entidade budista para adquirir um bem específico ou desfrutar temporariamente de um serviço no espaço físico da referida instituição. Assume-se que a maioria dos "consumidores" se enquadra nessa categoria, o que explicaria em parte a discrepância frequentemente verificada entre as afirmações otimistas de diversos representantes do Budismo e da mídia brasileira e os números "humildes" revelados pelas estatísticas do IBGE.

O outro extremo do contínuo é representado por uma modalidade "conflituosa" experimentada por um "consumidor" que, apesar de comprometido com determinado grupo budista no sentido da teoria dos sistemas sociais, se apropria de bens ou serviços impregnados por uma semântica budista em tensão com as doutrinas, práticas e éticas internalizadas na comunidade à qual aderiu.

Entre os dois polos radicais encontram-se outras modalidades mais brandas, que, do ponto de vista do referido "consumidor", abrem espaço para a fusão de práticas adquiridas em dois contextos, isto é, dentro e fora do próprio grupo budista. Nesse sentido, o praticante comporta-se simultaneamente conforme duas lógicas acima mencionadas como antagônicas, ou seja, ele demonstra ao mesmo tempo uma orientação no "princípio de pertencimento" e no "princípio de acesso".

O resultado dessa combinação depende, entre outros fatores, do caráter do grupo budista, particularmente de aspectos como controle social interno e o grau do exclusivismo do discurso religioso. Sob estas condições, a apropriação simultânea de ensinamentos de uma determinada comunidade budista e de ofertas budistas adquiridas no mercado religioso pode ser considerada ou como uma adição construtiva de elementos oriundos de diferentes contextos (estilo 2: "complementar"), ou como uma coexistência não mediada, refletida de elementos oriundos de diferentes contextos (estilo 3 "sincrético"), ou como uma coexistência ambígua de elementos no sentido das suas lógicas implícitas (estilo 4).

Tabela 1: Modalidades do consumo de "*commodities* budistas"

	Estilo	Ambiente do "consumo"	Lógica do "consumo"
1	autônomo	mercado religioso inclusive ofertas livres fornecidas por entidades budistas	independente de influência de um grupo budista
2	complementar	dentro e fora da própria comunidade budista	compatível com a estrutura de plausibilidade do grupo de adesão
3	sincrético		conciliável com a estrutura frouxa de plausibilidade do grupo de adesão
4	ambíguo		em tensão com a estrutura de plausibilidade do grupo de adesão
5	conflituoso		incompatível com a estrutura forte de plausibilidade do grupo de adesão

Consideração final

O caráter prospectivo do último item é sintomático para a situação da pesquisa sobre o conjunto de fenômenos denominado "Budismo comodificado". Longe da pretensão de oferecer um raciocínio abrangente e profundo, o presente capítulo foi motivado por dois objetivos humildes. Em primeiro lugar, teve o intuito de chamar atenção para um campo emergente até agora consideravelmente negligenciado pela pesquisa convencional sobre o Budismo no Brasil, em particular. Além disso, os parágrafos acima devem ser lidos como tentativa de identificar as principais dimensões deste novo campo. O público acadêmico interessado está convidado a contribuir para futuras discussões teoricamente avançadas e investigações mais auspiciosas em termos empíricos.

Referências bibliográficas

ALVES, Daniel. Notas sobre a condição do praticante budista. *Debates do NER*, 2006, n. 9, pp. 57-80.

BLASI, Anthony J. A Market Theory of Religion, *Social Compass* 56 (2), 2009, pp. 263-272.

CAMPBELL, Colin. The Cult, Cultic Milieu and Secularization. In: HILL, Michael (ed.). *A Sociological Yearbook of Religion in Britain*. London: SCM Press, 1972. v. V, pp. 119-136.

CONTINUUM Religioso Nipo-brasileiro. O caso do Budismo Cármico da Shingon. *Debates do NER*, Ano 7, 2006, n. 9, pp. 37-56.

ESSER, Hartmut: *Soziologie. Allgemeine Grundlagen*. Frankfurt/New York: Campus, 1993.

FERNANDES, Thereja. O Budismo no Brasil. In: FERNANDES, Thereja. *Bodhisattva* 17, 2009, pp. 16-25.

HABITO, Maria Reis: Buddhism in the West. Self-Realization or Self-Indulgence. In: NIEDERBERGER, Lukas; MÜLLER, Lars (ed.). *Faith Is… The Quest for Spirituality and Religion*. Zürich: Lars Müller Publications, 2008, pp. 127-144.

HERO, Markus. Das Prinzip "Access". Zur institutionellen Inftrastruktur zeitgenössischer Spiritualität. *Zeitschrift für Religionswisswenschaft* 17, 2009, pp. 189-211.

KNOBLAUCH, Hubert. Populäre Religion. Markt, Medien und die Popularisierung der Religion. *Zeitschrift für Religionswissenschaft* 8, 2000, pp. 143-161.

LOPES, Ana Cristina Oliveira. *Ventos da impermanência*; um estudo sobre a ressignificação do budismo tibetano no contexto da diáspora. (Dissertação de mestrado em Antropologia Social). São Paulo: USP, 2004.

MAGNANI, José Guilherme C. *Mystica Urbe*; um estudo antropológico sobre o circuito neoesotérico na metrópole. São Paulo: Nobel. 1999.

_____. *O Brasil da Nova Era*. Rio de Janeiro: Jorge Zahar, 2000.

MATSUE, Regina Yoshi. *O paraíso de Amida*; três escolas do Budismo em Brasília. (Dissertação de mestrado em Antropologia). Brasília: Universidade de Brasília, 1998.

PADGETT, Douglas M. "Americans Need Something to Sit On", or Zen Meditation Materials and Buddhist Diversity in North America. *Journal of Global Buddhism*, 2000, 1, pp. 61-81.

PEREIRA, Ronan Alves. The Transplantation of Soka Gakkai to Brazil: Building "the Closest Organization to the Heart of Ikeda-Sensei". *Japanese Journal of Religious Studies*, 2008, 35/1, pp. 95-113.

PROHL, Inken; RAKOW, Katja: Transformationen buddhistisch inspirierter Vorstellungen und Praktiken: Eine emprische Studie im Raum Berlin. *Transformierte Buddhisten*, 2008, 1, pp. 3-27.

ROCHA, Cristina: *Zen in Brazil*; The Quest for Cosmopolitan Modernity. Honolulu: University of Hawai'i Press, 2006.

SHOJI, Rafael. Reinterpretação do Budismo chinês e coreano no Brasil. *Revista de Estudos da Religião*, n. 3, pp. 74-87, 2004.

SOARES, Gabriela Bastos. *O biopoder na contemporaneidade*; o espírito do corpo e a alternativa budista. (Tese de Doutorado). Rio de Janeiro: UERJ, 2004.

SOARES, Luiz Eduardo. Prefácio. In: SIQUEIRA, Deis; LIMA, Ricardo Barbosa de (org.). *Sociologia das adesões*; novas religiosidades e a busca místico-esotérica na capital do Brasil. Rio de Janeiro: Garmond, 2003, pp. 7-12.

STARK, Rodney; BAINBRIDGE, William S. Of Churches, Sects, and Cults: Preliminary Concepts for a Theory of Religious Movements. *Journal for the Scientific Study of Religion*, 1979, 18 (2), pp. 117-133.

STOLZ, Jörg. Salvation Goods and Religious Markets: Integrating Rational Choice and Weberian Perspectives. In: STOLZ, Jörg. *Social Compass* 53(1), 2006, pp. 13-32.

TERRIN, Aldo Natale. *O sagrado off limits*. São Paulo: Loyola, 1998.

TIRYAKIAN, Edward A. Toward the Sociology of Esoteric Culture. In: TIRYAKIAN, Edward A. (ed.). *On the margin of the visible. Sociology, the esoteric, and the* occult. New York: Wiley, 1974, pp. 257-280.

USARSKI, Frank. O dharma verde-amarelo mal-sucedido; um esboço da situação acanhada do Budismo. *Estudos avançados*, 2004, v. 18, n. 52, pp. 303-320.

Parte III

Discernimentos

CRÍTICA ÉTICO-TEOLÓGICA DA CULTURA DE CONSUMO

João Décio Passos

O termo *crítica* presente no título deste ensaio enuncia a intencionalidade valorativa da reflexão: a crítica pressupõe defasagens entre o que é a realidade e o que ela *deve ser*. Em nome de um valor que se mostra como finalidade, a crítica expõe contradições, déficits e precariedades da realidade e propõem parâmetros para ela. Nesse sentido, a presente crítica é ética; é elaborada como conhecimento valorativo que busca o *dever ser* de algo. A cultura de consumo, assim focada, é objeto de reflexão ética, o que se faz a partir de algum parâmetro valorativo, assumido como bom para a sociedade e para o ser humano.

Por conseguinte, uma crítica da cultura de consumo pode ser feita sobre a esteira de diferentes referências teóricas e práticas. A crítica moralista, consciente ou inconscientemente, condena os prazeres materiais e seus excessos, a crítica social evidencia os processos de alienação do ser humano ou sua redução unidimensional, a crítica psicológica pode demonstrar os mecanismos do individualismo narcisista, a crítica religiosa busca o sentido dos desejos humanos satisfeitos e insatisfeitos. A temática do consumismo, nos termos aqui colocados, como cultura de consumo, envolve, de fato, as várias dimensões humanas e solicita, por conseguinte, igual diversidade de olhares sobre elas. Em outros termos, as grandes questões humanas remetem, em nossos dias, para a abordagem interdisciplinar ou transdisciplinar, sem o que aspectos essenciais que as constituem podem ficar ocultos. A temática do consumo constitui-se, certamente, em uma das mais amplas e profundas que o ser humano vivencia em nossos dias, na medida em que ultrapassa um mero modo de produzir, distribuir e circular os produtos, e se institui, sobretudo, como um *modo de ser*. Já não basta falar em sociedade de consumo para designar as dinâmicas de oferta e demanda que comandam a vida social em todos os seus aspectos. Na atual cultura de consumo, o ato de vender e comprar ultrapassa em sua própria dinâmica o simples âmbito das necessidades e instala-se nos recônditos dos desejos, onde, na verdade, tudo pode vir a ser necessário e urgente.

As produções humanas se tornam cultura na medida em que passam a ser necessárias, regulares, normais, naturais e, de preferência, sobrenaturais. É quando os indivíduos e grupos já não se percebem mais como diferentes dentro do conjunto maior da sociedade e não julgam mais necessárias as perguntas pelas causas, pelos processos e pelas finalidades daquilo que vivem. Essa é a hora da crítica que, desde a revolução racional na antiga Grécia, insiste em duvidar e interrogar sobre as coisas óbvias e naturais que constituem o real.

A crítica da cultura de consumo busca, também, o sentido do humano presente no interior e no dispor dos atos do ser humano. Ou seja, todos os projetos históricos afirmam algo sobre o ser humano; ao buscar um ideal, confrontam-se o seu *ser* real e efetivo e o *dever ser* almejado como bem. Nesse território ético estão focadas as reflexões que seguem, dispostas em dois momentos: um primeiro que expõe a cultura de consumo e as relações entre consumo e desejo, e um segundo que apresenta algumas aproximações críticas do ponto de vista da ética e da teologia.

A cultura de consumo

A cultura tem sido definida de muitas maneiras pelas várias ciências humanas, a depender das escolas teóricas e mesmo de autores que o fazem. Por ora, será evitada qualquer controvérsia semântica ou teórica sobre o conceito. A reflexão será focada nos conteúdos fundamentais da compreensão das dinâmicas atuais do consumo, que superou a mera conotação econômica (produção-circulação-consumo), social (poder aquisitivo das classes sociais) ou política (processos de indução ao consumo) e se tornou um *modo de ser* cada vez mais comum dos indivíduos e grupos, nos âmbitos local e planetário. Consumir tornou-se um valor não somente de subsistência, mas também de convivência social e de vivência individual. O termo *cultura* em suas origens etimológicas se avizinha com *cultivo, colonização* e *culto*.[1] Em todos os casos, fica explícita a ideia de ação humana sobre a natureza com a finalidade de produzir; ação que significa domínio de uma localidade e, por extensão, domínio das forças benéficas originais atualizadas ritualmente: o culto.

Nesses termos, a cultura de consumo é um novo modo de dominar a produção e torná-la um modo de viver, sinônimo de valor, enquanto domínio das

---

[1] Cf. A. Bosi. *A dialética da colonização*, pp. 11-18.

necessidades pela força da criação e, por conseguinte, proclamação do bem-estar que restaura a desordem e vincula os indivíduos consumidores a uma totalidade. O consumo pode ser entendido, nesse sentido arqueológico, como *cultivo* do hábito de incorporar produtos novos nas necessidades, ampliando e criando as necessidades consideradas básicas, como *colonização* das localidades com os mesmos produtos-valores e, também, como *culto* ao prazer em cada desejo satisfeito.

A cultura de consumo é o último resultado histórico da organização produtiva da sociedade moderna que sobrepôs às dinâmicas artesanais dos produtos básicos a dinâmica da produção ágil e diversificada, instaurou não somente o valor de troca sobre o valor de uso, com a criação das mercadorias, mas transformou de tal forma o processo produtivo que refez o elo perdido entre os dois valores, na medida em que todo produto se torna então necessário ao uso dos indivíduos. A mercadoria vale por si mesma, independentemente de seu valor material real, e vale, antes de tudo, porque é necessária para o bem viver dos cidadãos. O último valor agregado à mercadoria é o próprio indivíduo e a felicidade que busca no produto adquirido.

Para Lipovetsky, a história do consumo pode ser sequenciada em três ciclos que se efetivam historicamente em um crescendo quantitativo e qualitativo. O primeiro ciclo tem início com a revolução industrial e caracteriza-se pela expansão da produção em grande escala, donde resulta a diversificação e afirmação das marcas e os grandes magazines, invenção da publicidade com a finalidade de educar os consumidores. O segundo ciclo tem início na década de 1950, com a criação das sociedades de consumo de massa. Esse seria dominado pela lógica da quantidade, pela renovação rápida dos produtos e pela liberalidade hedonista no ato de consumir. O terceiro ciclo, que se encontra em consolidação, radicaliza o anterior no *indivíduo consumidor*: hiperconsumo regido pelo hiperindividualismo. O maior bem-estar se tornou o ideal urgente e inalienável e o consumo se tornou um modo de vida: uma cultura.[2]

De fato, o processo produtivo se mostra hoje como sistema capaz de integrar dimensões sociais até bem pouco distintas, a destacar, a economia e a cultura. A produção econômica, as tecnologias e as mídias compõem um conjunto articulado, ágil e eficiente que se impõe como modo de fazer, como modo de pensar e, por conseguinte, como modo de ser. Esse sistema configura cada vez mais uma cultura-mundo.[3] Centrado nos polos da produção e do consumo

---

[2]   Cf. G. Lipovetsky. *A felicidade paradoxal*, pp. 26-37.

[3]   Cf. G. Lipovetsky; J. Serroy. *A cultura-mundo*; resposta a uma sociedade desorientada, pp. 8-24.

mundializados e, portanto, no mercado global e no consumo individual, é um sistema que mercantiliza a cultura e culturaliza o mercado. O indivíduo conecta-se ao mundo pela via do consumo, ao ingerir produtos feitos multinacionalmente, ao inserir-se no mercado das marcas transnacionais e ao participar da produção-circulação do mercado mundializado. Ao consumir os mesmos produtos os indivíduos, paradoxalmente, radicalizam-se em seu desejo individual e, ao mesmo tempo, em seu desejo mundializado. Quanto mais universal, mais individual. A utopia do desejo satisfeito imediata e plenamente rompe com todos os limites que possam em nome de qualquer dever obstaculizar a satisfação instantânea. O mercado mundializado atingiu, desse modo, sua máxima universalização ao ser interiorizado como bem por todo indivíduo e encontra-se, por conseguinte, em um estágio de legitimação plena por parte de cada consumidor que adere a seu regime de vida.

De fato, as determinações do econômico atingem em nossos dias sua máxima expressão e parecem desenhar uma configuração definitiva para a sobrevivência humana no planeta. A produção capitalista com seus produtos verdadeiros (técnicos), bons (eficientes) e belos (atraentes) se torna, cada vez mais, o princípio integrador das práticas humanas e a totalidade de sentido da vida. O local e o global, o individual e o social, o material e o espiritual, o técnico e o estético, a necessidade e o desejo se integram nas dinâmicas de consumo e, por meio delas, se efetivam como dimensões distintas da realidade humana, mas, também, como aspectos de um epicentro único que faz de todos os indivíduos seres cada vez mais "iguais". A hegemonia do econômico tragou em sua dinâmica a alma humana desejosa de felicidade, de forma que o mercado não constitui somente uma realidade macroeconômica, mas também uma realidade microeconômica. O sistema produtivo global funciona a partir de um regime internacionalizado, no que diz respeito à produção, circulação e consumo dos produtos. Efetiva-se por meio de uma lógica tecnicamente eficiente capaz de inovar os produtos e torná-los mais eficazes e mais atraentes e de uma individualização sempre maior das ofertas.

O mercado mundializado movimenta-se, portanto, a partir de dois polos distintos, porém intimamente articulados: um sistema financeiro transcendente, onipotente e onipresente e o indivíduo consumidor em busca de bem-estar sempre mais pleno. E não se trata unicamente de um rapto da liberdade individual por um regime hegemônico interessado em obter lucros, de uma massificação redutiva das pessoas, mas de um jogo que envolve os dois polos ativos e conectados em seus interesses, onde será mais correto verificar processos de adaptação e de negociação executados entre o indivíduo e a coletividade.

Portanto, a eficiência do mercado de consumo foca-se, cada vez mais, nas necessidades dos indivíduos consumidores e esses, por sua vez, se adaptam segundo suas possibilidades reais de aquisição, dentro das ofertas vigorosas do mercado. Canclini diz que é preciso superar a simples ideia de meios manipuladores e pensar o consumo como "conjunto de processos socioculturais em que se realizam a apropriação e os usos dos produtos".[4]

Os indivíduos consumidores são participantes diretos dos processos de consumo, o que permite, então, afirmar que existe uma cultura de consumo, superando a sociedade de consumo, pensada a partir de um processo de massificação dos padrões de consumo. Com efeito, o encaixe do individual no global não permite afirmar a inclusão socialmente igualitária dentro de um sistema de ofertas. Ao contrário, a "cidadania consumista" não encontra seu correspondente social e político nos estratos sociais mundiais e locais. As contradições da cultura de consumo são de diversas ordens, mesmo que desenhe um regime que nivela as diferenças em práticas cada vez mais iguais.

Assim como os demais modos de vida já construídos no decorrer da história, a cultura de consumo tem seus impactos sobre a natureza e sobre a sociedade. É verdade que nos encontramos no ápice de um processo histórico marcado simultaneamente pelo sucesso tecnológico e pela crise. Bem-estar e mal-estar são dois lados de um único modo de ser que se generaliza como regra. Trata-se de uma crise sem precedentes, de natureza sistêmica e institucionalizada nas estruturas e nos funcionamentos da sociedade global e das sociedades locais. A superabundância dos produtos de consumo redunda imediatamente na superabundância de resíduos. Quanto mais se produz, mais a natureza é destruída, quanto mais nos regalamos com as novidades tecnológicas, mais insustentável se torna a vida no planeta. Excesso e escassez, construção e destruição, prazer e sofrimento são as marcas antagônicas, porém disfarçadas pelas promessas de felicidade sem limites do mercado e pelo hedonismo dos indivíduos consumistas.

Consumo e desejo

As práticas de consumo estão, por um lado, fundamentadas em dinâmicas inerentes ao ser humano: as necessidades e os desejos de satisfação. Diferentemente dos animais, os seres humanos não são prisioneiros do reino das necessidades que, no dinamismo particular de cada espécie, orienta de modo determinante a ação de seus representantes para os objetos que lhes proporcionam

---

[4]   N. Canclini. *Consumidores e cidadãos*, p. 60.

saciedade. A relação entre a necessidade e o objeto de saciedade é regulada pelo instinto, o que faz com que objeto de desejo e satisfação da necessidade se posicionem equilibradamente: o objeto de desejo emerge em função da necessidade e desaparece em função da saciedade. Necessidade e desejo coincidem no mesmo ato de preservação e perpetuação da vida da espécie, sendo que o desejo se submete à necessidade. Na espécie humana, a saciedade imediata não faz cessar automaticamente o desejo: desejo quer de novo e além do necessário à sobrevivência. Em termos biológicos, nos animais, o objeto é um absoluto, na medida em que fornece tudo o que a natureza precisa naquele instante determinado. De modo próprio, o desejo humano constitui um *plus*, para além das necessidades naturais, para além da estrita sobrevivência. Já não existe no *sapiens* a pura necessidade, mas a necessidade permanentemente recriada e ampliada pela força do desejo que *quer sempre de novo e sempre mais*. Em outras palavras, trata-se de um dinamismo psicológico com vida própria. A função do desejo é desejar. A dinâmica do desejo nos faz querer sempre, descolado dos determinismos desejo-saciedade. E a necessidade é posta de tal modo a partir do desejo insaciável que se torna impossível separá-los: de modo inverso aos animais, agora a necessidade é subsumida ao desejo. Portanto, as necessidades básicas já não podem ser circunscritas àquilo que a natureza solicita como meio de sobrevivência, mas àquilo que a espécie compreende e constrói como necessidade, não somente no âmbito de uma representação abstrata, mas da própria alma que deseja satisfazer-se na sua relação com os objetos. O desejo é a própria alma que transcende a pura necessidade biológica, regidas pelas leis da espécie, e se define basicamente pela insaciedade e, portanto, pela insatisfação. A satisfação é apenas uma parte do dinamismo. Os objetos de satisfação são relativos, não nos completam nem no instante imediato da saciedade e nem em sua estrutura imanente capaz de saciar por si mesmo determinada necessidade. Desejar é ser insatisfeito: eis a infinitude do desejo.

Portanto, o desejo constitui a abertura mais imediata do ser humano para além dos determinismos da espécie natural de onde emergiu com consciência, autonomia e ação. Ele conecta aquilo que necessitamos para sobreviver com aquilo que necessitamos para dar significado à vida. Mas, ao mesmo tempo, expressa o desequilíbrio que ontologicamente nos constitui: o instinto e a liberdade, a necessidade e a criação. Pela força do desejo criamos incessantemente objetos de saciedade e criamos a nós mesmos como seres insaciáveis, como incompletude. Em termos feurbachianos, podemos dizer que o desejo expressa a própria infinitude da consciência humana, dominada pela razão, pela vontade e pelo amor.[5]

Mas o desejo porta um paradoxo fundamental. Por um lado, ser ilimitado e desejar mais significa um desafio para a convivência humana que se estrutura como regras que estabelecem limites para qualquer ilimitação. Por outro, o desejo produz a cultura com o intuito de satisfazer real e simbolicamente as insatisfações humanas. Sem desejo não haveria arte e, certamente, não haveria as tecnologias, assim como todas as produções culturais. A cultura pertence ao mesmo transbordamento do animal humano para além da estrita necessidade, quando no mesmo espírito interroga, cria e elabora, ou seja, produz os meios de subsistência e produz significados para a sustentação da vida e da convivência.

Contudo, o desejo não é um dinamismo bom em si mesmo, se pensamos na convivência inerente à espécie humana: o ser humano é animal social. Como as demais faculdades humanas, o desejo é ambíguo e sua execução porta armadilhas tanto para os indivíduos quanto para os semelhantes. Os mitos antigos narram essas ambiguidades nos tempos primordiais: força que pode fazer viver ou morrer, origem de prazer e de dor. O mito judaico da criação apresenta em sua trama o jogo dramático do desejo insaciável que "quer ser como Deus" e desestrutura as relações do ser humano consigo mesmo, com a natureza, com os outros e com Deus. O desejo pode matar (se comerem do fruto proibido morrerão, Gn 3,3). O mito grego de Narciso conta o destino trágico do eu que sucumbe em si mesmo na busca da satisfação egocêntrica.

No entanto, o desejo está na raiz das produções humanas como força motriz criadora, assim como na raiz das vontades de domínio e de satisfação, em detrimento dos outros. É princípio de vida e de morte, de construtividade e de destrutividade, está ligado aos complexos e às neuroses, conforme explica Freud. Por isso mesmo, o princípio do prazer convive, necessariamente, com o princípio de realidade. A própria busca da plenitude do desejo produz a destruição: a busca da beleza pessoal pode levar ao narcisismo e à anorexia, o desejo ilimitado de possuir bens resulta na miséria dos outros, a busca do prazer pessoal exacerbado termina na frustração.

Para René Girard, o paradoxo do desejo se mostra como ciúme do desejo do outro; é *desejo mimético* que imita o desejo do outro e se torna concorrente do objeto de desejo do outro. Dessa concorrência advém a violência, crise

---

[5]   Cf. L. Feurbach. *A essência do cristianismo*, pp. 44-45.

destruidora que exige vítimas expiatórias, como meio de descarregar a violência de cada indivíduo e do grupo.[6]

Tanto para a psicanálise quanto para Girard, a sociedade inventou os mecanismos de controle do desejo para evitar a destruição. Os indivíduos e grupos podem destruir-se com a própria força do desejo. O enigma do desejo ilimitado que nasce da perda e da busca de satisfação exige equilíbrio e discernimento entre sua realização possível e sua irrealização, suas criações e suas destruições.

A cultura de consumo cria necessidade de onde faz nascer novos desejos, ou seja, a busca de satisfação em um ciclo contínuo estruturado pelo *consumo-satisfação-insatisfação-consumo*... Nunca estaremos satisfeitos porque não há limites para os desejos. Diz Fromm: "A atitude inerente no consumismo é a de engolir o mundo inteiro".[7] E, portanto, para o eterno bem do mercado, não há produto que satisfaça o consumidor, precisamente, por ser ele um eu sempre insatisfeito.

A lógica da produção-consumo está casada com a lógica do desejo-satisfação. Em outros termos, o mercado está dentro de cada indivíduo que consome como promessa-realização de bem-estar imediato. Portanto, a crítica do consumo deve incluir, simultaneamente, a crítica do desejo e a crítica do mercado, tanto do ponto de vista de uma ética social quanto de uma ética teológica.

Aproximações críticas da cultura de consumo

A relação indissociável entre desejo e consumo, em outros termos, entre indivíduo e mercado, constitui o sistema capitalista atual. Toda crítica ética sobre esse sistema deverá, portanto, levar em conta os dois polos que o constitui, para que se possa vislumbrar alguma saída do ciclo fechado, produção (desejo)/consumo (satisfação). E não se trata de maldizer o sistema como algo ruim em si mesmo, mas de revelar suas armadilhas, que reduzem o ser humano e ameaçam o futuro da sociedade. Será, certamente, não a partir desse sistema instituído, mas em diálogo com ele que se resgatarão os significados autênticos do desejo humano e da capacidade técnica da sociedade atual de produzir bem-estar. Como consumir sem ser consumido pelo produto? Como romper com o ciclo da satisfação-insatisfação? Como recolocar a vida humana em sua justa posição na atual sociedade? Essas e outras perguntas não têm respostas

---

[6] Cf. R. Girard. *A violência e o sagrado*, pp. 177-206.

[7] E. Fromm. *Ter ou ser?*, p. 45.

prontas e, muito menos, saídas pré-fabricadas. O discurso ético recupera significados e parâmetros para a convivência humana, nos termos de um *dever ser* que, por sua fundamentação e viabilidade, se apresenta como normativo. A ética do consumo terá que desvelar aquilo que, escondido sob consenso e normalidade, deforma o ser humano e a vida de um modo geral.

a) A justa medida do desejo: o desejo humano pulsa com vigor entre o excesso e a escassez, entre a satisfação e a insatisfação. No sistema de consumo, o ego insatisfeito vaga à deriva no mar das ofertas infindas do mercado. Regido por si mesmo, tão somente por seus desejos ilimitados, já não necessita e nem mesmo suporta deveres que não venham contribuir com sua satisfação. No poço do desejo aprofunda-se sempre mais: busca novos e mais plenos objetos, deseja o que o outro deseja, assim como deseja ser desejado. Portanto, o desejo não pode ser por ele mesmo parâmetro da convivência com o outro, sob pena de instaurar a barbárie do egocentrismo; se não se mover para além de si mesmo na direção do outro e incluí-lo em sua dinâmica a luta se torna regra e instaura o que René Girard chamou de *violência unânime*.[8] A medida do desejo humano passa, necessariamente, pela superação do ego fechado em si mesmo e pela relação construtiva entre desejos alheios, quando eu e outro se encontram em seus limites e possibilidades.

Será, portanto, necessário canalizar a "mais valia" inerente ao desejo para fora do eu insatisfeito-satisfeito, consumidor voraz de todos os objetos que se apresentam como bons-necessários. A saída do desejo só pode ser a transitividade para além da relação de posse do eu sobre os objetos ou do eu desejoso do objeto do outro, o que se faz na direção do mundo e do outro, valores jamais possuídos em sua irredutível alteridade, mas referências que estabelecem ao desejo sua medida como limite e como potência para amar. O limite necessário ao desejo ilimitado advém da relação com o outro. O preceito judaico-cristão "amar o outro como a si mesmo" (cf. Lv 19,18; Mt 22,39) expressa em sua singeleza o equilíbrio entre a positividade do eu com a positividade do outro, regra sobre a qual se assenta toda construção da convivência social. A ética do desejo não significa, portanto, repressão dos desejos, mas construção de referências que permitam a convivência humana, quando desejar se torna uma potência que ativa a transcendência do eu para além de si mesmo na direção de absolutos que situam cada desejo em sua limitação necessária: jamais pleno, jamais saciado completamente, mas satisfeito com sua própria insatisfação e com satisfação alheia.

---

[8] Cf. op. cit., capítulo I.

Satisfazer-se com a condição contingente é o recado da teologia da criação expressa no mito da criação (Gn 2). O desejo de plenitude atiça o casal para comer o fruto sedutor-proibido (comer para ser como Deus) e a entrega a essa sedução provoca desordens na relação entre o homem e a mulher (passa a ser dominada pelo marido), entre o homem e a natureza (produz espinhos e abrolhos) e entre o homem e Deus (ouvi teus passos e tive medo). O enredo da narrativa da criação é antropológico e social; estabelece limites ao desejo para que a convivência do ser humano possa ser viável.

O significado antropológico da cultura de consumo não consiste, portanto, em uma simples mudança de hábito, mas na captura do desejo humano na direção de sua satisfação plena, o que se efetiva nas ofertas intensas e sedutoras dos novos produtos que são oferecidos pelo mercado. O recado último do consumismo é a autodivinização do ego insatisfeito, quando cada produto repete a sedução primordial: sacia seu desejo plenamente, seja como Deus.

b) *Contradições da cultura de consumo*: a cultura de consumo é um modo de vida contraditório por si mesmo. Além de ocultar os verdadeiros ganhadores, aqueles que lucram com as vendas incessantes dos produtos, ela não realiza, efetivamente, o que promete: a satisfação e a felicidade. Na verdade, o próprio mercado se encarrega de negar a promessa feita ao apresentar uma nova promessa de felicidade no novo produto. A renovação incessante da produção cria uma "cultura agorista", um império do presente que desvaloriza o passado como obsoleto e as utopias de futuro como desnecessária, uma vez que no presente se pode obter a felicidade e vivenciar a plenitude no instantâneo. O retorno ao eu insatisfeito é uma necessidade permanente, uma vez que o imediato se torna absoluto numa espécie de eterno agora. O resultado necessário desse processo é o excesso de produtos, cujo destino imediato é o lixo, e o eu frustrado que busca satisfazer evitando a dor da insatisfação.[9]

A necessidade e o desejo

Os produtos de consumo se apresentam sempre como necessários, quando não como urgentes para a vida atual. E de fato, na dinâmica criadora do mercado, o mais supérfluo pode vir a ser necessário, desde que satisfaça o desejo. Sobre a limitação do desejo, o mercado pode produzir, transformar e vender seus produtos com a garantia prévia de consumidores permanentes, ainda que escalonados em fatias distintas de poder aquisitivo. A cultura de consumo

---

[9]   Cf. Z. Bauman. *Vida para consumo*, pp. 45 e 111.

mantém os corações abertos para as novidades carregadas de felicidade que excitam permanentemente o desejo com suas verdades, bondades e belezas. O desnecessário se torna necessário, na medida em que "realiza o que promete" para aqueles que podem adquiri-lo ou, simplesmente, na medida em que promete bem-estar para todos. A fantasia e a realidade perdem cada vez mais os seus contornos na divulgação dos produtos e se debatem nas práticas concretas de consumo, quando tudo se esvai no eu insatisfeito que se desloca permanentemente do real para o fantasioso na busca de sua plenitude. Nesse sentido, a cultura de consumo é uma cultura da promessa e da fantasia; é, antes, de tudo, anúncio de bem-estar, de uma era messiânica do prazer pleno, tanto para os pobres quanto para os ricos.

Indivíduo e sociedade

Embora o consumo seja uma disputa real e desigual na aquisição de bens, o desejo universal de consumir inclui a todos no "consumo democrático". A inclusão de todos os indivíduos no mercado dos produtos e das marcas diversificadas, eficientes e necessárias é o recado dos anúncios explícitos e implícitos do mercado e se torna a meta comum dos consumidores reais ou potenciais, dos ricos e dos pobres. A sensação da cidadania se torna "cidadania real" quando se adquirem determinados produtos que "fazem parte da vida" e sem os quais as pessoas se tornam inferiores e irrealizadas. Além das armadilhas narcisistas do hedonismo individualista que mata a todos no seu próprio poço consumista, a perversidade maior da cultura de consumo se mostra nesse ocultamento das distinções e dos antagonismos sociais, sob a falsa ideia de cidadania e de inclusão social. O espaço público esteticamente padronizado dissolve em seus modos de vida e em suas aparências comuns, oferecidas como produtos autênticos, semelhantes ou falsificados, as desigualdades sociais e a verdadeira realidade dos que não são nada iguais e, certamente, jamais serão. O rapto simultâneo da cidadania e das utopias sociais e políticas vai acontecendo silenciosamente e sem dores, na medida em que consumir se torna quase um dever de todos. O direito do consumidor ocupa um lugar central na sociedade, mais importante que os direitos sociais, cada vez mais sinônimos de bem-estar imediato.

A realidade e a aparência

As mercadorias têm vida própria, independentes de seu conteúdo real e objetivo, como bem explicou Marx. Podemos dizer que hoje os produtos atraem de tal forma por seus encantos que dispensa seu conteúdo real. Na cultura de consumo, a aparência é essencial e fora dela nenhuma realidade sobrevive, mesmo que verdadeira. A estética é a linguagem obrigatória para todas as realidades anunciadas que queiram ser verdadeiras. O que não provocar sensação de bem-estar já à primeira vista, ou, no primeiro anúncio, não oferecerá bem-estar efetivo. A universalização da aparência bela como parâmetro de bondade e verdade seduz o desejo e cria o real, de forma que o *parecer* tornar-se, automaticamente, *ser.*

A *fetichização* dos produtos nasceu com as mercadorias, explica Karl Marx.[10] A mercadoria tem uma existência simbólica e imaterial que assume o lugar de seu valor real; ela vale por si mesma, independente de seu valor de uso. O fetiche da mercadoria advém dessa capacidade de encantamento, de despertar o desejo do comprador em possuí-la. Na cultura de consumo, o *fetiche* se torna a regra que rege todas as linguagens e processos de divulgação e circulação dos produtos e atinge sua máxima eficácia: os encantos da aparência e da promessa se mostram como verdade, antes da posse efetiva do produto e de sua necessidade real. O *parecer* se torna ser e o *ser* se impõe, por força própria de sua sedução, como *necessidade indispensável* para a vida.

A crítica ético-teológica do consumismo

No item anterior, a teologia já foi solicitada para contribuir com a crítica do consumismo. Nesse item a crítica será feita adotando explicitamente a teologia, conhecimento que pensa e propõe, desvela a ordem do *ser* das coisas e propõe, ao mesmo tempo, a ordem do *dever ser* a partir dos valores da fé. De sua parte, a crítica ético-teológica do consumismo faz uma leitura da realidade atual a partir de parâmetros éticos provenientes da fé. Leituras éticas não teológicas também seriam possíveis. A crítica teológica tem, certamente, a vantagem de expor aspectos profundos das normalidades do consumismo, a saber, os fundamentos religiosos escondidos sob as práticas e as buscas de bem-estar no sistema instituído do mercado de consumo, assim como os significados dos desejos humanos, instância primeira de todas as ações humanas, raiz da felicidade e da infelicidade. A fé se torna, no caso, um princípio que permite duvidar e sugerir: duvidar do mecanismo de felicidade dentro dos limites dos desejos humanos e dos dinamismos produtivos do mercado e recuperar a ética judaico-cristã que sugira os caminhos da convivência humana sustentável e feliz.

---

[10] Cf. K. Marx. *O capital I*, pp. 71-93.

a) *Os mecanismos sacralizantes*: a cultura de consumo opera como um sistema sagrado e sacralizante, por suas promessas, seus encantos e suas eficácias. As estéticas dos produtos se tornam realidade já na condição de anúncio midiático, através dos variados veículos de comunicação, e se revelam como possibilidade imediata de felicidade e antecipação messiânica do futuro. As tecnologias cada vez mais eficientes garantem a eficácia do anunciado. O mercado mundializado se mostra *onipresente* e *onipotente* como *transcendência* que a todos envolve como uma grande máquina viva que adquire qualidades humanas e divinas: reage, fica nervoso ou calmo, mostra seus efeitos, mas permanece um sistema invisível que promete sucesso, produz felicidade ou sofrimento aos seus adeptos. A "mão invisível" de Adam Smith[11] adquiriu no sistema financeiro mundializado sua expressão mais concreta, seja por realidade virtual onipresente e transcendente, seja por sua força manipuladora dos mercados locais e do poderes políticos locais e, ainda, por sua capacidade de integrar sob suas regras os destinos da economia mundial, das tecnologias e das circulações dos produtos de consumo. A crítica teológica do mercado já desvendou suficientemente seus mecanismos religiosos no âmbito da teologia latino-americana. O mercado foi descrito como um grande sistema idolátrico, como divindade que cria vítimas (pobreza e miséria) e escraviza nações e pessoas.[12]

Contudo, em nossos dias, já não podemos falar unicamente em uma grande divindade que opera a partir de sua transcendência distante e de suas promessas de felicidade, mediante o modo de produção capitalista. O deus-mercado tem revelado sua força onipresente no mundo e nos indivíduos em duas frentes inseparáveis: o mercado financeiro mundializado e o consumo. O mesmo deus instituído no regime invisível universal é interiorizado nas práticas individuais como objeto de devoção em cada produto carregado de promessas de bem-estar. Tecnicamente sustentados e midiaticamente divulgados, os produtos cada vez mais eficientes garantem a base mais elementar da produção e se mostram "acessíveis" a todos, concretamente a todos os indivíduos. De fato, o mercado se encontra cada vez mais internalizado em cada indivíduo consumidor, na medida e na proporção de sua entrega ao consumo. Os produtos são individualizados, feitos sob medida para cada consumidor e prontos a conferir bem-estar. As necessidades satisfeitas e criadas permanentemente constroem um sentido de vida, um regime de salvação que toma todas as dimensões da vida: a alimentação, a moradia, a saúde, o lazer e a própria religião. Fora do

---

[11]   Cf. A. Smith. *A riqueza das nações I*, p. 438; *Teoria dos sentimentos morais*, p. 226.

[12]   Cf. H. Assmann; F. J. Hinkelammert. *A idolatria do Mmercado*; ensaio sobre economia e teologia.

consumo não há felicidade, uma vez que é por meio dele que se obtém bem-estar individual. E essa ética consumista não exclui de seu regime nenhum aspecto da vida, nem mesmo as coisas mais sagradas. Tudo gravita em torno do epicentro do indivíduo satisfeito ou, na verdade, em busca da satisfação plena.

O sistema de consumo oferece objetos de devoção, fagulhas da divindade que seduzem e prendem cada indivíduo na busca da felicidade. O consumidor se torna um devoto cada vez mais convicto daquilo que consome. Somos em grande medida o resultado daquilo a que nos dedicamos. "Onde está teu tesouro, aí está teu coração" (Mt 6,21). Em outros termos, aí estão seus valores últimos e a razão de viver. Na religião do consumo a idolatria do mercado se realiza como egolatria, quando se acolhe o deus que vem como graça em cada produto sempre renovado e sempre melhor.

A religião do consumo se expande nas atitudes de confiança, de fidelidade, de comunhão dos consumidores. A confiança é o pressuposto dos consumidores. Sem ela o produto não circula no mercado e não se renova, ou nem sequer existe. Toda a sociedade moderna é um sistema estruturado a partir da confiança, explica Antony Giddens. Sem a confiança devotada em seu funcionamento, em seus objetos e em seus peritos, não seria possível o seu próprio funcionamento.[13]

A cultura de consumo é uma espécie de religião sensual que persuade e fascina pelos seus efeitos. O indivíduo consumidor é satisfeito com o bem-estar imediato, salvação que se adquire em cada novo produto carregado de promessas que se tornam realidade. O tempo do consumo é o tempo permanentemente dividido entre um *antes pior* e um *depois melhor,* sendo o presente a hora da graça e da plenitude. As perguntas pelas causas e pelos processos que regem o funcionamento da sociedade se tornam desnecessárias já que o valor maior é a vivência plena do agora com todas as suas ofertas benéficas. É quando a aparência com toda a sua força sensual captura os indivíduos em sua *prisão de ferro*[14] e cria devotos sempre mais fiéis.

A fidelidade é inerente ao consumo, como oferta e como busca. Cada produto lança mão de ofertas e estratégias para obter consumidores fiéis, criando uma espécie de comunhão definitiva entre o produto e o consumidor. O consumidor fiel se relaciona sacramentalmente com o produto fiel: aquele que realiza por si mesmo o que significa. A guerra publicitária para conquistar

---

[13] Cf. A. Giddens. *As consequências da modernidade,* passim.

[14] Imagem utilizada por Max Weber para designar o capitalismo moderno Cf. *A ética protestante e o espírito do capitalismo,* p. 131.

consumidores se dá precisamente nas novas vantagens oferecidas pelo novo produto, maior potencial da graça da felicidade.

Nos sacramentos do consumo a graça do bem-estar vem ao encontro de todos os momentos da existência e os preenche de sentido: no nascimento das maternidades de luxo, na ceia farta e variada dos *self-services*, nos casamentos realizados com fausto e festa, na busca incessante da saúde e rejeição de toda dor e sofrimento, nas relações humanas de um modo geral. O tempo e o espaço vão se sacralizando com as ofertas benfazejas dos produtos capazes de encher o espaço vazio da alma humana e todo espaço da conivência humana. Tudo se torna produto a ser vendido, desejado e adquirido de forma que: "Por todas as partes se erguem catedrais dedicadas aos objetos e aos lazeres, por toda parte ressoam hinos ao maior bem-estar [...] Nesse jardim de delícias, o bem-estar tornou-se Deus, o consumo, seu templo, o corpo, seu livro sagrado".[15]

b) *Romper com o sistema sagrado*: os mecanismos sacralizantes do consumo, conforme descrito acima, não são simples desvendamento das metáforas teológicas do capitalismo mundializado-interiorizado como sistema totalizante. São mecanismos que desumanizam as pessoas e a sociedade. Trata-se de um regime *agradável aos olhos e ao paladar* (Gn 3,6) que aprisiona o ser humano em seus próprios desejos na busca incessante da felicidade plena. Esse aprisionamento individualista e individualizante faz com que cada consumidor delegue a um *outro distante* e *providente* suas realizações enquanto indivíduo, transforma o social em mero lugar de busca e exibição de produtos bons e belos, mais um meio de realização das felicidades individuais que meio de convivência de responsabilidade de todos, e instaura o anonimato e a indiferença como regra básica de socialização.

Em termos ético-teológicos, a cultura de consumo institui o individualismo, a indiferença e, por conseguinte, a injustiça como normais e, no limite, como bons para a vida de cada um. E como não se trata de uma institucionalização política que se mostre como alvo pontual vulnerável à critica direta, mas de um dado cultural espontaneamente instituído e disseminado como valor, qualquer crítica pode soar não somente como incômoda e malvista, mas como quixotesca e ridícula.

Com efeito, essa teologia sustentadora do consumo confronta-se, necessariamente, com uma teologia da liberdade dos filhos de Deus que estabelece a justa relação entre o *eu* e *outro*. A necessidade, a alteridade e a liberdade

---

[15] G. Lipovetsky. *A felicidade paradoxal*, p. 153.

definem a condição humana distinta da natureza animal.[16] É certamente o equilíbrio dessas forças que estrutura a convivência humana justa e, por conseguinte, constrói a própria humanidade na espécie *sapiens*.

Desse modo, é preciso afirmar que a exposição das metáforas teológicas do consumo visa desvendar mecanismos reais de um regime de desumanização e constitui, certamente, uma crítica utópica que reafirma princípios humanos dispensados na prática pela civilização atual.

c) *A convivência humana*: o individualismo consumista é um programa anti-humano e desumanizador que poderá conduzir a humanidade para a autodestruição. E não se trata de um olhar pessimista ou de uma visão catastrofista do mundo atual. Essa convicção tem sua fonte nas éticas religiosas e nas éticas civis, na medida em que todas elas se sustentam no valor da igualdade entre o indivíduo e os outros. As leis religiosas estipulam as bases das relações humanas na negação do desejo individualista: fazer ao outro o que deseja para si mesmo. O cristianismo afirma positivamente: amar o outro como a si mesmo. Na busca da fundamentação humana de uma ética pós-metafísica, Kant repete em linguagem filosófica o mesmo princípio em seu imperativo categórico: "age como se a máxima de tua ação devesse tornar-se, por tua vontade, lei universal da natureza".[17]

As éticas de ontem e de hoje não se sustentam sem a estipulação de um parâmetro capaz de estabelecer o equilíbrio fundante entre os desejos individuais. A ética moderna buscou suas expressões institucionais, sobretudo, no direito, mesmo que em suas formulações colocasse o dever para com a sociedade como regra básica e inviolável. As instituições modernas – o Estado, o direito e a própria moral – apresentaram o humano como um fim em si mesmo e acreditaram que a universalização da humanidade como valor sagrado pudesse construir o reino da liberdade e da igualdade. A nova ordem centrada no ser humano contaria com a participação de todos os sujeitos em igualdade de condições – direitos e deveres – e construiria com a capacidade da razão científica um estado de felicidade (de bem-estar) para todos. Cada cidadão, inserido em uma ordem moral e jurídica pública, deve nela viver e conviver: construir sua felicidade juntamente com a felicidade dos outros.

A ambiguidade do projeto da modernidade já foi exposta pela história, sobretudo a história do século passado, e por vários teóricos.[18] Aliás, desde

---

[16] Cf. J. M. Castillo. *La humanización de Dios*, pp. 191-194.

[17] Cf. E. Kant. *Fundamento da metafísica dos costumes*, p. 81.

[18] Cf. A. Touraine. *Crítica à modernidade*, passim.

a crítica elaborada por Karl Marx se afirma que esse projeto foi raptado pelo individualismo burguês, ou seja, pelo acúmulo da produção nas mãos de um grupo em detrimento de uma maioria expropriada de seus direitos fundamentais. O sujeito moderno foi reduzido ao indivíduo. O resultado tardio é o individualismo, e hoje podemos dizer o individualismo satisfeito pelas práticas incessantes do consumo. Se Marx apontava já no século XIX para a infelicidade dos pobres e conclamava a volta do sujeito social como centro dos deveres e dos direitos, na busca da sociedade justa, hoje é possível encontrar os indivíduos, os ricos e os pobres, em estado de satisfação-insatisfação, na medida em que se inserem no processo de consumo. A felicidade é vivenciada por todo indivíduo em cada momento de consumo. Se a prisão dos pobres denunciada por Marx era precisamente a ordem burguesa (com suas injustiças visíveis a olho nu), hoje, ela se esconde sob uma prisão invisível em sua profundidade inacessível e no seu recôndito íntimo ilegislável: a dinâmica do desejo insaciável-saciável de felicidade de cada indivíduo. A lei da felicidade geral e imediata de cada indivíduo consumidor, perfeitamente encaixada na dinâmica produção-consumo do mercado, nega não por princípio, mas pelo imperativo da prática imediata do bem-estar, todo dever que inclua a alteridade como valor

De fato, a positividade do projeto da modernidade, configurado em suas instituições, não pôde, por princípio, legislar sobre as intimidades, em nome da autonomia individual. O império da lei instituída (e certamente do legalismo) regula a ordem pública e não a ordem privada. Essa ordem permaneceu sob a regência das religiões, enquanto essas conservaram suas forças morais na sociedade sempre mais secularizadas. Hoje o individualismo se torna o parâmetro da vida e captura para seu dinamismo até mesmo os valores éticos, como explica Lipovesky.[19] Nem mesmo as religiões escapam da hegemonia do indivíduo e do desejo. O direito positivo não regula o desejo individual capturado sempre mais pelo mercado e que se torna a máxima para si mesmo e para os outros.

Embora expressas de diferentes modos, as éticas religiosas instituem suas regras mais fundamentais a partir do desejo humano. Entendem o desejo como dinamismo ambíguo: como a origem primeira da felicidade ou da infelicidade individual e coletiva. A supressão do desejo na mística budista, a proibição de todas as cobiças do *Decálogo* (Ex 20,17) e o discurso das bem-aventuranças de Jesus apontam fundamentalmente para a necessidade de achar a felicidade para além do desejo individualista. A consciência da igualdade entre o eu e o

---

[19] Cf. G. Lipovetsky. *A sociedade pós-moralista*, pp. 104-125.

outro exige a transitividade do desejo para além de si mesmo. É preciso descobrir no fundo do desejo os seus próprios limites (as diversas carências e violências humanas) e suas potencialidades (a mansidão, a misericórdia, a pureza) para alcançar a felicidade (Mt 5,1-12). A saída do desejo na direção do outro faz o "pobre de espírito" emergir como sujeito que integra a ordem do Reino em contraposição à ordem instituída externa ao coração humano, mesmo que fundada na legalidade.[20]

Considerações finais

A cultura de consumo é o resultado tardio da modernidade, ou seja, de um longo processo de racionalização da natureza e da história. O domínio tecnológico nas esferas da produção, da organização econômica e da comunicação estruturou uma racionalidade econômica integradora que encaixou indivíduo e coletividade, desejo humano e ofertas de produtos novos, vida local e vida global. Consumir deixou de ser um ato de aquisição de bens básicos ou mesmo supérfluos, para se tornar um modo de vida, um valor orientador das práticas humanas: consome-se para viver, para ser cidadão e para ser feliz.

A crítica acima esboçada expôs as contradições desse sistema integrador que começa e termina no indivíduo. A figura weberiana da *prisão de ferro* usada para designar a racionalidade econômica moderna adquire sua forma mais concreta e perversa em uma rede de prisões que operam articuladas entre si: do indivíduo aprisionado no seu próprio desejo, do consumidor desejoso aprisionado no círculo incessante dos produtos efêmeros, dos produtos aprisionados nas imagens oferecidas pelas publicidades e todo esse conjunto aprisionado em um sistema de produção mundializado, e esse, por sua vez, preso no mercado financeiro mundial. Fora desse sistema totalizado não há salvação, porque já não há como viver (alimentar, trabalhar, morar e vestir), locomover-se (pelos veículos sempre mais eficientes), comunicar-se (os meios de comunicação que conectam as distâncias) e ser (ser cidadão e ser feliz).

Com efeito, a razão ética é simultaneamente crítica e prescritiva. Ela aponta as contradições que diminuem, sufocam, ocultam a vida como valor fundamental da convivência humana e, ao mesmo tempo, sugere rumos para a humanidade. A crítica ética afirma um *dever ser* para a humanidade, fala do futuro bom a ser alcançado, ainda que esse futuro constitua uma finalidade utópica em relação às configurações concretas da história.

---

[20] Cf. J. M. Castillo, op. cit., p. 238.

É possível sair da jaula do individualismo-consumismo, quando tudo parece (e basta parecer) ir bem (na medida em que os desejos são satisfeitos imediatamente). No fluxo do imediatismo é possível falar em futuro diferente, uma vez que o futuro tem que ser agora? Dentro de um sistema articulado globalizado que se autorregula eficientemente há lugar para novos ideais?

A ética funda-se na consciência da realidade e em convicções sobre o que a realidade deve ser. A primeira decorrência dessa postura é a afirmação de que os contextos históricos, com suas instituições, projetos e práticas, não esgotam em si mesmos os ideais de vida e de convivência humana, embora concretize necessariamente algum ideal. Se assim não fosse, as conjunturas históricas tornar-se-iam absolutas, enquanto realização da plenitude, como ocorre nos poderes teocráticos que identificam as instituições históricas com o próprio Reino de Deus. A reserva utópica de valores é que move a história na direção do tempo melhor e na busca do aperfeiçoamento. E é a partir dessa reserva codificada em princípios e metas adotadas como bons e necessários ao ser humano que se edificam todos os discursos normativos no decorrer da história. A segunda decorrência das convicções éticas, decorrente da primeira, afirma a necessária dialética entre a história e os ideais, o que afasta os modelos éticos messiânicos que costumam negar como ruins as conjunturas históricas e transferir para o tempo pós-histórico toda bondade. O futuro guarda todo bem e há de vir e sobrepor-se sobre as decadências históricas.

Nem tanto ao céu nem tanto à terra. A ética lida com antíteses, porém, em um jogo de negação crítica e proposição. Na medida em que critica a história, a ética indica no interior de sua própria crítica os valores ausentes; as antíteses são detectadas a partir de valores afirmados como bons, as ausências de bem só podem ser apontadas a partir do bem adotado previamente como válidos e necessários. Nesse sentido, as buscas permanentes de sínteses históricas, do bem viável a todos, se dão como construção histórica processual no interior da própria história, quando o bem vai vencendo o mal no jogo concreto das opções e decisões humanas. Não se trata de uma síntese a ser buscada fora da história concreta – nas origens míticas, no passado mistificado ou no futuro messiânico – como um modelo acabado a ser implantado de fora para dentro, como nova era que rompe com a era anterior. O bem se constrói vencendo o mal, afirma.

Será, portanto, de dentro da cultura de consumo que nascerá gradativamente outra cultura: civilizada e humana. Do contrário, afirmaremos éticas idealizadas e maniqueias incapazes de transformar efetivamente a história. Por mais contraditórias que se mostrem as conjunturas históricas, será resgatando suas potencialidades positivas que poderemos construir o novo. Nesse sentido a indicação das antíteses do consumismo já constitui o primeiro passo de sua superação.

A cultura de consumo revela em sua dinâmica jogos paradoxais que vão deixando patentes os seus limites, na medida em que se consolida como modo de vida hegemônico. O primeiro paradoxo é a *escassez-excesso*. Tanto nas esferas do indivíduo como do mercado, o que sobra e o que falta constituem oposições inerentes a um único processo. A satisfação-insatisfação constitui a essência do desejo do consumidor, e a saída desse ciclo fechado no ego de cada indivíduo só será possível quando se assume, por que vias for, o dado do limite do próprio desejo humano: é preciso satisfazer-se com a insatisfação. A produção mercadológica possui paradoxo igual: o novo produto sempre mais eficiente tem que nascer para morrer e ceder lugar ao novo e assim sucessivamente. Ademais, segundo as leis do próprio mercado, o excesso de produtos mata o próprio lucro e, por conseguinte, o próprio produto. Na verdade, a escassez produz o excesso na busca dos produtos mais úteis e mais perfeitos para a felicidade humana em todas as classes de consumidores. Por sua vez, o excesso produz escassez, na medida em que vai extraindo da natureza matérias-primas para a produção sem limites, e na medida em que, do ponto vista social, o produto tecnicamente mais perfeito exclui de seu consumo parcelas da sociedade que se tornam carentes dele.

Um segundo paradoxo do consumismo diz respeito à relação indissociável do *bem-estar com o mal-estar*. Os produtos consumidos resultam ao mesmo tempo em bem-estar e mal-estar. O bem-estar do agricultor que economiza mão de obra e aumenta sua produção utilizando agrotóxicos em seus produtos é mal-estar para os consumidores que ingerem venenos em suas mesas. O bem-estar (a praticidade) das embalagens plásticas é mal-estar para a natureza. O bem-estar das tecnologias que suprem nossos esforços físicos com seus benefícios técnicos resulta em doenças relacionadas ao sedentarismo. Em termos globais poderíamos inventariar as múltiplas formas em que bem-estar de um país significa diretamente mal-estar de outro. Ou, ainda, o impacto ecológico da produção industrial mundial.

Essas contradições revelam o esgotamento de um modo de vida e clamam por uma nova lógica. Não se trata de voltar atrás na história e ressuscitar modos de vida já superados. Também não se trata de reafirmar o sacrifício dos desejos e do bem-estar em nome de um bem comum. O indivíduo autônomo é um dado positivo a ser afirmado como saída ao individualismo. O indivíduo transitivo se torna sujeito, ou seja, capaz de sair do ciclo egocêntrico de satisfação de seus desejos e *desejar-com*: "Tudo o que vocês desejam que os outros façam a vocês, façam vocês também a eles" (Mt 7,12).

Não é outro o recado do *amar o outro como a si mesmo* da tradição judaico-cristã. De fato, o sujeito livre e responsável por seus atos no mundo e com os outros constitui o valor comum das éticas clássicas cristã e moderna. A situação atual desenha uma encruzilhada para as decisões das nações, dos povos, das religiões e de cada sujeito, no sentido de uma outra civilização baseada em um outro *éthos*: casa comum.

Tal civilização pós-consumista será, certamente, tecnológica, consumidora e individualizada. Terá consciências da positividade e dos limites de seus desejos. Não negará o bem-estar, mas as decorrências de mal-estar para si, para os outros e para a natureza. Viverá o presente de olho no futuro bom para as gerações que virão.

Referências bibliográficas

ASSMANN, Hugo; HINKELAMMERT, Franz J. *A idolatria do mercado*; ensaio sobre economia e teologia. São Paulo: Vozes, 1989.

BAUMAN, Zigmunt. *Vida para consumo*; a transformação da pessoa em mercadoria. Rio de Janeiro: Zahar, 2008.

BOSI, Alfredo. *Dialética da colonização*. São Paulo: Companhia das Letras, 1998.

CANCLINI, N. Garcia. *Consumidores e cidadãos*; conflitos multiculturais da globalização. Rio de Janeiro: UFRJ, 2006.

CASTILLO, José M. *La humanización de Dios*; ensayo de cristología. Madrid: Editorial Trotta, 2010.

FEUERBACH, Ludwig. *A essência do cristianismo*. Campinas: Papirus, 1988.

FROMM, Erich. *Ter ou ser?* Rio de Janeiro: Zahar, 1979.

GIDDENS, Anthony. *As consequências da modernidade*. São Paulo: Unesp, 1991.

GIRARD, René. *A violência e o sagrado*. São Paulo: Unesp/Paz e Terra, 1990.

KANT, Emanuel. *Fundamento da metafísica dos costumes*. Rio de Janeiro: Edições e Publicações Brasil, 1967.

LIPOVETSKY, Gilles. *A sociedade pós-moralista*. Barueri: Manole, 2005.

_____. *A felicidade paradoxal*. São Paulo: Companhia das Letras, 2007.

LIPOVETSKY, Gilles; SERROY, Jean. *A cultura-mundo*; resposta a uma sociedade desorientada. São Paulo: Companhia das Letras, 2011.

MARX, Karl. *O capital I*. São Paulo: Nova cultural, 1993.

SMITH, Adam. *A riqueza das nações*. São Paulo: Nova cultural, 1996. v. I.

_____. *Teoria dos sentimentos morais*. São Paulo: Martins Fontes, 2002.

TOURAINE, Alain. *Crítica à modernidade*. Petrópolis: Vozes, 1998.

WEBER, Max. *A ética protestante e o espírito do capitalismo*. São Paulo: Pioneira, 1996.

Os cristãos e o consumo a partir das encíclicas sociais

Francisco Catão

Foi-nos proposto refletir sobre o consumo, a partir da *Doutrina social cristã*, formulada nas *encíclicas sociais*. O tema é tanto mais interessante quanto deixa transparecer a grande mudança verificada na doutrina da Igreja, coerente com a evolução que se observou nesses últimos cinquenta anos, que nos separam da abertura do Concílio Vaticano II.

Embora no Brasil, por razões históricas, essa mudança ainda seja incipiente, ela se tornou, nos últimos anos, mais clara, nos documentos emanados de Roma. Para exprimi-la podemos dizer que, a partir de alguns documentos maiores do pontificado de João Paulo II (1978-2005) e, sobretudo, da marca específica do pontificado de Bento XVI (2005-) passamos a entender o Vaticano II sob uma nova luz. No seu tempo, o Concílio foi vivido e visto como um Concílio que tinha a Igreja como preocupação central.[1] Aos poucos, fomos percebendo que a centralidade, baseada na prioridade do povo de Deus, animado pela vida da Trindade, remetia a Igreja às suas origens propriamente divinas.

Fomos compreendendo, de maneira cada dia mais nítida, que a vida da comunidade cristã, na sua totalidade, é fruto da comunicação da Palavra e do Espírito, feita a todos os humanos e se realiza no íntimo dos corações, levando as pessoas a livremente formarem uma comunidade que ultrapassa o tempo e a história. Essa comunidade, portanto, embora viva no mundo, realizando-se plenamente como Igreja, compartilha desde já a vida de Deus, que não tem fim.[2]

---

[1] Cf. C. Théobald. *La réception du concile Vatican II. 1. Accéder à la source.* Paris: Cerf, 2009. Resenha de F. Catão na *Revista Dominicana de Teologia.*

[2] Cf. Constituição dogmática *Lumen Gentium,* 4: "A Igreja é, pois, ['acima de tudo a paz entre nós] e a concórdia fraterna do povo reunido pela unidade mesma do Pai, do Filho e do Espírito Santo'" (S. Cipriano, *A oração do Senhor*). Cf. também a prioridade dada ao capítulo sobre o povo de Deus (c. 2) em relação ao capítulo sobre a hierarquia (c. 3).

Assim, do ponto de vista teológico cristão, as questões relativas à nossa vida em sociedade não devem ser pensadas apenas no âmbito da *Doutrina social cristã* ou mesmo da ética, ditada pelo agir histórico, mas devem ser colocadas a partir da Palavra e do Espírito, da vocação última do ser humano, criado, sustentado e levado a se realizar plenamente em Deus.

Não é outro o objetivo, por exemplo, da temática das duas primeiras assembleias do Sínodo dos Bispos propostas por Bento XVI. A primeira, realizada em 2008, sobre *A Palavra na vida e na missão da Igreja*,[3] e a próxima, convocada para outubro de 2012, sobre *A Nova Evangelização para a transmissão da fé cristã*,[4] em que Pentecostes, o dom do Espírito, é reconhecido como o fundamento da Nova Evangelização.[5]

Como ler hoje as encíclicas sociais

Uma das principais consequências para o que denominávamos classicamente a *Doutrina Social da Igreja*, já perceptível na sutil mudança para *Doutrina social cristã*, título que nos foi proposto, é o deslocamento da perspectiva dogmática – *doutrina da Igreja* – para uma perspectiva mais analítica – *doutrina cristã*. Permanecemos, porém, a meio caminho enquanto atribuirmos às encíclicas sociais um caráter doutrinário e as lermos como expressão de um ensinamento no sentido autoritário do termo.

Os documentos da Igreja ou emanados da tradição cristã contêm, sem dúvida, preciosos e importantes ensinamentos, mas nem a Igreja, nem o cristianismo são, em primeiro lugar, um legado doutrinário. Mais do que um conjunto de verdades, o cristianismo nasce do encontro pessoal com Jesus, reconhecido como o ungido de Deus, o Messias ou o Cristo, devendo, pois, ser entendido como a expressão de uma experiência interpessoal de comunhão com Jesus e, através dele, com o Pai e o Espírito.

Nós, cristãos, vivemos, por certo, numa comunhão de fé, numa Igreja constituída pela comunhão interpessoal entre os crentes. Somos uma comunhão interpessoal que reconhece como Deus a comunhão: o Amor do Pai com o Filho, no Espírito Santo, através, é verdade, de todas as diversas expressões religiosas que brotam do mais profundo de nosso ser humano. Precisamos ter

---

[3] Cf. Exortação apostólica *Verbum Domini*, que a promulgou em 30 de setembro de 2010; Exortação apostólica pós-sinodal *Verbum Domini*. São Paulo: Paulinas, 2010.

[4] Cf. Sínodo dos Bispos. XIII Assembleia Geral Ordinária. Lineamenta. Brasília: CNBB, 2011.

[5] Cf. Lineamenta, n. 23, Conclusão.

sempre presente que, aos olhos da fé cristã, todas as determinações e procedimentos históricos são expressões, mais ou menos consistentes ou válidas, da adesão pessoal a Deus, no íntimo do coração, que está na base do acolhimento das expressões de sua Palavra.

Os documentos da Igreja, expressão legítima e oficial da doutrina cristã, como as encíclicas sociais, devem, portanto, ser lidos quais expressões da vida dos cristãos, de seu pensamento e de sua sabedoria, através da história, na multiplicidade de suas formas culturais e sociais.

A publicação do *Compêndio da Doutrina Social da Igreja*[6] constitui uma prova cabal desse posicionamento adotado pela Igreja Católica nos últimos decênios. Retomando o ensinamento das *encíclicas sociais*, o *Compêndio* o coloca no contexto da expressão mais tradicional da vida cristã, começando da Trindade e terminando na proposta de uma civilização do amor. A base de toda a doutrina social cristã é a comunhão entre o Pai, o Filho e o Espírito Santo, que nos é comunicada, como pessoas, através da vinda de Jesus e do envio do Espírito Santo. Em outras palavras, poderíamos dizer sem paradoxo, que a Doutrina Social da Igreja é, em última análise, expressão da fé na vida eterna!

Na história, a dignidade da pessoa, chamada à comunhão com Deus, é a base que se impõe, radicalmente pela fé na Trindade, com sua exigência de uma vida humana, pessoal e social, coerente com a natureza e a vocação do ser humano, como filho de Deus, inserida no contexto cultural, religioso, social, econômico e político em que vive.

Quando se coloca o problema do consumo, do ponto de vista não apenas econômico, mas antropológico, sociológico e até mesmo ético, é indispensável indagar, além da doutrina social e, até mesmo, do que nos sugere a leitura das encíclicas sociais, os princípios que promanam da Palavra no Espírito, que fundamentam o pensamento cristão a respeito do consumo. Daí o título adotado: *Os cristãos e o consumo.*

O consumo na economia

Uma das características fundamentais do pensamento cristão, como pensamento humano, é partir da realidade. No entanto, duas grandes tentações o ameaçaram, e ainda talvez o ameacem: a tendência platônica, pela qual se deixaram seduzir muitos cristãos da antiguidade, e a tendência que parte

---

[6] Pontifício Conselho "Justiça e Paz". *Compêndio da Doutrina Social da Igreja*. São Paulo: Paulinas, 2005.

das experiências pessoais e comunitárias, tendência que podemos denominar moderna, ora sistematizadas na ciência, ora deixada ao sabor da subjetividade. Em ambos os casos, pensa-se o cristianismo como um espiritualismo ou como uma fé, no sentido genérico dos termos, distinto do sentido específico da fé cristã.

O pensamento cristão é espiritual e tem seu fundamento na fé cristã, que acolhe Jesus como Filho de Deus, na plenitude do Espírito. Elabora-se a partir da realidade, com base na história, não apenas em ideias ou teorias. Requer, contudo, a fé, pois a realidade que o comanda, em última análise, é invisível e está além do que pode alcançar nossa inteligência limitada. O discernimento cristão sobre as realidades da vida econômica, por exemplo, não descura os dados da experiência, mas os julga à luz de Deus, invisível, que se nos comunica na fé.

O consumo é, antes de tudo, uma realidade econômica, não resta dúvida. Mas não deve ser colocado no centro da economia, nem como seu motor, gerador da atividade econômica, nem como seu objetivo. A ordem econômica não pode ser pensada em função da satisfação das necessidades imediatas, tendo o consumo como seu regulador supremo e absoluto, senão numa concepção materialista da vida.

É notável, por exemplo, que na Encíclica *Centesimus Annus*[7] (1º de maio de 1991), comemorativa do centenário da *Rerum Novarum*, João Paulo II tenha abordado a questão do consumo como um dos aspectos da doutrina sobre a propriedade privada e a destinação universal dos bens criados. Cem anos antes, Leão XIII, defendendo o direito dos trabalhadores a uma vida mais digna, sustentava a propriedade privada, posta em questão pelos socialistas, como expressão da dignidade da pessoa e fundamento de sua atuação na economia. Mas, ao mesmo tempo, fazia, da destinação universal dos bens criados, a fonte da obrigação de gerir os bens que se possuem como pessoas ou como empresas, em função de uma vida social verdadeiramente humana, tanto dos proprietários como dos trabalhadores. O consumo era então pensado como um dos elementos da distribuição dos bens.

Na exposição dessa doutrina, João Paulo II chama atenção para o que denomina *O fenômeno consumista*,[8] que consiste no desvio da natureza econômica do consumo, entendido agora como voltado inteiramente para a satisfação

---

[7] Cf. João Paulo II. Encíclica *Centesimus anuus*. In: *Encíclicas de João Paulo II*, pp. 653-741.

[8] João Paulo II, Encíclica *Centesimus annus*, 36.

das necessidades dos que dispõem dos meios para tanto, necessidades reais e imaginárias, estimuladas pela exacerbação da busca de prazer e de poder.

Sob esse aspecto, o consumo é expressão de uma concepção inadequada do ser humano e de seu verdadeiro bem, uma inversão dos valores que conferem sentido à vida, dando maior importância ao ter do que ao ser, e uma consequente perversão ética. Fenômeno tanto mais grave, quando alimentado pelos meios de comunicação e erigido em mentalidade corrente, tornando-se assim característica de uma cultura destrutiva, que parece marcar, com intensidade cada vez maior e mais ampla, a humanidade em nossos dias e está, num certo sentido, na base de todos os desequilíbrios que sofremos.

Economia, cultura e Espírito

Partindo desse caráter pernicioso do fenômeno consumista, João Paulo II ensaia uma consideração de ordem filosófica, usando um vocabulário bem conhecido das ciências sociais: o fenômeno consumista se apresenta antropológica e culturalmente como verdadeira "alienação". Explica:

> Entendida como perda do sentido autêntico da existência, (a alienação) é uma experiência real nas sociedades ocidentais. Verifica-se no consumo, quando o ser humano se vê implicado numa rede de falsas e superficiais satisfações, em lugar de se ver apoiado por uma experiência humana autêntica e concreta, como pessoa.[9]

Trata-se, na verdade, de uma

> inversão dos meios pelos fins: o ser humano não reconhece o valor da pessoa em si mesmo e no outro, priva-se da possibilidade de usufruir da própria humanidade e de entrar em relação de comunhão e de solidariedade com os outros, para o que foi criado por Deus.[10]

Dessa forma, o consumista, que se ocupa antes de tudo com o ter e o prazer, sofre da mais desfiguradora opressão, deixa de ser livre e de ser capaz de atuar de fato como ser humano, na sua vida pessoal e na relação com os outros,

---

[9] Ibid., 41: "[...] alienationem tamen cum veri sensus vitae amissione etiam in societatibus occidentalibus vigere. Haec in rebus consumendis fit, cum homo falsis levibusque voluptatibus implicatur potius quam adiuvatur ad suam humanitatem vere et reapse experiendam".

[10] Ibid. "cum non agnoscit praestantiam et magnitudinem personae in seipso et in altero, homo non potest sua humanitate frui nec illam necessitudinem et communionem cum ceteris hominibus participare ad quam Deus eum condidit".

tanto na atividade profissional, como social. O consumismo é, de fato, verdadeira alienação.

A desordem econômica, inversão dos meios pelos fins, gera uma cultura desumanizadora que só se explica por uma infidelidade profunda ao apelo que sente toda consciência verdadeiramente humana de viver na liberdade e no bom relacionamento com todas as pessoas, com as quais somos chamados a conviver e a colaborar.

Esse "clima", por assim dizer, em que desperta, cresce e amadurece uma vida pessoal autêntica é o que chamamos de "espírito": espírito de alegria, de paz, de amor e de justiça.

O consumismo é um dos mais constantes e sorrateiros inimigos do espírito. Tornou-se, na sociedade atual, um dos maiores responsáveis pela banalização da vida humana. Incentivado pelos meios de comunicação. Reduz-nos a simples consumidores, impedindo-nos, como o diz claramente João Paulo II, de submeter a um exame crítico as premissas sobre as quais se assenta seu discurso.[11]

Na perspectiva do desenvolvimento

As considerações que fazem as encíclicas sociais sobre o consumo não se limitam, porém, à perspectiva estática ditada pela natureza do ser humano em relação à distribuição e uso dos bens materiais. Historicamente, devemos a Paulo VI (1963-1978) haver colocado a reflexão cristã, sobre a vida social e econômica, na perspectiva do desenvolvimento, refletindo o clima que se respirava na época, em que também se promulgara a Constituição Pastoral *Gaudium et spes* (07/12/1965), no fim do Vaticano II.

Na sua grande Encíclica social, a *Populorum Progressio* (26/03/1967), Paulo VI lançou a ideia de que o ensinamento social da Igreja só adquire todo sentido, na medida em que se inscrever no desenvolvimento integral do ser humano e da sociedade. Fundados, sem dúvida, na visão tradicional do ser humano como pessoa, chamada à comunhão com Deus, os cristãos, longe de estarem vinculados ao passado, a uma tradição conservadora, antiliberal ou reacionária, devem, justamente em nome de sua tradição personalista, se empenhar no desenvolvimento global da sociedade. Somos convidados a pensar a vida cristã e a Igreja, à luz dos progressos atuais, olhando com otimismo para a história.

---

[11] Ibid.

Essa perspectiva, é verdade, não parece ter encontrado um grande eco nos meios eclesiásticos, talvez devido a interpretações mais políticas e econômicas, do que propriamente cristãs, que dela se aproveitaram. Criou-se em determinadas cristandades particulares, como no nosso caso brasileiro, uma ideia de que, procurando denunciar esses desvios da doutrina tradicional, a Igreja tivesse optado por uma espécie de volta à antiga disciplina, abandonando o impulso de renovação conciliar.

A eleição do cardeal Joseph Ratzinger, com o nome de Bento XVI, em abril de 2005, fez temer o pior. Tratava-se justamente do homem que havia, durante mais de duas décadas, à frente da Congregação da Doutrina, feito todo o possível para resistir à ideia de entender o empenho cristão voltado, senão exclusivamente, mas principalmente para o desenvolvimento socioeconômico e político, em vista de uma sociedade mais justa, pelo caminho da libertação dos oprimidos.

Os fatos, porém, não confirmaram tais temores. A atuação de Bento XVI, nesses seis anos de pontificado, tem mostrado seu empenho em sublinhar a linha mestra da renovação da Igreja. Em continuidade com o Concílio, volta-se definitivamente para o centro do mistério da Igreja: a vida de comunhão do Pai com o Filho no Espírito Santo, da Trindade, e que nos é comunicada pela Palavra e pelo Espírito.

Melhor e mais radicalmente do que das gestões humanas, nossa vida depende da Palavra, presente no mundo por seu Espírito e significada nos Evangelhos. O pontificado de Bento XVI está marcado pelas suas encíclicas, que vão às fontes da vida cristã: o amor,[12] a esperança[13] e a fidelidade prática à verdade.[14]

Sublinham que, na sua essência, a vida cristã consiste na relação interpessoal com Deus, marcada pela comunhão de amor, vivida na verdade e baseada na colocação total de nossa vida nas mãos de Deus, através da esperança da salvação. Essa fonte imanente, porém, tem sua origem na comunicação transcendente da Palavra no Espírito. É o que Bento XVI acentua: a fonte primeira da vida cristã, assim como de toda a criação, aliás, é a comunicação do ser e da vida que recebemos de Deus, através de sua Palavra. Disso testemunham os dois sínodos, o que realizou em 2008 sobre *"a Palavra na vida e na missão*

---

[12] Cf. Bento XVI. Carta encíclica *Deus caritas est*, sobre o amor cristão. São Paulo: Paulinas, 2006.

[13] Cf. id. Carta encíclica *Spe salvi*, sobre a esperança cristã. São Paulo: Paulinas, 2007.

[14] Cf. Bento XVI. Carta encíclica *Caritas in veritate*, sobre o desenvolvimento humano integral na caridade e na verdade. São Paulo: Paulinas, 2009.

da Igreja"[15] e o próximo, que convocou para 2012 sobre "*a Nova Evangelização para a transmissão da fé cristã*".[16]

Não cabe aqui entrar na análise de todos esses precedentes, limitamo-nos ao tema do consumo nas encíclicas sociais. Basta ler com a atenção o que nos é proposto na *Caritas in Veritate*.

A Encíclica Social de Bento XVI começa por se situar no conjunto da Doutrina Social Cristã como uma espécie de síntese, em que se destacam os princípios que a comandam, desde suas origens, há mais de um século, e os principais aspectos que a caracterizam ao longo dos pontificados que se sucederam, desde Leão XIII (1878-1903).

Sublinha que o princípio que comanda a Doutrina Social Cristã é de ordem teologal, isto é, em linguagem técnica, da ordem das relações interpessoais com Deus, é a caridade ou amor de amizade envolvendo Deus e o próximo, que se situa além de toda sabedoria humana e de toda ideologia:

> A caridade na verdade, que Jesus Cristo testemunhou com a sua vida terrena, sobretudo com a sua morte e ressurreição, é a força propulsora principal para o verdadeiro desenvolvimento de cada pessoa e da humanidade inteira.[17]

Da relação interpessoal com Deus e com o próximo, que se denomina caridade, brotam os dois critérios que presidem toda a Doutrina Social Cristã:

> "Caritas in veritate" é um princípio à volta do qual gira a doutrina social da Igreja, princípio que ganha forma operativa em critérios orientadores da ação moral. Destes, desejo lembrar dois em particular, requeridos especialmente pelo compromisso em prol do desenvolvimento numa sociedade em vias de globalização: a justiça e o bem comum.[18]

Justiça e bem comum, por conseguinte, na Doutrina Social Cristã, muito mais do que categorias da ética social, fruto de uma análise estática das exigências da vida social, são critérios radicados na amizade com Deus, abrangente de todas as pessoas. Realidade de fé, que deve ser encarada numa perspectiva

---

[15] Cf. Bento XVI. Exortação apostólica pós-sinodal *Verbum Domini*, sobre a Palavra de Deus na vida e na missão da Igreja. São Paulo: Paulinas, 2010.

[16] Sínodo dos Bispos, XIII Assembleia Ordinária: A nova evangelização para a transmissão da fé. Lineamenta. Brasília: CNBB, 2011.

[17] Bento XVI. Carta encíclica *Caritas in veritate*, n. 1.

[18] Ibid., n. 6.

dinâmica, em vista da comunhão com Deus, que é a meta de todo desenvolvimento autêntico.

Eis por que, tendo o cuidado de situar seu pensamento na corrente tradicional da Doutrina Social da Igreja, Bento XVI explica porque recorre, em particular, à Encíclica Social de seu predecessor Paulo VI (1963-1978), a *Populorum Progressio*, de 26 de março de 1967.[19]

Consumo e desenvolvimento

Não se pode dizer que o consumo figure entre os principais problemas do desenvolvimento, que afeta, portanto, toda a atividade econômica. Até, pelo contrário, na perspectiva de Bento XVI, se aprofundarmos a análise, essa preeminência do consumo constitui um dos grandes riscos das economias desenvolvidas, inclinadas a consumir sem medida.[20] Mas o consumo é, sem dúvida, um aspecto importante a ser considerado, uma vez que faz parte dos problemas de "espessura humana", fortemente afetados pelo desenvolvimento.

> Atualmente o quadro do desenvolvimento é policêntrico. Os atores e as causas tanto do subdesenvolvimento como do desenvolvimento são múltiplos, as culpas e os méritos são diferenciados. Este dado deveria induzir a libertar-se das ideologias que simplificam, de forma frequentemente artificiosa, a realidade, e levar a examinar com objetividade a espessura humana dos problemas.[21]

No conjunto da atividade econômica, dado o policentrismo aqui mencionado, o consumo é certamente um fator do mercado[22] que pesa ou por excesso[23] ou por falta[24], que não pode, pois, ser negligenciado. A encíclica o estuda, então, sob três aspectos: da expressão da fraternidade entre pessoas e povos; do seu impacto sobre o meio ambiente; e da exigência de colaboração entre as pessoas, indispensável para um desenvolvimento econômico bem-sucedido.[25]

---

[19] Cf. Bento XVI. Carta encíclica *Caritas in veritate*, todo o capítulo 1, nn. 10-20.

[20] Cf. ibid., capítulo 2, n. 22, em que se refere ao "superdesenvolvimento dissipador e consumista".

[21] Ibid.

[22] Ibid., 25.

[23] Ibid., 22.

[24] Ibid., 27.

[25] Referimo-nos aqui aos três capítulos centrais da encíclica: capítulo 3: "Fraternidade, desenvolvimento econômico e sociedade civil"; capítulo 4: "Desenvolvimento dos povos, direitos e deveres, ambiente"; capítulo 5: "A colaboração da família humana".

A "fraternidade" qualifica o aspecto ético de toda a atividade econômica e, por conseguinte, também do consumo:

> A doutrina social da Igreja sempre defendeu que a justiça diz respeito a todas as fases da atividade econômica, porque esta sempre tem a ver com o homem e com as suas exigências [...] o consumo e todas as outras fases do ciclo econômico têm inevitavelmente implicações morais. Deste modo cada decisão econômica tem consequências de caráter moral.[26]

Por isso, a ética do consumo, muito mais do que uma ética individual, é uma ética social, que envolve inclusive a própria empresa,[27] cujas exigências estão na base da responsabilidade social dos consumidores.

Um segundo ângulo sob o qual o consumo deve ser abordado, no conjunto da atividade econômica, é o de seu impacto sobre o meio ambiente, hoje particularmente sensível, a ponto de se poder construir, desse ponto de vista, uma verdadeira ética do consumo.

O texto de Bento XVI começa pela problemática da energia, cujas fontes se situam, em grande parte, em regiões e países distintos dos grandes centros consumidores.[28] Sua regulação exige, por conseguinte, uma série de acertos políticos internacionais, sempre difíceis de se obter, pela necessidade que se tem de recorrer a princípios reguladores, naturalmente de ordem ética. Daí a ideia, já desenvolvida por João Paulo II na *Centesimus Annus*, referindo-se precisamente ao consumismo,[29] a que Bento XVI se refere postulando o que denominou de "ecologia humana".[30]

Vale a pena ler essa passagem, que constitui (a nosso ver) a base para uma ética do consumo, ampla e abrangente:

> As modalidades com que o homem trata o ambiente influem sobre as modalidades com que se trata a si mesmo, e vice-versa. Isto chama a sociedade atual a uma séria revisão do seu estilo de vida que, em muitas partes do mundo, pende para o hedonismo e o consumismo, sem olhar aos danos que daí derivam. É necessária uma real mudança de mentalidade que nos induza a adotar novos estilos de vida [...] Toda a lesão da solidariedade e da amizade cívica provoca

---

[26] Bento XVI. Carta encíclica *Caritas in Veritate*, n. 37.

[27] Ibid., 40.

[28] Ibid., 49.

[29] Cf. João Paulo II. Encíclica *Centesimus Annus*, 36, cf. acima, nota n. 9.

[30] Bento XVI. Carta encíclica *Caritas in Veritate*, 51.

Os cristãos e o consumo a partir das encíclicas sociais

219

danos ambientais, assim como a degradação ambiental por sua vez gera insatisfação nas relações sociais.[31]

Estreitando os laços entre os aspectos éticos e ecológicos do consumo, o texto continua:

> Requer-se uma espécie de ecologia do homem, entendida no justo sentido. De fato, a degradação da natureza está estreitamente ligada à cultura que molda a convivência humana: quando a *ecologia humana* é respeitada dentro da sociedade, beneficia também a ecologia ambiental [...] o sistema ecológico se rege pelo respeito de um projeto que se refere tanto à sã convivência em sociedade como ao bom relacionamento com a natureza.

Finalmente, depois de considerar o consumo, sob o ângulo da fraternidade e do impacto sobre o meio ambiente, a encíclica dedica um importante capítulo às exigências de colaboração de toda a sociedade na promoção do desenvolvimento humano integral, compreendendo, portanto, também uma educação para o consumo.

Duas passagens merecem ser destacadas. Primeiro, as reflexões desenvolvidas a respeito do laço existente entre consumo e religião, com base na ideia de que, para a sabedoria cristã, o ser humano é, antes de tudo, um ser de relação, caracterizando, portanto, a religião cristã como expressão da qualidade humana de todas as relações entre os humanos, inclusive em matéria de consumo:

> A revelação cristã sobre a unidade do gênero humano pressupõe uma interpretação metafísica do "humanum" na qual a relação seja elemento essencial.[32] Também outras culturas e outras religiões ensinam a fraternidade e a paz, revestindo-se, por isso, de grande importância para o desenvolvimento humano integral; mas não faltam comportamentos religiosos e culturais em que não se assume plenamente o princípio do amor e da verdade, e acaba-se assim por refrear o verdadeiro desenvolvimento humano ou mesmo impedi-lo. [...] Por este motivo, se é verdade, por um lado, que o desenvolvimento tem necessidade das religiões e das culturas dos diversos povos, por outro, não o é menos a necessidade de um adequado discernimento. [...] O critério "o homem todo e

---

[31] Ibid.

[32] O texto refere-se aqui a uma posição cada vez mais difundida entre os teólogos que veem na relação a característica mais importante da realidade, não só criada, mas até mesmo divina, no caso da Trindade. Cf., por exemplo, René Laurentin. *Traité sur la Trinité. Príncipe, modele et terme de tout amour.* Paris: Fayard, 2000.

todos os homens" serve para avaliar também as culturas e as religiões. O cristianismo, religião do "Deus de rosto humano", traz em si mesmo tal critério.[33]

Destacamos, enfim, a passagem em que se sublinha a responsabilidade dos consumidores, promovidos hoje, pela força do desenvolvimento, a uma verdadeira força política, que se deve organizar para desempenhar o papel que lhe cabe numa economia de mercado:

> A interligação mundial fez surgir um novo poder político: o dos consumidores e o das suas associações. Trata-se de um fenômeno carecido de aprofundamento, com elementos positivos que hão de ser incentivados e excessos que se devem evitar.[34]

Além de notar que a ação de comprar é sempre um ato moral, o texto menciona a responsabilidade social, a necessidade, hoje, de se comprar com maior sobriedade; o papel positivo que são chamadas a desempenhar as cooperativas de consumo e as novas formas de comercialização, desde que os consumidores não se deixem manipular por "visões ideológicas" que perturbem o exercício do consumo no quadro de uma verdadeira democracia econômica.[35]

Conclusão

O último capítulo da *Caritas in Veritate* poderia servir de conclusão às nossas reflexões, na medida em que traduzem o sentido do ensinamento das *Encíclicas sociais* sobre o consumo.

Seu exame nos leva a compreender que, desde o início, tratando-se da atividade econômica, de que faz parte o consumir, este deve ser sempre considerado um agir humano, cujo alcance vai muito além da simples ética econômica.

É sob esse aspecto, espiritual, que o consumo é objeto de consideração da doutrina na Igreja, que não trata diretamente dos aspectos técnicos da vida econômica, mas se situa na perspectiva da vocação definitiva do ser humano. A doutrina cristã tem como característica própria subordinar todos os aspectos temporais do agir do ser humano, inclusive os sociais, econômicos e políticos, à sua vocação transcendente, que é vivida, não só em determinadas

---

[33] Bento XVI. Carta encíclica *Caritas in Veritat,* capítulo 5, em especial n. 55.

[34] Ibid., 66.

[35] Cf. ibid.

circunstâncias concretas da vida de todo dia, mas principalmente no íntimo da consciência, no coração, segundo a bela expressão bíblica.[36]

O grande desafio da *Doutrina Social Cristã*, presente nas *Encíclicas sociais*, é a tensão entre o agir humano concreto, inserido nas estruturas da economia, como o consumo, por exemplo, e a realidade definitiva, da vocação à comunhão com Deus, vivida no interior do coração, quaisquer que sejam as estruturas que prevaleçam no tempo e no lugar em que nos situamos.

O agir cristão constituirá, sempre, um fermento de transformação, animado, não por um ideal histórico, mas, qualquer que seja a estrutura temporal em que vivamos, pelas exigências de nossa vocação cristã, as quais vão além das realidades desse mundo. É o que pretendem nos ensinar os últimos parágrafos da mais recente encíclica social.

Um dos mais graves desvios da religião cristã seria pensá-la somente na perspectiva desta terra, quando, por natureza, a vocação do ser humano está voltada para a eternidade, que se começa a viver desde agora, pelo exercício da caridade na verdade. A liturgia nos leva a pedir "que usemos de tal modo os bens que passam, que possamos abraçar os que não passam".[37]

---

[36] Cf. Bento XVI. Carta encíclica *Caritas in Veritat*, sobretudo o n. 76.

[37] Oração coleta do 17º Domingo do Tempo Comum.

Economia, ética e estética

Carlos Josaphat

Economia, ética e estética. A estética é a boa porta de entrada. A nossa sociedade globalizada parece que apostou na "receita às mulheres" de Vinicius de Morais, fazendo do poeta o profeta da pós-modernidade: "a beleza é fundamental". Nunca uma civilização curtiu tanto a beleza. Quer a beleza em tudo e em toda parte. Mas aí, a economia entra em cena. Pois, se a beleza é cultuada como supremo valor, é também uma mercadoria, bem vendida no varejo e no atacado. E serve de rótulo, de papel de embrulho, de indispensável valor acrescido para que todo e qualquer produto ou serviço ouse enfrentar a concorrência vertiginosa e nela possa entrar fazendo precisamente a junção da estética e da tecnologia.

A ética diante da economia em sua proeza de domesticar a beleza

Para a venerável cultura greco-romana, adotada pela sabedoria cristã, a beleza se definia como esplendor da verdade e do bem. Hoje, ela não deixou de resplandecer, na profusão de luzes, de cores e de sons. É o rosto fascinante da economia. Ela se vê intimada a dar o elã, a força suave, mas conquistadora que se chama a publicidade. Mas começa por jogar na lixeira das velharias aquela auréola de desinteresse, de suscitar admiração pelos valores acima do preço, portanto fora do mercado. Ela atrai e fascina, ostentando ou alardeando vantagens, proveitos e lucros, na medida mesma em que aponta fontes ou truques para alcançar mais e mais utilidades e prazeres. Pois, domesticada pela economia, cresceu tornando-se produtiva no seu emprego de despertar apetites e desejos, criando, mantendo e ampliando clientes e consumidores.

O empenho mais profundo e autêntico da ética, sobretudo em um mundo globalizado sob a égide da economia, é ajudar a humanidade a descobrir a beleza como supremo valor humano, que por acréscimo pode se tornar um valor de interesse mercantil. Mas para libertar a beleza e se libertar pela beleza, acabando com esse equívoco de escravizá-la aos interesses e ambições econômicas, é imprescindível começar pela atitude de homenagem que lhe convém. É preciso admirar a beleza, acolhendo-a na integralidade e na hierarquia de suas formas de presença no mundo natural e no mundo humano.

Não se jogue pedra nas potestades da economia que só veem na beleza o lado estético de que se assenhoreiam em proveito de seus objetivos e interesses, vantagens e lucros. O sistema econômico é dotado de uma racionalidade incontestável, mas limitada, pois permanece o domínio das utilidades. Essa racionalidade instrumental, que encontra sua expressão maior na tecnociência, há de ter um lugar eminente na estima da humanidade pós-moderna bem informada. Mas precisamente sob a condição de se reconhecer que a racionalidade instrumental extrapola sua função, quando pretende ser a escola formadora da humanidade. E que se ponha a dobrar os valores humanos na idolatria do valor econômico, do dinheiro concentrado e especulador.

De modo geral, a beleza é o caminho mais suave, mais seguro e mais perfeito para a busca do bem, para plena realização na liberdade e no amor, porque não vem de fora, não é uma lei, um programa. Pode ser a experiência de uma felicidade de acolher o dom, a graça e vontade amorosa de Deus. Começa por um bem que suscita nossa admiração, nos atrai tocando o íntimo de nós, suscita bem-querer, dispondo a uma atitude de louvor, de ação de graças, culminando na partilha e na comunhão.

Na vida de cada dia, a beleza é o que há de mais alto na série das experiências humanas, é a forma mais perfeita de entrar em contato com o mundo das coisas, com o convívio entre as pessoas e sobretudo para buscar e encontrar a comunhão com Deus. A experiência da beleza está bem no centro da vocação contemplativa e apostólica dos discípulos do Evangelho.

É preciso, portanto, apostar no supremo valor da beleza em sua compreensão integral e bem ordenada, não apenas seguindo a "receita" de Vinicius, sugestiva, mas limitada em seu conteúdo e em suas destinatárias. Mas, não é fácil acertar de cheio nesse jogo, tão decisivo para nós e para quem é nosso próximo, de longe e de perto, de hoje e de amanhã, nesse mundo globalizado. Para isso, a inteligência a serviço do amor há de impelir-nos a bem distinguir os traços, as formas, os patamares da realização harmoniosa da beleza, mas também a desfazer os equívocos, discernir e denunciar seus modos de perversão, na certeza de que a beleza é caminho para Deus sendo o caminho para a felicidade e o pleno desenvolvimento humano.

Buscando balizar bem nossa reflexão, convém precisar o sentido de caminho quando proclamamos a beleza caminho para a verdade, para o bem, para o amor. Caminho assume como que dupla dimensão. Exprime o rumo que seguimos, tem uma acepção objetiva. Contemplamos algo em nós ou fora de nós, experimentamos uma admiração que nos orienta para Deus. Mas essa experiência tem uma dimensão de maior profundidade. A beleza nos move atingindo o mais íntimo e o melhor de nós mesmos. Se a beleza nos conduz a Deus, essa caminhada significa que tendemos a Deus como à suprema perfeição, como ao esplendor infinito do Bem Supremo. Então o caminhar significa identificar-nos, começar a ser transformados à semelhança e união com o Princípio e Fim de nosso ser de criaturas.

Mas essa compreensão da beleza como caminho que é rumo e qual modo de caminhar, que nos muda no objeto admirado, tem uma contrapartida que marca o drama da nossa vida e mesmo sua tragédia. Quem toma o caminho e segue o rumo de uma beleza deturpada, pervertida, se verá corrompido no mais íntimo de seu ser.

Primeiro olhar de discernimento e definição da beleza

É fácil constatar que o mundo está cada vez mais solicitado, envolvido e inundado por uma variedade imensa de atitudes individuais e sociais diante da Beleza. Bom seria que ela fosse estimada, saboreada, venerada como valor, como valor em si e como caminho para todos os valores humanos e espirituais. Mas o que domina e, de tão comum até passa despercebido, é a beleza manipulada pela ambição de prazer ou de lucro.

Para desvendar e se possível desfazer esse equívoco generalizado, de início convém distinguir os quatro tipos que correspondem aos patamares em que se dispõem as formas de realizações da beleza e de seu influxo sobre a vida, a cultura e a sociedade.

• Primeiro, a beleza natural, a beleza das coisas, da natureza, vistas nelas mesmas e no cuidado artificial que possam ter recebido. Essa forma espontânea de beleza se torna acessível a um olhar admirativo. A beleza se revela a quem tem olhos puros, livres de interesse e que não entra em contato com a criação pelas vias do utilitarismo, do apetite de colher, de consumir, de ver tudo para si e abaixo de si. Em quem se abre à procura ou pelo menos não se fecha na cegueira de seu egocentrismo, a beleza se mostra fecunda, produz sempre um efeito positivo, de libertação dos olhos e dos ouvidos do corpo e mais ainda do espírito.

Esse primeiro encanto com a natureza, mesmo se a gente não está consciente disso, traduz nossa afinidade com a criação de Deus que também nos criou. Assim se manifesta a verdade de nosso ser no mundo. O mundo é ampliação do seio materno. Viver já é um conviver com o ambiente vital, ao mesmo tempo e até antes que se afirme na comunhão com as pessoas na família e na sociedade. Que beleza esse mundo que nos precede, nos acolhe, em um carinhoso abraço que nos faz viver. Pois somos um código vivo de antenas que nos conectam com essa imensa rede bem dosada de oxigênio, de energia, de pressão atmosférica, de luz e de sombra, de frio e calor, de unidade e secura.

Entramos nesse cosmo, nessa harmonia de coisas e energias, onde tudo é calculado e medido a serviço de nossa vida corporal e espiritual. Ele merece que nele entremos com sentimentos de admiração, de gratidão, de louvor, precedendo e fundando nossa atitude de responsabilidade. E percebemos o erro, o desvio, aquilo que é uma espécie de pecado original continuado de quem entra pelos caminhos da irresponsabilidade e do descuido e se põe a colher e desperdiçar o útil e o agradável de maneira estreitamente interesseira e pouco racional.

A beleza em seu primeiro patamar fundador é o esplendor da verdade do mundo e da verdade de nosso ser. Essa beleza começa por ser uma oferta graciosa de uma primeira felicidade, contendo a promessa de felicidade crescente na medida em que acolhemos e cultivamos a vida como um dom, envolvido por um ramalhete de dons.

• Em segundo lugar, surge a beleza humana, em sua expressão mais ostensiva que é a beleza do corpo. É a forma mais intensa e calorosa. Assumirá as modalidades mais variadas provenientes das influências mais ou menos fortes de um amor primeiro e imediato ao corpo. Esse amor tende a se concentrar, correndo o risco de se tornar exclusivo.

Na verdade, a intensidade e a qualidade dessa beleza do corpo vai depender da qualidade da estima que se tem de si, do sentido que se dá à própria vida e à participação na vida social. Será sempre oportuno e sábio perguntar: Quero ter, cultivar e aprimorar a minha forma, pra quê? Para encantar, seduzir, fazendo da aparência a razão de ser de minha existência? Ou minha autoestima, o cuidado de valorizar-me, de me afirmar em minha condição corporal e espiritual, faz parte de um projeto mais amplo de serviço, de dom de mim mesmo e comunhão afetiva, prazerosa e generosa com os outros? Para cada indivíduo e para toda sociedade a qualidade da estima que se tem da forma, da beleza do corpo é determinante de todos os valores e interesses que orientam a vida, a educação e as relações interpessoais e sociais.

• Em seguida, como um elemento da cultura, surge a beleza estética, o sentido da beleza se desenvolvendo e afirmando na apreciação e na criatividade da beleza artística. Ela surge como a experiência de um encantamento diante da maravilha das obras de arte e tem sua expressão mais eminente na criatividade artística sob suas diferentes modalidades. Ela comporta sempre um aspecto técnico, mais ou menos acentuado. Mas em sua originalidade, ela é uma forma de criatividade, de pura gratuidade, uma valorização de si que brota, no entanto, de uma contribuição para enriquecer o mundo, a vida, a sociedade com a novidade de um dom acima de todo preço, mesmo que comporte uma justa remuneração.

• Finalmente, a quarta modalidade da beleza merece o nome de transcendente, é a beleza espiritual, religiosa, tendo seu coroamento na mística. A beleza das coisas e a beleza em sua realização humana emergem e se elevam como uma escada indo da terra ao céu. A beleza que resplandece nas criaturas tem tudo de um dom. E naquele que a saboreia, que a acolhe na admiração, ela suscita uma busca um tanto encantada da beleza criadora. Cristo dizia como poeta, profeta e Filho de Deus: olhai as açucenas dos campos. Nem Salomão, o símbolo da magnificência, ostentou tanta beleza. E o Mestre aponta para as mãos e para o coração do Divino Artista, o Pai cuja beleza não se vê, mas se vislumbra em cada uma das flores e no conjunto desse Jardim que brota e cresce, qual gracioso vestígio da beleza de seu amor criador (cf. Mt 6,25-30).

Está aí esse simples quadrado das formas de beleza. Para termos uma primeira ideia do fenômeno em que ela se realiza na vida dos indivíduos e da marcha da sociedade, havemos de observar os encontros e os contrastes dessas figuras, sobretudo tais quais podemos observá-las na complexidade e na dinâmica dos sistemas atuais.

Na sociedade de hoje, entre a beleza humana, da busca da forma atraente senão sedutora do corpo e a beleza estética artística, nota-se certa afinidade e mesmo uma aliança, sobretudo quando se consideram as elites ou a aristocracia da riqueza, que dão o tom para uma opinião pública bastante passiva.

Entre essas duas formas de beleza, há mesmo uma identificação que se concretiza na busca cada vez mais intensa de modelar, de esculpir e pincelar o corpo humano. É a função, aliás, bem remunerada, da cirurgia plástica e estética, apoiada por todas as práticas de terapia, exercícios, regimes e malhação que constituem a ascese da humanidade pós-moderna. No mundo todo, assume a maior importância a busca da Beleza endeusada, da idolatria do corpo e da forma, afirmando-se crescendo em sua força de sedução.

A beleza da natureza vai sendo redescoberta na volta, grandemente forçada, de nossa civilização à estima e ao cuidado do meio ambiente. Mas bem parece que a beleza da natureza, considerada em si mesma, capaz de encaminhar à beleza transcendente, à ação de graças pelo dom da criação, não tem muita cotação neste nosso mundo do utilitarismo. Ele se volta maciçamente para a natureza, sobretudo nas grandes migrações internas e externas do turismo.

Bem se vê, a beleza da criação vai sendo confiscada pela comercialização de toda a beleza, pois a beleza da natureza vai sendo em grande parte colocada a serviço da beleza e mesmo da idolatria do corpo.

Em resposta a essa situação de uma beleza escrava, a beleza a serviço do mercado, do utilitarismo e do hedonismo, vem surgindo a suave revolução da beleza, valor em si, caminho da plena realização humana e do encontro com Deus. Há um despertar do gosto da contemplação gratuita e tonificante da beleza da criação; um sentido de dignidade envolve e eleva a beleza da criatura privilegiada que é o ser humano; e vai emergindo ao menos certa procura da Beleza primeira, fonte criadora de todas as formas participadas de beleza.

Acrescente-se que essa tendência generalizada tem uma forte aliada em certas formas modernas da cultura. Desde a *belle époque* até os requintes da pós-modernidade e da globalização, espalha-se uma mentalidade e mesmo se elabora uma doutrina da salvação pela arte. Em particular, exalta-se a literatura, e se propaga uma espécie de evangelho das belas letras. Já Marcel Proust, em sua obra monumental,[1] descrevia o "tempo perdido", a vida sem sentido, opondo-lhe o "tempo recuperado", entenda-se bem, recuperado graças ao escritor, pela literatura de ficção. Hoje essa literatura se vulgarizou pelo milagre da técnica e das maravilhas teatrais da televisão.

É deveras significativa a profissão de fé de Marcel Proust:

> A verdadeira vida, a vida verdadeiramente descoberta, a única verdadeiramente vivida é a literatura. Em certo sentido ela está em todos os homens. Mas eles não a veem, só o escritor a torna visível. Ela é a revelação que nenhum outro meio pode manifestar. Só pela arte podemos sair de nós mesmos. Chegamos, a saber, o que um outro vê do Universo, mas não pode dizer. Graças

---

[1] Cf. M. Proust. *À la recherche du Temps Perdu*. Utilizo a edição de France Loisirs, Paris, 1989.

à arte nós vemos outros tantos mundos, diferentes uns dos outros, tocando o infinito.[2]

Esse credo literário do grande romancista corresponde a uma atitude generalizada. Hoje se poderia falar da "salvação" pela informática.

Para completar o quadro, merece atenção um fenômeno mais ostensivo e grandioso. É uma espécie de epopeia da beleza não apenas estética, mas industrial e comercial. Pode-se falar de uma macroexibição das amostras, das exposições universais já nos fins do século XIX e entrada do século XX. Era a junção solene e orgulhosa dos modelos espetaculares da beleza e a ostentação dos progressos do capitalismo industrial. A beleza se arvorava como a bandeira do mercado e de uma civilização da utilidade, da produção, do consumo e do prazer. Hoje, essa beleza de ampliou, se tornou onipresente em todos os shoppings, os santuários grandiosos do deus Mercúrio, o protetor dos negociantes e dos gatunos, nos velhos tempos do paganismo. Na pós-modernidade, ele botou terno e gravata. Tornou-se uma divindade muito distinta, aliada aos encantos de Vênus. O casal divino é gostosamente cultuado nos templos comerciais, grandes, médios ou pequenos, para onde se atraem e onde se seduzem as multidões de consumistas. Animadas pela fé no dinheiro, tornam-se praticantes fidelíssimas do mercado. Compram até o que não podem hoje, vendendo de antemão o que esperam ganhar amanhã.

Em resposta a essa situação de uma beleza escrava, a beleza a serviço do mercado, do utilitarismo e do hedonismo, vem surgindo a suave revolução da beleza, valor em si, caminho da plena realização humana e do encontro com Deus. Há um despertar do gosto da contemplação gratuita e tonificante da beleza da criação; um sentido de dignidade envolve e eleva a beleza da criatura privilegiada que é o ser humano; e vai emergindo ao menos certa procura da Beleza primeira, fonte criadora de todas as formas participadas de beleza.

Esboço de análise estética. Experiência e conceito de beleza

A experiência da beleza merece ser analisada porque ela é um elemento essencial da realização do ser humano no que ele tem e no que ele é de propriamente humano. Cada criatura humana emerge e desabrocha, em sua identidade pessoal que se abre a uma comunhão de relações e de intercâmbios.

---

[2] Ibid., p. 286.

Essa comunhão surge e cresce na medida precisamente em que o indivíduo se afirma, não se aferrando ao egocentrismo, mas saindo dele, alargando e sublimando aquele pequenino feixe de apetites e desejos que constituem o bebê recém-nascido. A cultura e a educação que efetivam a humanização autêntica do pequenino só conseguirão pleno êxito se forem animadas por uma precoce e constante pedagogia de beleza.

Toda a nossa reflexão será guiada pelo reconhecimento dessa verdade do ser humano. Vamos sendo encaminhados de início por um simples olhar sobre os elementos constitutivos da beleza e sobre a linguagem com que a descrevemos habitualmente.

A beleza natural, refulgindo no universo da criação, bem como a beleza artística assumem aqueles elementos de base que envolvem a existência, as atividades e condicionam o desenvolvimento do ser humano. Há um empenho de fazer resplandecer as qualidades de aprimoramento, de ordem e de harmonia no ambiente, visando ajudar a bem viver e a bem conviver. A cultura cria ou aperfeiçoa figuras, joga com as cores, com a luz e com a sombra, dispondo traços e linhas, dando ritmo às palavras, aos sons ou ao silêncio. Para a civilização autêntica, a beleza não é algo de acidental, de acréscimo, de dispensável. É a imprescindível qualidade do quadro e da forma da vida humana, tanto das pessoas quanto das sociedades, garantindo-lhes a sua plena realização, seu desenvolvimento na partilha dos bens, dos valores e dos direitos, assegurados a todos e a cada um.

Essas simples indicações já nos permitem verificar que a beleza está no pleno desabrochar e no exercício prazeroso dos dois sentidos de comunhão com a realidade, a vista e o ouvido, que asseguram ao nosso eu a saída e superação de si, na medida em que entra na harmonia do universo. Assim, a beleza se afirma como um gostoso paradoxo. Pois, surge como uma surpresa, como a experiência da novidade constante das coisas, mas sem gerar estranheza, pois vem a ser a revelação de nossa afinidade, de nosso parentesco muito profundo mesmo com tudo o que há no universo.

Sob o aspecto subjetivo, como experiência pessoal de cada um, a beleza convida à admiração, à contemplação, despertando o encanto, o embevecimento, o gosto de viver e de conviver.

É que o ser humano se realiza na medida em que se plasma pela tendência e conformidade ao belo, à verdade e ao bem e se encontra na unidade, na coerência correlativa à perfeição em que chega a se afirmar.

Na raiz de tudo, especialmente do ser humano pessoal e social, se pode e deve encontrar a trilogia das propriedades do ser: beleza, verdade e bondade. Essas qualidades transcendentais do ser surgem como a matriz formadora do ser humano em sua autenticidade pessoal e social, e, mais ainda, em sua vocação cristã. Elas hão de se instaurar suscitando uma adesão amorosa, jubilosa, triunfando do desvio que vem a ser a prioridade negativa do mal, da feiúra, do ceticismo, da recusa da verdade ou a instalação nas disposições que fecham a inteligência e o coração à verdade e à solidariedade.

Pode-se ilustrar este modelo de compreensão da beleza, como matriz do ser humano, considerando o gracioso exemplo do bebê, em seu desabrochar para a existência. Desde os tempos antigos se reconhece que o pequenino ser humano começa a vislumbrar a universalidade do ser, espelhada no sorriso amoroso da mãe. É o que já o poeta Virgílio cantava na sua IV Écloga, tão apreciada pelos primeiros cristãos.

Nesse primeiro intercâmbio existencial, a essa criaturinha humana o ser se revela em suas quatro propriedades fundamentais: pois, sem nenhuma complicação de ideia e pensamento, o bebê experimenta que ele é um com a sua mãe e distinto dela; é a primeira experiência da unidade do ser e da alteridade existencial; vê ainda que este amor é bom, uma amostra concreta da bondade do ser; este amor se revela verdadeiro, nele resplandecendo a verdade do ser; finalmente, este amor suscita a alegria, em que refulge o ser como belo.

Indicações históricas. A beleza na filosofia antiga

Mesmo que seja de maneira sucinta, vale a pena atender às características da filosofia antiga, pois ela nos introduz em uma busca leal dos caminhos da beleza, mostrando suas formas comuns de realização, e empenhando-se em compreendê-la nos moldes da razão. Nesse intento, se destacam os pontos de inserção do belo na experiência geral do dia a dia, e já se começa a analisar os obstáculos à sua compreensão e à sua acolhida.

O Sócrates de Platão pode ser nosso primeiro guia nesse itinerário em busca das pegadas da beleza, mais ou menos bem reconhecidas e decifradas por um esforço concentrado da razão. Sem pretender nem mesmo esboçar uma hermenêutica de Platão, selecionamos algumas indicações no sentido de encaminhar nossa reflexão sobre as diferentes figuras do belo, sobre os abusos de ontem e sobre a manipulação da beleza hoje em contraste com o valor primordial da beleza para vida e a teologia cristãs.

No diálogo *Grande Hípias*,[3] consagrado ao tema do Belo, Platão enumera e refuta as noções comuns, mas parciais senão distorcidas do que seja a beleza. Insiste na complexidade das formas do belo, na dificuldade de defini-las à luz e na perspectiva da Ideia universal da beleza de que essas modalidades particulares são as realizações empíricas. Elas culminam na referência à beleza de uma divindade. O que sugere a transcendência da beleza, à qual encaminham suas formas concretas e empíricas.

Na *República*, Platão, em nome da verdade e da pedagogia, quer excluir de sua Cidade ideal os poetas, os mitos politeístas que exaltam deuses mentirosos e viciados. Com certa audácia, o Filósofo estigmatiza essas manipulações falsificadoras da beleza. Seria um equívoco total ver na condenação desses desvios uma rejeição dos artistas e, sobretudo, dos poetas. Platão os reconhece e deseja como os artífices da harmonia da verdade, do bem e do belo.

No *Banquete,* Platão declara que o Amor em sua realização suprema tende ao que é mais sublime, à beleza em sua perfeição. Essa escala de perfeição na beleza, coroada pela beleza sem limites, será desenvolvida por Plotino (em suas *Enéadas*, especialmente no livro V,1, 6 e todo o capítulo 8). E por ele vem transmitida aos pensadores e mestres cristãos. Dentre estes, Santo Agostinho é a expressão mais eloquente, condensada em tantas sentenças luminosas, como a conhecida e graciosa exclamação: "Tarde te amei, Beleza sempre antiga e sempre nova".

No entanto, quem oferece à teologia a síntese mais lúcida e calorosa da beleza de Platão e de Plotino é Dionísio Areopagita. Em um estilo original de pensar e de falar, marcado pela admiração, pela contemplação, pela riqueza de superlativos, Dionísio inaugura a teologia estética, que só será retomada em toda a sua amplidão por Hans Urs von Balthasar. Este, aliás, põe o Areopagita em grande destaque. Dionísio elabora um tratado da beleza no capitulo quarto dos *Nomes Divinos*. O texto é comentado ampla e profundamente e com muito gosto por Santo Tomás de Aquino.

Assim se aprimora um paradigma teológico graças à opção e à integração harmoniosa das grandes correntes intelectuais e espirituais, Aristóteles, Agostinho e Dionísio Areopagita. A beleza será contemplada em sua fonte divina e elaborada em sua noção teórica e em sua realização na natureza e na arte. Mas essa teologia da beleza tem sua fonte primeira na revelação bíblica, muito especialmente na doutrina e na graça do Evangelho.

---

[3] Utilizamos as *Obras completas de Platão (Oeuvres Complètes)*, em dois volumes, Pléiade, Gallimard, Paris, 1930. Tradução e notas de Léon Robin.

A reviravolta da modernidade atingindo a filosofia, a cultura, a mentalidade, os costumes e as ideologias

Bem se reconhece a crise global inaugurada senão radicalizada primeiro pela Renascença, na cultura e na sociedade, com forte repercussão na Igreja. Há uma total mudança de critérios para a apreciação dos valores culturais, sociais e religiosos. O que interessa diretamente a nossa reflexão vem a ser o predomínio da beleza estética, da criação artística. Tal atitude deixa na sombra a beleza natural e religiosa, dentro de um processo de secularização e de concentração do olhar sobre o corpo, idolatrado na harmonia de sua forma e em sua força de sedução erótica.

Em sintonia com essa primeira revolução no reino da beleza, dá-se uma virada semelhante no campo do pensamento, com o surgimento do subjetivismo filosófico que se associa ao individualismo generalizado, pessoal e social.

De maneira mais profunda e radical, o próprio conhecimento passa por uma reviravolta total, a partir da declaração inocente e que se dá como a primeira evidência: "Penso, logo existo". Não há duvidar. Descartes tem razão. Pode-se inferir a certeza de existir a partir da consciência de estar pensando. O equívoco está em estabelecer como princípio primeiro o simples pensar sem objeto, o pensar como verbo intransitivo, como se fosse o primeiro ato ou a primeira experiência de conhecer.

Na linha do individualismo, de busca de autonomia, de valorização do eu, tendendo à egolatria, essa redução do pensar, isolado ou insulado na exaltação da sua existência própria, conduzia naturalmente à exclusão do conhecer como forma primeira de comunhão com o outro, com o mundo das coisas e das pessoas. Relegava-se a doutrina clássica da filosofia grega, reelaborada, com mais força e lucidez, pela sabedoria dos mestres cristãos medievais, especialmente Tomás de Aquino. Este define o conhecer como a capacidade de ser o outro, o outro mantido em sua alteridade, na consistência do seu existir, ao mesmo tempo em que se guarda e se enriquece a identidade de quem conhece.

O espírito se torna todas as coisas, criando um universo intencional, todo transparente, que não copia a realidade, mas estabelece a comunhão pessoal com o ser e as diferentes formas de ser. No ato de conhecer, há assim uma simbiose absolutamente original, única, do ser que conhece e do ser conhecido. O conhecimento inaugura a valorização de si, mas mediante a abertura ao outro, na acolhida do outro tal qual ele é.

E a primeira atitude que inaugura e revela essa magia criativa do conhecimento é a admiração do ser que nos envolve, do ser que nos precede, do ser que aí se oferece como um dom que nos constitui e constitui esse paraíso que vem a ser o universo. A admiração surge então como a forma mais excelente do conhecer, indo ao encontro da beleza, da beleza que é um pico de perfeição no universo das coisas e das pessoas. Pois ela é o suave esplendor da verdade, do bem, da unidade harmoniosa de um mundo que aí se dá como uma gratuidade. Mais ainda, para quem tem olhos para ver, a criação aponta para a Fonte da Graça, para um Amor que é puro bem-querer e um maravilhoso bem-fazer.

O subjetivismo, o individualismo, que se fecha e concentra na atenção egocêntrica de si, enclausurou o pensamento, roubando-lhe a capacidade de reconhecer no espírito humano a vocação viva de tender ao Absoluto, sobretudo ao Absoluto real de um Amor Criador.

Em uma lógica terrivelmente coerente, a beleza da natureza, digamos da criação, se eclipsou para a modernidade. Daí a importância do primado que se passou a dar à atividade estética, à beleza fabricada e até mesmo a toda produção de objeto, de mercadorias, com a desatenção à beleza da natureza, especialmente da vida em seus diferentes patamares de perfeição. A estátua do Pensador de Rodin tem lá a sua beleza incontestável. Mas, à luz da dignidade ética e evangélica do ser humano, todo pensador anônimo sentado em uma praça por aí é deveras a imagem viva de uma beleza incomparavelmente superior a toda beleza de pedra mesmo que fosse do mais precioso mármore ou marfim.

Aliás, seria importante relembrar o testemunho de certa literatura, sobretudo da *belle époque* que se empenha em enaltecer a arte pela arte, pregando a salvação pelas belas letras. Esse tipo de literatura fraterniza com a tendência generalizada da filosofia iluminista e pós-iluminista, e até com a mentalidade comum na pós-modernidade. Filosofia, mentalidades e ideologias são voltadas todas elas para o primado da estética e mesmo da técnica fabricadora de objetos e mercadorias embelezadas, em detrimento da admiração da beleza, da poesia de que a criação é a portadora e mensageira.

Redescoberta da beleza na aurora do Novo Mundo

Há uma figura exemplar que os estudos recentes vão colocando em plena luz. É Frei Bartolomeu de Las Casas, o missionário que decifrou a ambiguidade do colonialismo, na aurora da globalização econômica e cultural. Descobriu a

América em sua beleza, à luz do plano divino da história, tornando-se assim o precursor evangélico da moderna ecologia.

Pois, quando a América começava a ser vista apenas como promessa de riquezas, acendendo cobiças destruidoras e genocidas, o missionário descobria a verdadeira América com sua gente boa e humilde, habitando um verde paraíso tropical que evocava, para ele, o primeiro Paraíso plantado pelo próprio Criador.

Las Casas passou a lutar para libertar os Índios, a população primitiva da América, que os colonizadores escravizavam, se prevalecendo de suas pretendidas prerrogativas de serem os fiéis de Cristo, donos, portanto, dos bens e das pessoas dos infiéis. E com a mesma lucidez e coragem dos profetas, o missionário passou a denunciar a "destruição das Índias", isto é, do novo Continente. Apoiava-se na força salvadora da beleza, difundindo assim a visão do universo como criação divina. Inaugurava então no Novo Mundo uma ecologia concreta e eficaz a partir da luz e da energia da fé. Pois, não é que o Missionário, em nome do Artista Criador, enaltecia a pureza e a beleza das matas, das terras, das águas, estigmatizando os estragos que os civilizados europeus causavam neste maravilhoso Continente tropical?

Com muito zelo e algum toque de humor, Las Casas convidava os europeus a vir admirar a beleza tropical, superior a toda beleza do velho Continente. E lhes propunha que aqui se entregassem à contemplação, ao louvor do divino Criador que resplandecia em sua glória neste Paraíso de sua predileção.

Não há negar. Da América Latina, Las Casas se ergue como o grande doutor e o profeta por excelência de que necessita a globalização pós-moderna, que obcecada pelo culto das aparências tanto desconhece e obscurece a beleza da criação e do Criador.

Mas além de empresário e urbanista naqueles bons tempos de tanto sonho e muito idealismo, Las Casas acertou uma de arquiteto. Jovem prior de uma comunidade dominicana deu de imitar Fra Angélico e construiu um convento atendendo a tudo o que era preciso ou conveniente para que os frades tivessem um recanto para estudar, meditar e contemplar, acolher o povo e pregar-lhe o Evangelho. O convento era um mimo. Muito funcional e muito harmonioso, levava em conta o clima, abrindo-se judiciosamente ao sol e à aragem do mar. Ultimamente por exigência do moderno urbanismo destruíram esse monumento histórico e artístico.[4]

---

[4] Tive um pesar imenso. E pedi que me enviassem a foto, a planta e ao menos um tijolo desse primeiro convento dos Dominicanos na América. Esse tijolo se encontra debaixo do altar da capela dos Frades Dominicanos da Saúde em S. Paulo.

Comercializar e manipular a beleza: desastrosa perversão ética da economia atual

A economia é o sistema mais abrangente, exercendo uma influência profunda e universal. Toca a esfera das decisões, da orientação e, portanto, da qualidade de vida, bem como do modelo de sociedade. A macroeconomia, com seu estado maior, que são as grandes empresas nacionais, internacionais e transnacionais, joga com o regime de oligopólios, o que praticamente tem tudo, menos o estatuto formal de monopólio.

Em si, a economia é um tecido de razão e liberdade. A liberdade econômica convive com as outras liberdades, especialmente a liberdade política, sem dever nela intervir diretamente. Mas, de fato, ela sustenta, financia o acesso e a permanência no poder, sob mil e um disfarces, ostentando-se sempre dentro da legalidade. E exerce tranquilamente a receita do bom funcionamento dos diferentes sistemas sociais: Quem paga comanda. Contanto que saiba preservar espaços de liberdade para os verdadeiros mantenedores de toda a economia, os clientes e consumidores. Convenientemente informados e motivados, colaborem para a manutenção e o crescimento do sistema, para a produção e acúmulo de riquezas.

A conveniência, a qualidade da informação e da motivação da massa dos clientes e consumidores consistirá em formá-los e mobilizá-los para fazer marchar o sistema. O ideal é que sejam ativos e assíduos em comprar e utilizar mercadorias e serviços, sentindo a necessidade e o gosto de satisfazer seus apetites e desejos sempre crescentes, sendo contínua e docemente estimulados e mesmo criados artificialmente. Os enormes investimentos promocionais, publicitários são bem recompensados com toda certeza, contanto que saibam criar as imagens da felicidade que o público há de reconhecer naquele produto maravilhoso, que ele mesmo desejava sem saber. Tal é a filosofia da publicidade.

Retomamos esse ligeiro retrato do sistema econômico, porque é do seu interior mesmo, de seus objetivos e de seu dinamismo, que a economia vai ao encontro da estética em uma verdadeira aliança de amor. A estética – a visão e a utilização da beleza – é dotada de uma abrangência sem limite. Mas depende dos diferentes sistemas sociais, de comunicação, de educação, da cultura em geral. Mas, como todos eles, é mantida e sustentada pela economia.

Há assim uma necessidade mútua, que liga a estética e a economia, donde resulta uma aliança, de efeitos desiguais. Ela é alienante para a estética, em proveito da economia, ambas sendo assumidas e configuradas pela mesma inteligência instrumental e tecnológica. A estética tomará corpo, existirá onde e quando for reclamada pelos objetivos e motivações do sistema pagador e mantenedor.

O ser humano, vocação à beleza acolhida como supremo valor em si

Após esse rápido percurso, balizado por algumas análises e notações críticas, parece viável o cotejo ético da estética e da economia atual. A ética começa pelo despertar das consciências aos valores humanos, assumindo e integrando os valores econômicos, reconhecidos em sua originalidade e seus limites. A beleza em si, em seu livre desabrochar na natureza e no ser humano, constitui o quadro, clima, condição de autenticidade, da plena realização da pessoa e da sociedade.

Pois, libertada de toda alienação que a instrumentalize, a experiência da beleza consiste no encontro do mais íntimo de nós com o que há de mais perfeito na realidade, encontro que se inaugura pela atitude de admiração, que é a primeira forma do sair de si, de superar o egocentrismo pela alegria de viver e conviver. É verdade que a existência, a qualidade ou intensidade desse encontro estético dependem da afinidade, da conaturalidade do sujeito com o belo que o atrai. Quanto mais excelente é essa beleza tanto mais ela promove e aperfeiçoa aquele que a interioriza em sua estima. A antítese se impõe com a mesma evidência. É o que João da Cruz proclama no seu feitio radical: "Quem ama a lama vira lama, quem ama a luz vira luz".

A presença intencional da beleza exerce um influxo transformador que se intensifica e aprofunda com a duração. Também esse influxo surge com a admiração, se prolonga na contemplação, que é "o olhar do amor fixo sobre a beleza do amado" (Tomás de Aquino). A força de identificação com o outro, característica da beleza, de si tende a crescer e chega a uma espécie de êxtase, de enamoramento. A experiência da beleza espiritual envolve no verdadeiro amor a criatura admirada. E encontra sua plenitude quando iluminada e animada pela contemplação toda voltada para a transcendência divina.

Bem articular economia, ética e estética

A existência humana só terá chance de ser autêntica se for ajudada a acolher a beleza, a iniciar-se e avançar na qualidade de admirar o mundo natural e humano. O que inaugura a saída do individualismo e do utilitarismo, a descoberta do outro, a opção pelo bem do outro e mais ainda do bem comum da família e da sociedade. Essa admiração será a matriz e o elã da verdadeira formação humana na medida em que se prolongar na atitude de contemplação e de ação de graças. A estética libertada do economismo é a força interior que conduz ao triunfo sobre o estresse, o ressentimento, a agressividade, os tristes frutos do imperialismo econômico globalizado. A cultura e mesmo a saúde exigem que se descarte a comercialização da estética, optando pela educação da beleza pela beleza.

Paulo Freire insistia sem se cansar com os ouvidos que não ouvem: a educação reclama uma pedagogia da liberdade, da autonomia, da esperança, do amor. O que supõe uma pedagogia da beleza, do fazer ser e desabrochar a criança, o adolescente, o jovem no gosto de viver, de conviver, de estar em comunhão com a natureza, com o mundo. Não se hesite em reconhecer: hoje, só a presença realmente vivida da beleza preservará da revolta destrutiva de si e dos outros, essa reação que atinge todos quantos se veem excluídos do conforto e jogados no lixo da civilização. Pois, esta se mostra concentradora de riquezas, de bem-estar, reservando uma parte minguada para aqueles que ela pode transformar em clientes consumistas.

Na comunidade cristã, a estética há de inspirar e fundar um paradigma teológico visando a maior conformidade com a revelação, em sintonia com a natureza e a dignidade do ser humano. Sempre presente na Igreja e na arte cristã, a espiritualidade e a ética teológicas devem prevalecer hoje, desabrochando na suavidade da graça, superando a feiura do mal, a desordem e a tristeza da falta de amor que é o pecado. Sem dúvida, não dá para tapar o sol com a peneira. Hoje, a beleza se vê triste e dolorosamente profanada pelos desvarios da idolatria do erotismo e do hedonismo, do exibicionismo e do voyeurismo, a serviço do mercado.

No entanto, mesmo marchando no deserto, a humanidade aposta na esperança. As comunidades cristãs, tantas e tantas ONGs, talvez pouco visíveis trabalhando na penumbra, as grandes religiões do mundo, que tomam consciência de que juntas são "a alma do mundo", toda essa caravana vai ao encontro do sonho e da busca de beleza sempre crescentes na humanidade.

Bibliografia sumária

Alguns de meus livros testemunham a preocupação de elaborar uma estética teológica. Assim nos últimos capítulos de *Falar de Deus e com Deus* (Paulus, 2004) são estudados os paradigmas literários em que Guimarães Rosa e Carlos

Drummond falam de Deus, da religião e da fé. Na obra recente, *Ética mundial: esperança da humanidade globalizada* (Editora Vozes, 2010), o paradigma ético proposto se distancia de todo legalismo ou ortodoxismo autoritário. Expondo uma ética do bem, dos valores e das virtudes, cujo tecido de atitudes humanas, de atividades e relações sociais, tende a culminar na mística, no encontro amoroso e contemplativo do Bem e do Belo Infinito.

O tema deste artigo é, em grande parte, abordado em *Ética e mídia. Liberdade, responsabilidade e sistema* (Paulinas, 2006). Aí se estudam as relações entre os sistemas de comunicação, de economia, de política, de educação e cultura, com indicação de bibliografia.

Desejo e felicidade: algumas considerações teológicas

Afonso Maria Ligorio Soares

Delimitando a busca

Quando o conhecido filósofo francês, Luc Ferry, afirma que "A felicidade não existe, o que existe é a serenidade",[1] está, por assim dizer, resumindo uma tensão milenar na história ocidental. Para Ferry, "a busca pela felicidade plena não faz sentido. O que podemos almejar é a serenidade", e esta "só se atinge vencendo o medo", seja ele a timidez (medo social), as fobias, ou o medo da morte, do irreversível. O antídoto para o medo tem sido buscado na serenidade – não na felicidade – e toda a filosofia, de Homero e Platão até Schopenhauer e Nietzsche, baseia-se nessa doutrina.

A filosofia, propõe Ferry (ao menos a que foi explicitada nas grandes concepções filosóficas ocidentais), é "uma tentativa grandiosa de ajudar os seres humanos a alcançar uma 'vida boa' superando os medos e as 'paixões tristes' que os impedem de viver bem, de ser livres, lúcidos e, se possível, serenos, amorosos e generosos". Em suma, as visões de mundo filosóficas são em primeiríssimo lugar "doutrinas da salvação", uma vez que se propõem a nos salvar do perigo da infelicidade.[2]

Assim definida, a filosofia mais parece uma espécie de quase-religião. Ferry concorda. "A filosofia de fato nos promete a mesma coisa" que as grandes

---

[1] L. Ferry. Entrevista à Veja.com, em 30 set. 2011. Disponível em: <http://veja.abril.com.br/noticia/brasil/luc-ferry-%E2%80%9Ca-felicidade-nao-existe-o-que-existe-e-a-serenidade%E2%80%9D>.

[2] L. Ferry. *Vencer os medos*; a filosofia como amor à sabedoria, pp. 15-21. A objeção de Comte-Sponville, que argumenta a favor da existência de filosofias teístas e cristãs, é reproduzida nas pp. 100-104; a réplica de Ferry, nas pp. 105-134.

religiões; só que "nos garante que podemos chegar a isso *pela razão e por conta própria!*". Ou seja, filosofar é propor uma doutrina da salvação *sem Deus*.[3]

Todavia, Ferry também reconhece a genialidade do cristianismo ao propor o amor – principal problema para se por em prática o desapego exigido pelos estoicos – como solução de nossa finitude e miséria: "em vez de ser a origem de nossos tormentos, agora é ele que nos salva, com a única condição de ser amor em Deus". Os cristãos venceram os gregos com "uma promessa que corresponde em todos os pontos a nossos mais caros desejos". Contanto que se tenha fé, o cristianismo é imbatível como doutrina de salvação. Por isso, "não espanta", conclui Ferry, que ele "tenha conseguido vencer a filosofia e isso, quase sem concorrência, durante quase quinze séculos...".[4]

O século XXI herdou do século anterior – e tem sido "brilhante" em aprimorá-lo – um concorrente à altura do estoicismo clássico e do hegemônico cristianismo: o consumismo ilimitado. Este representa uma terceira maneira de lidar com a limitação humana, que recusa simultaneamente a serenidade grega e a *charitas* cristã, apostando na materialização máxima do desejo. Seu principal gargalo, porém, é que não há recursos infinitos neste e em qualquer outro planeta para nossa fome onívora.

Aterrorizados pelo abismo a que estamos sendo sugados, talvez volte a parecer menos deletéria a busca espiritual sugerida, há milênios, pelas grandes tradições religiosas. Este capítulo pretende apenas sugerir que vale a pena reconsiderá-las hoje, como contraponto aos impasses desta hipermodernidade.

O(s) paraíso(s) ou a perigosa ultrapassagem do limite humano

A. N. Terrin demonstra em seus estudos que não é estranha à história das religiões a imagem do paraíso, quase como um arquétipo coletivo em que se revezam terras felizes e satisfações ligadas a este mundo e a esta vida projetadas, para frente ou para trás, em situações ideais, tudo isso sendo fruto da "capacidade *mitopoética* do homem religioso de todos os tempos".[5]

O termo "paraíso" entrou na tradição cristã graças ao "jardim" mencionado em Gn 2,4ss. E ganhou uma força simbólica enorme, conseguindo cobrir

---

[3]   L. Ferry. *Vencer os medos*, cit., p. 18.

[4]   Ibid., p. 43.

[5]   A. N. Terrin, *Introdução ao estudo comparado das religiões*, p. 298.

"religiosa e culturalmente todo o arco de nossos desejos, dos sonhos de felicidade, da esperança de um mundo diferente, da espera de uma idade de ouro que transforme radicalmente esse éon em algo atraente, fascinante, salvífico"[6] – ou seja, do paraíso ideal de todo turista estressado (religioso ou não) até o sonhado nirvana oriental, a Aruanda africana ou o céu cristão.

As religiões veem o paraíso – cada qual com suas peculiaridades e irredutibilidades – como ponto de chegada de uma jornada, como consequência do andar da carroça desta vida, sendo a morte seu ponto crítico de inflexão, rumo ao definitivo (embora precedido, em algumas tradições, de vários retornos/ recomeços). Mas não é o caso de traçar aqui os inúmeros exemplos encontrados pela história das religiões. Basta destacar essa aparente convergência: o paraíso – independentemente do nome que se dê a essa metáfora – começa a ser construído/preparado/merecido nesta vida e exige certo desprendimento e abertura ao mundo transcendente.

O outro lado desse arquétipo é precisamente a finitude do mundo e a angústia gerada por sua consciência. Só é atraente um paraíso que me prometa superação daquilo que, se supõe, venha de encontro a meus desejos mais profundos e, quiçá, inconfessáveis. Muita gente se veria na constatação, bastante rude, com que nos brinda este duro poema de E. Fried, que fala por si:

> Um cão
> que morre
> e que sabe
> que morre
> como um cão
> e que pode dizer
> que sabe
> que morre
> como um cão
> é um homem.[7]

Como nos sugere o poema, a consciência é sempre consciência machucada. Consciência da finitude, da imperfeição, do descompasso entre a realidade e nossos desejos. Quem nasceu primeiro, a morte ou a consciência da morte? O fato é que só tem sentido falar de morte a partir da consciência de que aquela visível dissolução de nossa vida não deveria estar acontecendo. Por que esta

---

[6] Ibid.

[7] Citado por Ruiz de La Peña, J. L. *La muerte*, p. 11. Apud. M. Fraijó. *O cristianismo.* p. 40.

coisa boa tem de desaparecer? Ou, como cantava o poeta Vinicius de Moraes, em seu *Cotidiano n. 2*: "Aí pergunto a Deus, escute amigo / Se foi pra desfazer, por que é que fez?".

Seja como for, o paraíso indica o "algo mais" qualitativo que sinaliza a rebeldia humana contra a incongruência do mundo finito em relação a nosso desejo de infinito.[8] A religião é uma maneira de dar vazão a esse desejo de expansão de fronteiras; o consumismo contemporâneo pode ser visto, nesse sentido, como a variável desesperada dessa busca em mundo pós-religioso, ou pelo menos, desguarnecido dos absolutos tradicionais.

Uma leitura teológica desse anseio que nos constitui como humanos é sempre empresa delicada. Primeiro porque, para cada configuração encontrada na história das religiões, seria preciso ter em conta sua própria leitura teológica; e em segundo lugar, porque o próprio esforço teológico pressupõe uma tomada de distância que, não poucas vezes, correrá o risco de ser vítima de sua própria "assepsia epistemológica".

A própria busca do *sentido* teológico da felicidade ou da salvação é arriscada, pois como alerta o filósofo Bertrand Vergely,[9] há duas acepções do termo *sentido*: como finalidade e como significação na linguagem. No primeiro caso, visa-se à direção correta – "para que lado fica o paço municipal?". Uma vez conhecida, não nos resta outra escolha senão segui-la; do contrário, podemos cometer algum erro. No segundo caso, o sentido é fruto de uma tradução – como dizer que "a vaca foi para o brejo" em inglês? – e os erros são possíveis, pois temos maior margem de escolha. Como se vê, a primeira acepção enfatiza a meta; a segunda prioriza a liberdade. Podemos ser livres sem errar e atingir o destino correto sem nos sentirmos coagidos a fazê-lo?

A distinção de Vergely pode evitar que incorramos em deslizes ao tentar construir uma teologia da salvação ou da felicidade como se fosse o mesmo que uma teologia antissofrimento. O autor chama nossa atenção para dois extremos e seus consequentes riscos. O primeiro extremo consiste em conferir, a

---

[8]　Os exemplos desse sonho milenar são inúmeros: os *campos de Aaru* no antigo Egito; os *Campos Elíseos* da Grécia antiga; as *Ilhas dos Felizes*, onde há o reino de Kronos e a morada dos heróis, em *Os trabalhos e os dias*, de Hesíodo; o *Palácio da imortalidade*, que fica na superfície do oceano, na *mitologia chinesa*; a visão do Islã, na qual o paraíso é esse mundo "invertido", que se *transforma* por meio de uma coloração de infinitude e de felicidade que tira seus lados obscuros; ou a visão do *hinduísmo* e do *budismo*, que coloca o paraíso, a felicidade do espírito *dentro deste mundo*, como abertura incondicionada do espírito (*átman*) ao *Brahman* (ou seja, nossa viagem é para dentro de nosso espírito – e o ponto alto dessa visão é o nirvana budista). Cf. Terrin, op. cit., cap. 17.

[9]　B. Vergely. *O sofrimento*, pp. 9-15.

qualquer preço, um sentido para o sofrimento, procurando mostrar sua utilidade. Assim, o sofrimento pode ser um sinal ou sintoma (ponto de vista médico-científico), um indicador de nossas limitações (ponto de vista pedagógico), um meio de reparação dos erros cometidos (ponto de vista moral e político) ou um passaporte para o paraíso (ponto de vista espiritual). Uma teologia ou soteriologia afinada com tal conjunto de explicações corre três riscos. O primeiro é considerar o sofrimento de fora e ficarmos indiferentes ao sofrimento "normal" pelo qual todos temos de passar, algum dia. O segundo risco é ver o mal como se fosse um bem, dada a sua eficácia para atingir determinado objetivo. O terceiro risco é interiorizar tais explicações e acostumar-se ou conformar-se com a infelicidade.[10]

Na outra ponta está a tentativa teológica de só ver algum sentido na oposição firme ao sofrimento. Assim, o sofrimento não serve para nada, mas muitas invenções humanas são úteis contra o sofrimento. Não se trata de justificar ou tolerar o que nos faz sofrer, mas reconhecer o valor de nossas lutas contra esses males todos. Tendemos a ser simpáticos a tal inversão na medida em que sejamos mais ou menos tocados pelo espírito, por exemplo, da teologia da libertação. Mas também aqui se vislumbram três riscos importantes. O primeiro é a ilusão de que basta o avanço da medicina ou um maior apuro moral e político para extirparmos o mal da sociedade. O segundo é abandonar o sofredor, sem resposta, diante da dor ou da morte invencível. O terceiro é estimular o que Vergely chama de "corrida irresponsável atrás da felicidade" como finalidade da vida.[11]

Ambos os extremos são, no fundo, soluções técnicas, que veem o problema de fora, e assim o empobrecem; pois, ou temos de aceitar que (somente) o sofrimento nos libertará ou que, no porvir, nos libertaremos de qualquer sofrimento. Tais discursos menosprezam uma experiência humana radical: a própria vida é o mistério (anterior) que nos envolve. Assim, o mal é a vida correndo o risco de não ser mais vida e sofrer é suportar tal risco, a ele resistindo.[12] O individualismo das sociedades modernas tem-nos enfraquecido diante do mal porque, tantas vezes, racionaliza tal experiência para fugir de seu peso. "Melhor não falar dessas coisas", parece dizer, para depois concluir: "Que tal irmos ao *shopping*?".

---

[10]   Ibid., pp. 43-105.

[11]   Ibid., pp. 107-160.

[12]   Ibid., p. 13.

Entretanto, mitos e ritos ancestrais, filosofias e espiritualidades tradicionais, têm-nos ensinado, pelos séculos afora, a recusar o mal e manter pacientemente o que Freud chama de "pulsão de vida". Na esteira ou em oposição a tais projetos, é possível detectar cinco atitudes básicas diante da realidade da limitação humana. J. Gevaert descreve a primeira delas como recusa a enxergar tal realidade e tentar iludir-se mediante vários tipos de fuga – o consumismo, por exemplo. Outra atitude é aceitar o sofrimento e o mal de maneira fatalista. Menos comum entre nós, mas reconhecida na literatura existencialista do século passado, é a adoção de uma rebeldia absurda e estéril. Seu contrário é tentar situar-se acima do mal com um desprezo estoico. Finalmente, há os que decidem lutar, na esperança, com todos os meios disponíveis, contra os efeitos e contra as causas do mal, tanto no plano individual quanto no estrutural.[13] Cada uma delas representa uma teodiceia determinada; a teologia da libertação chamou-nos a atenção para o fato de que só a última atitude seria compatível com o cristianismo. Mas seria ingênuo pensar que as demais sejam simplesmente descartáveis por alguma espécie de *insight* iluminista.

O socorro das coisas que não existem ou o potencial da linguagem simbólica

Tem razão Paul Valery ao sugerir que nada somos sem o auxílio daquilo que inexiste. Nenhuma vida social se sustenta no longo prazo se as pessoas não pressupuserem – e como elas precisam se deixar convencer disso! – que há luz no fim do túnel e ordem detrás do caos. Qualquer instituição social básica depende desse postulado, "a despeito da renovada intrusão na experiência individual e coletiva dos fenômenos anômicos... do sofrimento, do mal e, sobretudo, da morte".[14] Porém, mais que superadas (como resolver a morte?), tais "anomalias" precisam ser explicadas de forma a serem acomodadas na ordem presumida. Qualquer esforço nessa direção pode chamar-se uma teodiceia.[15] Uma teodiceia que se queira realmente convincente – mais até: sedutora! – deverá vir embalada num conduíte flexível e eficiente o bastante para cativar, motivar e direcionar. E este é a linguagem simbólica ou icônica.

---

[13]   Cf. J. Gevaert. *El problema del hombre*, pp. 292-294. Apud A. G. Rubio *Unidade na pluralidade*, p. 498.

[14]   P. L. Berger. *O dossel sagrado*, p. 65.

[15]   Essa definição de teodiceia é mais ampla que o uso do termo no pensamento teológico cristão. Berger a emprestou de Max Weber (P. L. Berger. *O dossel sagrado*, p. 65).

A linguagem icônica não substitui a observação científica nem a especulação filosófica, mas, de certa maneira, as inclui e ultrapassa na medida em que nomeia seus postulados indemonstráveis.[16] Daí vem sua força como ducto de teodiceias, pois se há uma área de nossas preocupações em que a explicação do problema conta mais que sua eventual resolução ou eliminação, é exatamente esta. Sendo assim, não admira a atenção que a linguagem tenha recebido da filosofia no século XX e mesmo o tempo e o cuidado que alguns teólogos lhe votaram.[17] Também é compreensível que diante das atrocidades cometidas no século passado – cujo paradigma acabou sendo Auschwitz[18] – a especulação filosófica e teológica tenha guardado "um estranho silêncio"[19] e dado lugar a relatos testemunhais[20] e a criações ou redescobertas literárias.[21] "A arte", afirma C. Ciancio, "liberta do mal pelo próprio fato de representá-lo, antes até que pelo modo de representá-lo" porque "representar o mal significa arrancá-lo para fora de nós" a fim de que o vejamos melhor e seu poder seja diminuído.[22]

O projeto de fôlego de Paul Ricoeur intitulado *Finitude e culpabilidade*, em grande parte dedicado à *Simbólica do mal* – e que inspira os principais teólogos que visitaremos nesta tese –, partia justamente da convicção de que não chegamos à realidade existencial e histórica com a simples especulação; precisamos ter contato com a experiência mesma, a qual se expressa nos símbolos e nos mitos (e nos ritos e nos credos...). A reflexão, diz Ricoeur, precisará beber dessas palavras primordiais se quiser encontrar a experiência e poder pensá-la filosoficamente. Sua "repetição" – o exame cuidadoso e empático dessa palavra simbólica – "constitui a mediação indispensável: a repetição 'não é mais religião vivida e ainda não é filosofia'".[23]

---

[16] A ciência ou qualquer teoria sobre a realidade não é possível sem um mínimo de crença numa realidade à espera de ser "descoberta", pois "o método científico pressupõe a imutabilidade dos processos naturais, ou seja, pressupõe o 'princípio da uniformidade da natureza'" (K. R. Popper. *A lógica da pesquisa científica*, pp. 275-311; aqui: p. 277).

[17] Juan Luis Segundo, por exemplo, dedicou a introdução de sua cristologia a esse pressuposto epistemológico. Cf.: J. L. Segundo. *O homem de hoje diante de Jesus de Nazaré*, v. I, pp. 179-196.

[18] "Auschwitz foi conceitualmente devastador porque revelou uma possibilidade na natureza humana que esperávamos não ver" (S. Neiman. *O mal no pensamento moderno*, p. 280) ou mesmo não ver mais, em pleno séc. XX.

[19] P. L. Berger. *O dossel sagrado*, cit., p. 91.

[20] Ver, por ex., E. Wiesel. *A noite*. 3. ed. Rio de Janeiro: Ediouro, 2006.

[21] Ver A. Camus. *A peste*. Rio de Janeiro: BestBolso, 2008 e Id. *A queda*. Rio de Janeiro: BestBolso, 2007.

[22] C. Ciancio. *Del male e di Dio*, p. 9.

[23] P. Ricoeur apud A. T. Queiruga. *La constitución moderna de la razón religiosa*, pp. 271-272.

Um leitor crítico contemporâneo certamente se incomodaria com a afirmação da relevância do simbólico-icônico perante o científico e se perguntaria se a verdade e o princípio da verificabilidade das proposições não estariam sendo minados. Acontece que a linguagem icônica tem critérios próprios de verificabilidade. Municiado por G. Bateson, que estudara os caminhos ecológicos da aprendizagem humana,[24] J. L. Segundo esclarece os três tipos de verificabilidade da linguagem conotativa. A linguagem icônica é primariamente composta de conotações afetivas. É este valor, e não outro, que provoca em mim sinalizações positivas (alegria, segurança, esperança...). Em seguida, essa primeira experiência me permitirá discernir e me comprometer para que tais sinalizações se repitam. Assim, "uma linguagem tem sentido e significação se dela, ou daquilo que é dito por ela, depende que todo o meu agir e meu existir sejam de um modo ou de outro".[25]

Essa segunda consequência, ético-existencial, leva-nos à terceira: a repetição comunitária; isto é, eu pretendo que também os demais se apercebam da razoabilidade de minha escolha. A dificuldade, nesse nível, é que não se trata de um fenômeno físico que cedo ou tarde confirmará ou não a hipótese. Nesta sede não há uma teoria submetida à realidade; antes, é a premissa que vigora soberana, exigindo minha "fé". "No mundo da significação uma premissa jamais cede; ao contrário, ela se impõe à realidade. Todo *dever-ser* é assim, e tal é a característica de todo *valor*: valida-se a si mesmo. Mais que 'demonstração' eu exijo 'fé' no meu valor".[26]

O terceiro grau de verificabilidade apela, de um ou de outro modo, a uma experiência (fé) escatológica. "*Em parte*, portanto, toda estrutura de valores se fundamenta, de maneira necessária, na satisfação *última* que se espera da conjunção da prática desse valor ou conjunto de valores por um lado, e da (presumida) realidade".[27] Essa verificabilidade final se identifica com o conceito secundiano de dado transcendente – aquele dado que eu aceito sem me deter em verificações. Também porque seria impossível comprová-lo, até as últimas consequências, antes de torná-lo meu. O icônico autêntico, diz Segundo, continuamente me persuade de que "*dado tal fato (datum), que eu assumo como*

---

[24] G. Bateson. *Pasos hacia una ecologia de la mente.*

[25] J. L. Segundo. *O homem de hoje...* v. I, cit., p. 191.

[26] Ibid., p. 193 (itálicos do autor).

[27] Ibid., p. 194 (itálicos do autor).

verdadeiro (ainda que não o possa verificar empiricamente por enquanto), *no final se verá que era melhor agir assim...*".[28]

A linguagem icônico-simbólica entra em relação com a problemática existencial do ser humano e o encontra em sua busca de felicidade.[29] O icônico, na mesma expressão da resposta, alude inequivocamente àquilo que incomoda o leitor/ouvinte/expectador e autoriza/recupera a emoção que gerou tais questionamentos. Em segundo lugar, a narração (e a arte em geral) torna críveis os postulados que dão sentido à comunidade envolvida nessas narrativas e faz com que se "veja" a racionalidade subjacente a esta ou aquela realidade. Essa comunhão de sentimentos em torno dos valores que nos afetaram nos relatos gera, em última instância, a cultura – e haverá tantas culturas quantas forem as variações nessas criações icônicas.

O mesmo se diga da pluralidade de símbolos e narrativas que tentam nos fortalecer ao depararmos com guerras, epidemias, carências, e toda forma de injustiça e demais eventos indesejáveis e intoleráveis, quer culminem ou não na morte. Nossa dinâmica diversidade cultural faz com que também o mal seja experimentado e interpretado de múltiplas formas, em geral por meio de narrativas sagradas, em que a origem de tudo – e, portanto, também do sofrimento e da morte – está vinculada à presença e à ação de seres sobrenaturais.

Por fim, um último lembrete. Não podemos ser demasiadamente afoitos no transportar imagens simbólicas próprias de uma cultura para outras formações culturais. Mesmo uma experiência como a morte poderá ter distintas valências, segundo a cultura que a narrar simbolicamente.[30] Prova de que somos eternos insatisfeitos com seja lá o que for que nos derem em definitivo é um dos mitos iorubanos sobre a origem da mortalidade. Este aponta *Iku* (orixá da morte) como símbolo da solução encontrada para ajudar os jovens contra os anciãos. Diz o relato que, como todo o mundo era imortal, a certa altura, o clamor dos mais jovens começou a subir ao *orun*, pois eles se viam sufocados pelos mais velhos, perenes detentores dos melhores postos e funções. A morte surge após um tremendo dilúvio, do qual só sobreviveram os mais jovens e os mais aptos, pois correram em tempo para as montanhas. Daquele dia em diante,

---

[28] Ibid., p. 195 (itálicos do autor). Segundo desdobra essa "definição" com outros pormenores, em *O homem de hoje...* v. II/1 (Sinóticos e Paulo), pp. 3-16. Ver também: Id. *A história perdida e recuperada...*, pp. 13-97.

[29] Cf. id. *O dogma que liberta*, pp. 185-187.

[30] Devo esta observação às produtivas discussões havidas com a colega M. A. Vilhena.

ninguém mais deixou de perecer, e o povo saudou o advento da mortalidade com uma grande festa![31]

Como se vê, árdua tarefa é enveredar-se pelos símbolos do mal e da maldade. Entretanto, embora seja inevitável que nos curvemos em silêncio a certa altura, há muito a ser dito antes de, finalmente, nos calarmos perante o *mysterium iniquitatis*. O símbolo é justamente este vir à tona do mistério que nos envolve e em cuja rede teimamos em não ficar quietos.

O divino como barreira à felicidade humana

A presumida experiência do transcendente é, geralmente, ambivalente. Como disseram Mircea Eliade, George Dumézil e, antes deles, Rudolf Otto, aproximar-se de algo sagrado é, simultaneamente, tremendo e fascinante. Posso sair ferido, ou mesmo perecer, ao passar por uma experiência dessas. Um exemplo, dentre tantos, da mitologia grega pode nos dar uma ideia disso. Conta-se que a mortal Sêmele, tendo-se unido a Zeus, concebera Zagreu (Dioniso). Aconselhada pela ciumenta e vingativa deusa-esposa Hera, pediu a Zeus que a deixasse vê-lo de frente com seus olhos mortais. Ao se apresentar a Zeus, porém, Sêmele não pôde suportá-lo em toda a sua radiante manifestação. Morreu carbonizada e o feto só se salvou em virtude da intervenção direta de Zeus, que o tirou em tempo do ventre materno e o enxertou em sua própria coxa até que se completasse a gestação e o garoto pudesse nascer.[32]

Outro exemplo do gênero nos vem do livro do *Gênesis* (Gn). Narra o combate de Jacó com [o Anjo de?] Adonai ao longo da madrugada (Gn 32,23-31). Ao raiar do dia, peleja empatada, Jacó exige que a criatura noturna o abençoe para que ele a solte. Temendo, ao que parece, o alvorecer, o estranho ser abençoa Jacó e some. Só então o hebreu se dá conta de que emendara força com o divino (ou o lado sombrio e abissal da própria divindade?). Ele recebe a bênção, tem seu nome mudado para Israel (= aquele que luta com El), mas sai dali para ser coxo na vida, isto é, marcado para sempre pela sua experiência-limite.[33]

---

[31] Uma versão em chave negativa, mais parecida com a visão dos antigos gregos, é recolhida por Reginaldo Prandi, em *Mitologia dos orixás*. Nela, Obatalá, "cansado dos desmandos dos humanos, a quem criara na origem do mundo... decidiu que os homens deveriam morrer, cada um num certo tempo, numa certa hora. Então, Obatalá criou Icu, a Morte", embora "só Olodumarê pode decidir a hora de morrer de cada homem" (pp. 506-507).

[32] V. D. Salis. *Mitologia viva*, pp. 70-76.

[33] Pode haver algum jogo de palavras entre o coxear de Israel e seu nome anterior (Jacó = "calcanhar") como "aquele que nos puxa pelo calcanhar" ("trapaceiro"). As aventuras juvenis de Jacó pertencem,

DESEJO E FELICIDADE

Outros não tiveram tanta sorte. Em 1Sm 6 deparamos o exemplar oximoro da maldosa bondade divina. Ou de sua bondosa maldade. Oza, filho de um sacerdote hebreu contemporâneo de Davi, foi rachado em dois por um tremendo raio enviado do céu por Adonai. Porém, o que fizera o jovem aprendiz das rubricas sacerdotais? O contexto da cena é o de uma procissão com a Arca da Aliança acomodada em um carro de bois a caminho de Jerusalém. Oza é um dos que escoltam a Arca. A certa altura da estrada, em uma curva acentuada à beira de um desfiladeiro, o carro de bois empina e ameaça tombar. Oza, mais do que depressa, segura firmemente a Arca para que não tombe ladeira abaixo. O carro é controlado, a Arca é salva, mas Adonai, enfurecido por ter sido tocado de forma profana, mata Oza. Pelo que se pode depreender do contexto imediato da cena (salvo melhor juízo de algum rabino), tal acontece porque o gesto de segurar algo que está caindo é um gesto meramente profano, sem os necessários escrúpulos rituais. Não se toca a Arca da Aliança como se fosse uma coisa qualquer. Mesmo que as intenções do profanador sejam as melhores possíveis – como de fato eram, no caso evocado.

Pois bem, a experiência ubíqua de males e maldades gera, evidentemente, a imperiosa necessidade de se salvar deles. Tal explica o surgimento de deuses cuja função é nos libertar do mal. Antes desse estádio, porém, as deidades servirão como representação do mal (no nível do símbolo, como hierofanias ou manifestações do que nos transcende) e depois como explicação (no nível do mito) de sua origem.[34]

Às vezes, como nos exemplos acima, a mesma entidade pode enviar tanto o sofrimento como a felicidade. Porém, a tendência verificada pelos cientistas da religião, ao menos no Ocidente, é o progressivo distanciamento e oposição das duas experiências fundamentais do bem e do mal. O processo culmina no chamado "dualismo", fenômeno localizável tanto em tradições politeístas como no monoteísmo estrito. São exemplos dessa visão de mundo o zoroastrismo; os sistemas gnósticos, sobretudo o maniqueísmo; e grupos sectários como os cátaros (= puros) medievais. Cristianismo (mais) e judaísmo (menos) são, em geral, compreendidos como tradições de dualismo mitigado ou camuflado, dada a importância e o espaço que dedicam ao demoníaco e a suas manifestações.

---

segundo H. S. Kushner (cf. *Que tipo de pessoa você quer ser?*), à tradição literária do maquinador, o herói amoral que usa da astúcia, e não da força física, para suplantar o adversário – tradição que inclui, entre tantos, o Ulisses homérico (cf. J.-P. Vernant. *O universo, os deuses e os homens*) e até nosso Pedro Malasartes. À diferença destes, porém, o Jacó bíblico parece ter crises de consciência quanto aos méritos de sua esperteza.

[34] P. Ricoeur. *O mal*; um desafio à filosofia e à teologia, cit., pp. 26-46.

O dualismo pode manifestar-se na forma de um *trickster* ou "enganador", que frequentemente é teriomórfico (em forma de animal). J. S. Croatto nomeia alguns, tais como o *coiote*, o *lobo* das montanhas (entre os aborígines da América setentrional), a *raposa* (em algumas culturas africanas ou entre os aborígines da Patagônia), o *lobo marinho* (entre os tehuelches). O *trickster* mostra muitas vezes, porém, um caráter ambivalente. O deus Seth egípcio, que assassina e esquarteja seu irmão Osíris, embora já tenha sido comparado a um "enganador", também pode ser benfazejo, desde que invocado corretamente. O mesmo vale para Prometeu, "traidor" do Olimpo, mas herói da raça humana.[35]

Na *Tradição dos orixás*, muito popular no Brasil, *Exu* é o orixá mais próximo da função *trickster*. Muitas vezes, chega a ser erroneamente confundido com o diabo cristão. Porém, seria redutivo acomodá-lo a essa noção. Tido como o mais enigmático dos orixás, os mitos sempre o retratam surpreendendo alguém, ateando fogo nos pertences das pessoas, arrumando encrenca no pedaço, e se divertindo a valer com tudo isso. Aprender a lidar com ele é fundamental para contribuir com a harmonia da realidade, pois *Exu* representa, a seu modo, o imponderável da vida, sua complexidade e seus imprevistos, outra face da imanipulabilidade do divino. E assim é porque *Exu* precede a ordem do universo. Na verdade, nas palavras de Pai Cido de Oxum, *Exu* é a ordem.[36]

Na religião do Antigo Israel, como vimos acima, Adonai pode causar males, mas, pouco a pouco, o gênio judeu procurará desvincular seu Deus dessa realidade. Talvez o *Livro de Jó* seja um divisor de águas nesse processo. A afirmação monoteísta e a convicção da misericórdia divina forçam a introdução de um dualismo mitigado entre o Deus único e as legiões demoníacas, onde essas últimas são formadas por deuses antigos agora rebaixados à condição de espíritos satânicos com a passagem de Israel da monolatria para o monoteísmo propriamente dito.[37] Exemplo da releitura feita por Israel de suas antigas tradições é o recenseamento que teria sido ordenado pelo rei Davi e que terminaria por causar ao povo de Israel o castigo da peste. No segundo livro de *Samuel* a peste vem direto de Adonai (24,1); já o segundo livro das *Crônicas*, escrito séculos mais tarde, após a invasão babilônica, atribui o mal a Satã (21,1). Embora não seja ainda o diabo medieval, Satã já começa a se mostrar como o anti-Adonai mais viável para o futuro. Enfim, as peripécias do demônio como responsável

---

[35]   J. S. Croatto. *As linguagens da experiência religiosa*. cit., pp. 169-170.

[36]   A. M. dos Reis (Pai Cido de Òsun Eyin). *Candomblé*; a panela do segredo, pp. 79-87.

[37]   Cf., dentre outros, C. R. F. Nogueira. *O diabo no imaginário cristão*, pp. 5-16. Também: M. Fraijó. *Satanás em baixa*, pp. 41-52.

pelo mal, chegando a ameaçar o poder divino, mereceriam um livro à parte, tais as suas nuances e reviravoltas.

Em síntese: uma experiência humana tão significativa como o combate ao mal e o sonho da felicidade plena não poderia jamais ser esquecida pelo mito. Não a interpretação filosófica e, por conseguinte, abstrata, mas a narração que pondera a experiência do sofrimento em suas dimensões concretas. Como "*relato* de um *acontecimento originário*, no qual *os deuses agem* e cuja finalidade é *dar sentido* a uma realidade significativa",[38] o mito "interpreta" a realidade e, com isso, visa ordená-la e estruturá-la. E só possui essa força porque, como dizia Joseph Campbell,[39] o mito não é apenas a busca de um sentido para a vida. Mitos são ressonâncias, no interior de nosso ser, da experiência de viver. Seu escopo final é integrar o ser humano na natureza e na sociedade e, desse modo, superar o informe, o indeterminado, o caos.

Todavia, a expressão religiosa fornecida pelo mito também contempla um componente racional. Há um elemento intelectual do mito, uma vez que sua particular forma de linguagem é, de fato, transmissora do pensamento humano mais antigo. Em seus mitos, rituais, orações, relatos históricos e textos sapienciais, o *homo religiosus* nos interpela sobre nossa origem e destino, nosso lugar no cosmo, o sentido da vida e suas vicissitudes, o mundo e as coisas. Todas essas são questões metafísicas, trazidas à luz através da experiência religiosa, e vertidas em imagens e palavras no símbolo e no mito. O rito nada mais faz do que re(a)presentá-las continuamente. E a oração, por sua vez, "expressa" tal visão do mundo como algo que se deseja desde as profundezas do espírito.

Entretanto, se, por um lado, é verdade que "a cada cabeça, uma sentença", de outro, também é evidente que os membros da raça humana não colecionamos, afinal, desejos profundos tão disparatados e antagônicos. Isso significa que, por mais opostos e irredutíveis que sejam entre si, eles nos ajudam a colocar a mente em contato com a experiência fascinante de estarmos vivos.[40]

Uma última consideração: todo mito é parcial, pois narra e expressa a instauração do "sentido" de uma realidade concreta. Porém, todo mito é também totalizador, já que, ao apresentar a "origem" de determinada realidade – o paraíso perdido, por exemplo –, atrai outro mito sobre sua destruição. Dizendo o mesmo, em palavras mais eruditas: a cosmogonia (princípio/origem do universo) propõe ou sugere uma escatologia (fim/finalidade do cosmo). Consideremos

---

[38]   J. S. Croatto. *As linguagens da experiência religiosa*. cit., p. 209.

[39]   Ver, por ex., J. Campbell. *Isto és tu*; Id. *O poder do mito*; S. Keleman. *Mito e corpo*.

[40]   Ver também: J. Campbell; F. Boa. *E por falar em mitos*.

o mito judeu-cristão do pecado do primeiro ser humano. A narração de Gênesis 3, ao mesmo tempo em que informa sobre o mal desencadeado, sugere, implicitamente, o desejo de sair dessa amarga situação. Na interpretação de Croatto,[41] quando o texto indica o mandamento e a proibição de certas árvores do jardim (Gn 2,16-17) servindo-se da mesma linguagem com que Moisés receberá as leis do Sinai, o alvo é destacar que o Senhor não deseja o mal, mas a bênção. Assim, a obediência futura do povo poderá reverter a situação. Por outro lado, o que o mito de referência não explicita é retomado, mais tarde, pelo apóstolo Paulo com o mito do "segundo Adão" (Rm 5,12-21). Esse "segundo Adão", ou "contra-Adão", restaura a condição originária do ser humano.

O mapa da felicidade cristã: um exercício de teologia narrativa

É inevitável topar agora com a tradição judeu-cristã. Até porque é inegável que toda a mitologia europeia e ocidental nela se tenha banhado.[42] E, além disso, no caso brasileiro em especial, não é possível entender todas as variações de ritos, rezas, bênçãos, simpatias e outras estratégias de proteção contra a infelicidade sem fazer referência à tradição mítica judeu-cristã. Com isso, não quero negar outros componentes importantes do "mal à brasileira"[43] neste formidável sincretismo que caracteriza a sociedade nacional. Apenas destaco um de seus fios mais robustos.

Os capítulos do presente livro estão focados nas relações entre religião e consumo, evidenciando a cultura de consumo em que estamos embebidos e traçando conexões entre certa religião de consumo e o consumo religioso. Mas ao fazermos um discernimento do consumismo contemporâneo a partir da crítica à idolatria na tradição cristã, é possível recuperar uma práxis alternativa que venha ao encontro de nosso desejo de felicidade?

Como não é possível uma resposta exaustiva a tal pergunta, aqui só poderemos acompanhar uma tentativa recente, nascida da teologia latino-americana: a chave de leitura oferecida por Juan Luis Segundo ao mostrar a práxis antimal de Jesus, o Profeta da Alegria. Segundo sugere ser possível entrever na

---

[41] J. S. Croatto. *As linguagens da experiência religiosa*, cit., p. 284.

[42] D. Leeming. *Do Olimpo a Camelot*, cit., passim.

[43] Aludo aqui ao estudo feito na década de 1990, *O mal à brasileira*, organizado por P. Birman, R. Novaes, S. Crespo. Sobre o sincretismo, ver meus trabalhos: *Interfaces da revelação* e *No espírito do Abbá*.

práxis e na pregação do profeta Jesus indicações para um possível caminho de superação e plenitude humana.[44]

De início, Segundo retoma a tradição bíblica para afirmar que a imagem mais primordial do divino, assim como a detectamos nas escrituras judaicas, dá testemunho de uma divindade misteriosa e tremenda, cujos poderes podem ser acionados a nosso favor desde que observemos os rituais mais adequados. Nosso bom ou mau êxito nas peripécias dessa vida depende da qualidade e pureza dos ritos praticados. O Deus israelita opõe-se à opressão de seus filhos – aos *hapiru/ ibiru* que perambulam pelos impérios do Antigo Oriente. Porém, como vimos antes, não chega a liberá-los totalmente de certas prescrições. Na pregação de Jesus de Nazaré há, de início, uma identidade de fundo: Deus ama os *hapiru* de ontem e de hoje.[45] No fundo, o profeta Jesus nada mais faz do que retomar e recordar o Projeto expresso na Torá, mostrando seu sentido mais profundo. Às vezes, até parece ser ele um rebelde inconsequente – maluco, beberrão, anda com prostitutas e publicanos, gosta da companhia das mulheres, não é sacerdote, mas leigo!, só vai à metrópole para morrer, expulsa os vendilhões do templo etc.

Todavia, o profeta galileu não veio abolir a Torá; veio cumpri-la em seu sentido mais profundo.[46] Ele é tão lógico e tão rigorosamente tradicional, tão apegado ao espírito da Torá que chega a ser desconcertante, surpreendente. Àqueles que localizam a origem do mal em um desequilíbrio ritual – conforme o esquema puro-impuro – o Jesus de Marcos (Mc) parece revidar jogando o foco no valor da vida. É o caso, por exemplo, da conhecida perícope dos discípulos que não fazem as devidas abluções em certa reunião pública (Mc 7,1-23). Somos obrigados a lavar as mãos ritualmente antes de tocar os alimentos? Jesus responde que a maldade não está no que entra pela boca, segue seu destino e... todos sabemos por onde sai. O perigo, diz ele numa ousada interpretação do decálogo, está nos projetos que saem do coração, do desejo humano. E "o coração é a faculdade ou o nível de onde brota o que (...) chamamos de fé (antropológica)".[47]

Novo *round* no combate a essa mentalidade antiquada acontece quando os discípulos entram em lavoura alheia e colhem espigas em dia de sábado (Mc 2,23-28): "Todo filho de homem é senhor do sábado. O sábado foi feito para o ser

---

[44] Ver, para este item, os seguintes livros de J. L. Segundo: *O homem de hoje diante de Jesus de Nazaré*. v. II/1, pp. 107-262; *Que mundo? Que homem? Que Deus?*, pp. 301-331; *A história perdida e recuperada de Jesus de Nazaré*, pp. 101-338; *O caso Mateus; primórdios de uma ética judeu-cristã*, pp. 75-276.

[45] Mc 10,13-16; Mt 19,13-15; Lc 10,21ss; 14,15ss.

[46] Ver M. Fraijó sobre as dúvidas quanto à historicidade deste *logion* de Mateus (cf. M. Fraijó. *O cristianismo*, cit., pp. 147-151).

[47] J. L. Segundo. *A história perdida e recuperada de Jesus de Nazaré*, cit., pp. 220-221.

humano e não os humanos para servirem ao sábado". Ou seja, o ritual (regras, rubricas, leis, estatutos) só serve para chamar nossa atenção para a Vida; não é um fim em si mesmo. O episódio que Jesus recorda durante a diatribe com os fariseus também é paradigmático: certa feita, Davi e seus homens entraram no templo para se esconder, sentiram fome, foram ao Santo dos Santos, violaram o tabernáculo e comeram os pães consagrados que só os sacerdotes podiam tocar. Sacrilégio? Não para o profeta galileu. Porque mataram a fome. Se há aqui alguma causa do mal e da maldade, ela está na má-fé de absolutizar o ritual e relativizar a vida do próximo. Mesmo a versão mateana do episódio – via de regra, sempre a mais moderada – insere na fala de Jesus uma conhecida citação de Oseias: "Misericórdia (= compaixão) é o que eu quero e não sacrifício (= culto)" (Os 6; Mt 12,7).[48]

A mesma ideia é retomada por Jesus mais adiante, ao encontrar na sinagoga um homem com a mão ressequida, atrofiada, de braço curto (Mc 3,1-6). Maldito? Pecador? "É permitido, no sábado, fazer o *bem* ou fazer o *mal*?" É lícito salvar uma vida, mesmo ferindo a lei do sábado? Sim, repete Jesus. A Vida é o critério do discernimento. "A pergunta de Jesus", explica Segundo, "supõe que o *bem* e o *mal* humanos têm de ser determinados *antes* de consultar o religioso e independentemente desse campo preciso".[49] E mais: declarar perdoado aquele doente é desfazer "a razão *ideológica* de sua pobreza [doença], [que] fica encoberta e justificada", tirando a sustentação do "mecanismo ideológico de opressão na sociedade de Israel". Jesus mergulha, assim, "em pleno conflito político e a força de um dos grupos está em sua interpretação da lei, em sua concepção religiosa", agora abalada pela pregação desse galileu errante.[50]

Mas sigamos em frente, para outro modelo de divindade que influenciou a fé cristã. A elaboração dessa segunda imagem judaica para a divindade contou com a importante participação da mentalidade profética. Deus continua sendo concebido como um recompensador ou castigador, que olha nossos méritos para entrar em ação contra nós ou a nosso favor. Porém, desta feita, sua providência só é acionada moralmente: na medida em que formos *bons* para o próximo, Deus será *bom* para nós, livrando-nos do *mal*. Um avanço importante com relação à visão mágico-ritual do mal, mas ainda limitado: continua a pretensão de manipular o divino e segue valendo a regra apenas para os mais chegados, os membros do povo judeu.

---

[48]   Ibid., pp. 217-218.

[49]   Ibid., p. 219.

[50]   Id. *O homem de hoje diante de Jesus de Nazaré*. v. II/1, p. 181.

Contra essa visão estreita da aliança com Deus – que, ademais, se não for cumprida, atrairá a morte (talião) –, Jesus começa esclarecendo alguns pontos. E o primeiro a destacar é uma das tônicas de sua pregação: o valor do perdão.[51] Seu Deus não é um ajustador de contas. Em segundo lugar, os mandamentos não são uma fórmula a servir apenas a minha família, ou somente a judeus. Só ajudamos a cristãos e/ou potenciais convertidos à nossa confissão religiosa? "Quem faz a vontade do Senhor, esse é meu irmão, minha irmã e minha mãe" (Mc 3,31-35). E mais: "Na casa de meu Pai há muitas moradas (Jo 14,2)".

Se o modelo moralista garantia que o seguidor da Lei seria rico, saudável, vitorioso, longevo e de numerosa descendência, agora parece que o fiel seguidor da Lei acabará ficando pobre.[52] Soa estranho, mas parece ser justamente essa a mensagem do conhecido episódio,[53] quando, ao homem que espera, graças a sua obediência da lei, receber uma recompensa material dos céus [alcançar a *vida eterna*: v. 17], Jesus retruca propondo a dinâmica do Reino ["é difícil entrar no Reino...": v. 23]. É como se Jesus lhe dissesse: "Se foi só por isso que você obedeceu a Torá, então você não cumpriu a Torá. Obedeceu 'uma' 'lei', mas não a Torá!". Jesus é radical e exige radicalidade dos que o seguem mais de perto? Sim. Porém, o segredo – assim o percebo – está em sua pedagogia: quando e como Ele propõe o seguimento mais radical. É algo que só faz sentido quando chega no momento certo. Se não, seria de novo moralismo barato: "Faça isto porque o Mestre mandou!". Nesse sentido, prestemos atenção à gradualidade do relato, que reconto abaixo:

> Um homem corre ao encontro de Jesus:
> – Bom mestre, que devo fazer...?.
> – Eu, bom? Bom é Deus. Você não conhece os mandamentos?
> – Claro. E já sigo todos eles desde jovem.
> – Hum... entendi. Você ainda não está satisfeito. Então... [e só porque foi você quem pediu e já está achando pouco os mandamentos] ... aí vai: ...
> E vem a exigência radical.

---

[51] Lc 17,3-4; Mt 5,43-48.

[52] Se já não for um dos milhares de componentes das maiorias de empobrecidos e sem-terras de então (cf. J. D. Crossan. *O nascimento do cristianismo*).

[53] Mc 10, 17-31 [Mt 19, 16-29 = Lc 18, 18-30].

Porém, o homem ainda não estava livre para dar aquele passo, pois, em sua concepção, os pobres são os pecadores; e os pecadores serão pobres.

Até os discípulos se assustam: "Se for assim, estamos todos perdidos".[54]

Jesus retruca: "Se dependesse só de vocês, com certeza, a salvação seria impossível. Porém, fiquem tranquilos quanto a isso: salvação é assunto para Deus e para Deus tudo é possível".

Quanto ao comércio com Deus incentivado pelas duas primeiras imagens do divino, um dito de Jesus recordado por Lucas é particularmente significativo (Lc 17,7-10). Se eu só faço as coisas porque o Chefe/Patrão/Mestre/Deus mandou, então, após ter executado tudo, tenho de admitir que não passo de um *servo inútil*; fiz apenas o que devia ter feito; não posso esperar nenhuma recompensa, pois Deus não entra nesse *toma lá dá cá*. Não há graça nenhuma nisso. Qualquer um faz uma coisa qualquer para não ser castigado pelo poderoso chefão ou para poder barganhar algo dele. A novidade é que, para Jesus, "já não somos servos, mas os seus amigos" (Jo 15,9-17). O que o discípulo de Jesus faz é por excesso, por transbordamento. Numa palavra, gratuidade.

Contudo, que daí não se deduza um mero conformismo diante dos males e injustiças da história. Basta pôr atenção nas parábolas do Reino.[55] Numa delas, por exemplo (Mt 20,1-16), fica explícito o direito ao trabalho livre e a sua justa remuneração – numa feliz combinação do 3º e do 7º mandamentos (Ex 20; Dt 5). Nesta parábola de Jesus há desempregados na praça, um patrão/senhor com autoridade e sensibilidade, gente trabalhando desde as 7h da manhã, outros, desde as 9, 12, 15 e 17h. Às 18h, todos recebem o que é justo, ou seja, o que – segundo o exegeta J. Jeremias – uma família precisava para as despesas de um dia. Outro dado importante: todos trabalharam! Não houve esmola para ninguém. Cada um cumpriu a sua parte do acordo: o senhor pagou o que era justo porque os contratados fizeram exatamente o que lhes fora pedido ao serem contratados ("Vá agora para a minha roça e trabalhe até as 18h"). E todos, pelo que consta, cumpriram o prometido.

---

[54] Também a nosso autor causa espécie a reação dos discípulos, uma vez que "certamente [teriam sido] escolhidos dentre os 'pobres' e atacados muitas vezes pelos puristas como 'pecadores'". Ora, "se para o rico, que dispõe de todas as condições e facilidades para ser justo, é tão difícil ou até humanamente *impossível* a entrada no reino, como será isso possível para aquele cuja pobreza leva necessariamente a se converter em pecador?". O episódio deixa claro como "a ideologia dominante, que justifica sua exclusão do reino futuro", continuava ainda a oprimi-los (J. L. Segundo. *O homem de hoje diante de Jesus de Nazaré*. v. II/1, pp. 182-183).

[55] O consenso entre os exegetas é de que as parábolas estejam muito próximas do Jesus histórico.

Atentemos, porém, para o seguinte: o senhor da parábola poderia ter sido justo e discreto. Teria bastado remunerar seus trabalhadores a começar por aqueles que tinham trabalhado o dia todo. Ao receber seu salário justo, eles teriam ficado felizes. Também os últimos chegados teriam ficado felizes com o senso de justiça do empregador. A questão é: por que o senhor (Jesus) inverte a ordem e começa o pagamento pelos últimos da fila? Por que chamar a atenção de todos os que ainda iriam receber o soldo para aqueles que só tinham suado uma horinha? Só pode ter sido para causar confusão, para "ver o circo pegar fogo", para surpreender a plateia dos primeiros da fila e fazê-los parar para pensar no caso. Que caso?

Eis o caso: segundo J.-D. Crossan,[56] Jesus viveu numa sociedade que – como a nossa, aliás – criava desempregados, subempregados, biscateiros, trabalhadores informais. Como podiam sair da praça se ninguém tomava a iniciativa de lhes dar algum crédito? Eles queriam compaixão e esmola? Ou oportunidades de contratos e parcerias que partissem do que eles podiam, de fato, dar em um primeiro momento (por exemplo: uma hora de trabalho)? E qual seria a justa remuneração? Para tanto, Jesus provoca um conflito entre as personagens e, certamente, entre seus ouvintes.[57] E, na pior das hipóteses, coloca-os em dúvida quanto a suas soluções ritualistas e moralistas para os males que afligiam as sociedades de ontem e, certamente, também as de hoje.

Uma terceira imagem do divino que Segundo lê na Bíblia hebraica representou grande avanço no equacionamento do problema/enigma/mistério do mal. Ele descreve-a como etapa do "deus transcendente e criador". Um Deus *distante demais* para que intercedamos a Ele em nosso favor. Ele envia o bem e o mal a seu bel-prazer. O apelo ao mistério resulta no assombro e no louvor desinteressado – recompensas e punições estão fora do jogo – que findam por separar moral e êxito histórico. Ou seja, boas atitudes individuais não são garantia de sucessos sociopolíticos.

O que destacar na práxis jesuana como eventual corretivo dessa imagem do divino? Um primeiro elemento parece-me pacífico: contra a ideia de um Deus longínquo e, aparentemente, "desinteressado" de nossos sofrimentos, a fé cristã garante que Deus é, também, humano! O segundo elemento é, a meu ver, o singular estilo dos milagres do Nazareno: eles sempre contam com uma importante

---

[56] J. Crossan. *Jesus, uma biografia revolucionária*.

[57] Conflito que o próprio compilador/evangelista atenuou e deturpou ao colocar a estória numa moldura moralista: (v. 16) "os últimos serão os primeiros e os primeiros serão os últimos". Para esta discussão, cf. J. L. Segundo. *O homem de hoje diante de Jesus de Nazaré*. v. II/1, pp. 91-93 e 197-198.

colaboração humana (Jo 2,1ss; 11,1ss; Mc 6,30ss etc.). Até poderíamos dizer que os milagres de Jesus não são "milagrosos"; são convocações para ações sociais de longo alcance político.[58]

Boa mostra disso é a polêmica, documentada nos evangelhos sinóticos, entre sinais do céu *versus* sinais dos tempos.[59] A julgar por ela, Jesus sempre se recusou a oferecer um sinal do céu ou garantia sobrenatural da veracidade de suas propostas.[60] Portanto, nada de eventos "milagrosos", sobrenaturais, extraordinários, que comprovassem sua autoridade e ascendência divina. É lacônico ao dizer que "a essa geração não será dado nenhum sinal" (Mc 8,10-13). E diante da insistência de alguns doutores da lei e fariseus, desabafa: "Pedir esse tipo de sinal só pode ser coisa de uma 'geração má e adúltera'" (Mt 12,38-39; 16,4; Lc 11,16.29). Seria, pois, estranho se Jesus, depois de se negar a fazer gestos e sinais extraordinários e estupefacientes – em suma, sinais do céu –, saísse pelas ruas resolvendo os males e sofrimentos populares na base de "milagres".

Porém, se assim é, como classificar, então, os exorcismos e as ações taumatúrgicas que aquele mestre galileu certamente praticava? Em primeiro lugar, temos de admitir que tais gestos/ações nada tinham de estritamente "sobrenatural", nem se deviam a algum poder mágico somente possuído por Jesus em detrimento de outros curandeiros e/ou xamãs.[61] De fato, outras pessoas dominavam o segredo da cura e outros dons. Profetas como Elias e Eliseu já conheciam a arte de multiplicar farinha, curar doenças de pele e reanimar pessoas dadas como mortas. Os evangelhos sugerem que contemporâneos de Jesus também detinham conhecimentos nesse ramo. "Vocês dizem que eu expulso demônios pela força de Belzebu; e os filhos de vocês, por intermédio de quem eles expulsam demônios?" (Mt 12,27; Lc 11,19). Ao menos nesse quesito, Jesus não é um caso à parte.

Qual é, então, o diferencial dos "milagres" jesuanos? E como fazer, enfim, para ter certeza de que a sua era uma presença divina e não diabólica? A fonte

---

[58] A insistência numa leitura da pregação de Jesus (ao menos, na versão dos evangelhos sinóticos) pelo viés político permeia todos os textos cristológicos de J. L. Segundo.

[59] Cf., por ex., Lc 11,14-32; 12,54-57; Mt 12,38-42. Para esta argumentação, sigo de perto a exegese apresentada por J. L. Segundo. Cf. suas obras: *Teologia da libertação*; uma advertência à Igreja, pp. 42-45; *O dogma que liberta*, pp. 408-416; *Teologia aberta*, v. III, pp. 65-99.

[60] Ver, por exemplo: Mc 8,11-13; Mt 12,38-39; 16,1-4; Lc 11,16.29; 12,54-57.

[61] Lembremos que o apóstolo Paulo nos assegura (Fl 2,6-7) que Jesus, "sendo de natureza/condição divina", abriu mão desses poderes e prerrogativas ("esvaziou-se" deles) ao assumir a condição humana. Mas isso não exclui a possibilidade – para mim, bastante plausível – de que Jesus possuísse, assim como vários de seus e nossos contemporâneos, certo grau do que hoje chamaríamos de paranormalidade.

Q coloca nos lábios do Nazareno a defesa de um critério já suficiente: os sinais dos tempos (Mt 16,3), ou, ainda, o discernimento deste tempo presente (Lc 12,56). Em que consiste concretamente tal critério? Uma exegese atenta poderia demonstrá-lo de modo exaustivo. Todavia, nos passos de J. L. Segundo, podemos individuar algumas de suas características. Um *sinal do tempo* é um sinal que me faz estar atento ao presente; a ele tenho acesso pela simples observação e pelo uso de minha inteligência:

"Quando vocês veem uma nuvem vinda do ocidente, vocês logo dizem que vem chuva; e assim acontece. Quando vocês sentem soprar o vento do sul, vocês dizem que vai fazer calor; e assim acontece. Hipócritas! Vocês sabem interpretar o aspecto da terra e do céu. Como é que vocês não sabem interpretar o tempo presente?" (Lc 12,54-56).

"Ao pôr do sol vocês dizem: 'Vai fazer bom tempo, porque o céu está vermelho'. E de manhã: 'Hoje vai chover, porque o céu está vermelho-escuro'. Olhando o céu, vocês sabem prever o tempo, mas dizem que não são capazes de interpretar os sinais dos tempos!" (Mt 16,2-3).

A fim de que a sinalização dos sinais dos tempos seja mais eficaz, tais sinais não são suscetíveis de um discernimento ulterior ou superior. Eis por que Jesus considera hipócritas os que, sabendo prognosticar as condições meteorológicas próximas somente pela evidência atmosférica, recusam-se, entretanto, a interpretar/julgar por si mesmos, e sem nenhuma visão beatífica, o que é justo e igualmente evidente.[62] Portanto, declarar-se incapaz de compreender um sinal do tempo não é desculpa convincente; é má vontade e má-fé. Ademais, um sinal do tempo não me paralisa nem me provoca uma adesão cega ["Esse profeta-sacerdote-doutor tem poder; o jeito é obedecer o que ele diz!"], mas exige discernimento. "Por que vocês não julgam por si mesmos o que é justo?" (Lc 12,57),[63]

---

[62] No cotejo de Mt 16,3 e Lc 12,54-57, notemos que a versão oferecida pela Bíblia-TEB traduz hipócrita por "homem de *juízo* pervertido". Explica que o termo é muitas vezes usado na Bíblia para denotar o contraste entre a conduta exterior e as convicções íntimas. Na passagem a que me refiro a TEB propõe, para hipócritas, a expressão *espíritos pervertidos* (cf. *TEB*, Lc 6,42 nota g e 12,56 nota u). Pedir um "sinal do céu" associa-se em Mateus à maldade e à idolatria: "essa geração perversa e *adúltera* [idólatra] busca um sinal" (Mt 16,4). Portanto, e para dizê-lo com Segundo, "o fato mesmo de não ver na libertação de um endemoninhado [ou no ato de saciar a fome das pessoas, que é o contexto imediato da passagem mateana] uma vitória de Deus (quem quer que seja o agente direto que a produza), porque se supõe que Deus possa ter um critério diferente do bem do ser humano, é interpretar mal (...) o Evangelho" (J. L. Segundo. *Teologia da libertação*. p. 44, n. 8).

[63] O paralelo com uma das admoestações paulinas é evidente: "Examinem tudo e fiquem com o que for bom" (1Ts 5,21).

alfineta Jesus, "em vez de ficarem me pedindo um sinal do céu que confirme se eu tenho razão ou se minhas obras são boas?" (Mt 16,4; Lc 11,29; Mt 12,39).

Finalmente, não seria temerário concluir que o sinal do tempo distingue-se por carregar um valor, isto é, a opção concreta [do Deus] de Jesus pela inclusão das pessoas numa sociedade – conforme a sugestiva expressão do saudoso H. Assmann – "em que todos caibam". Sendo assim, em vez de sinais extraordinários vindos diretamente dos céus, os "milagres" de Jesus são *sinais do tempo*. Eles sempre aparecem nos evangelhos segundo um gênero literário específico, com uma lógica que se repete: contemplam a inclusão social de algum marginalizado (a hemorroíssa, cegos, leprosos) ou a eliminação de uma situação de carência (fome, sede); e exigem boa parte de colaboração humana na execução. Assim, o resultado nunca é imediato. Nunca é algo do tipo: *Estão com fome? Fechem os olhos. Abracadabra. A fome passou!* Entretanto, sempre é transbordamento da realidade. Isto é, de alguns pães e peixes chega-se a ter muitos; a água da jarra ganha sabor de vinho; o defunto Lázaro redesperta para a vida. Porém, de cesto vazio não sai pão e de copo vazio não sai vinho. E o pobre Lázaro só ressuscita se alguém se dispuser a rolar a pedra do túmulo onde foi cerrado. Encontrar e distribuir água, pão e peixe é tarefa inerentemente humana. Rolar a pedra e desenfaixar o morto é bem mais fácil que ressuscitá-lo; mas se não for feito por nós mesmos, ninguém mais o fará.[64]

À guisa de exemplo, recordemos o relato da partilha e multiplicação dos 5 (pães) + 2 (peixes) [= 7 porções de alimento] em Mc 6, 30-44. Sigamos os passos do relato:

a) alguém detecta o problema: "lugar deserto; eles não têm o que comer...";

b) sensibiliza-se pelos que sofrem: "vocês têm de fazer algo...";

c) busca soluções, a começar pelas próprias comunidades: "vão ver quantos pães já têm por aí";

d) valoriza as pequenas iniciativas já em andamento: "apenas 5 pães + 2 peixes";

e) oferece suporte técnico na organização do pessoal e distribuição do produto: "formaram grupos de 100 e de 50 pessoas... os discípulos distribuindo...";

---

[64] A interpretação da ressurreição de Lázaro, aprendi de Carlos Mesters. "Quem pode mais pode menos", ouviu ele de um participante de um círculo bíblico. Se Jesus podia ressuscitar o homem, também podia fazer a pedra do túmulo saltar fora sozinha. Mas essa parte cabe à comunidade.

f) pormenor: as pessoas são tratadas como gente livre, autônoma, adulta: "Jesus fez com que todos se sentassem na grama verde" porque, naquela sociedade, comer de pé era próprio dos servos, escravos; os donos da casa e os convidados reclinavam-se para comer;[65]

g) em seguida, se bendiz a Deus pelos resultados e faz-se a partilha;

h) por fim, recolhem-se os frutos da experiência comunitária ["12 cestos cheios"], levando-os adiante como aprendizagem para outras situações similares.

Enfim, só há resgate para o velho Jó e reanimação para o defunto Lázaro se algo vier da comunidade.

Um quarto período da história de Israel, imediatamente antecedente à época de Jesus, está documentado nas obras deuterocanônicas (católicos) ou apócrifas (Reforma, Judaísmo). Resumindo-o, J. L. Segundo a intitula etapa do "deus legislador e juiz moral". Deus é responsável somente pelo bem; o mal vem do ser humano livre. Os dois caminhos sugeridos para vencer a resignação passiva, que pesava sobre a etapa anterior (Jó, Ecl etc.), são escatológicos: um, mais apocalíptico (Daniel, Henoc); outro, mais existencial-cotidiano (Sabedoria). Dentre os contemporâneos de Jesus, identificamos os seguidores de João Batista com os primeiros, e os fariseus com os segundos. Porém, uma certeza permeia todos os grupos: a salvação dos males desse *éon* virá da prática da Lei. E permanecer fiel a ela implica necessariamente provação – é a nossa parte no "teatro" dessa vida. Entretanto, haverá um Juízo Final que reequilibrará as coisas, brindando os justos com a ressurreição e a vida eterna. A alternativa derradeira será entre Céu ou "Nada": não há aqui perspectiva de perdão.

Pois bem, a práxis jesuana está muito próxima desse quarto paradigma. Porém, há pormenores que não podem ser subestimados, pois produzem um vórtice na visão costumeira do judaísmo de então. Com um pé na mais pura ortodoxia, Jesus prefere questionar seu público acerca das características desejáveis em um candidato a "justo". Quem é o verdadeiro "justo"? – pergunta o mestre galileu com suas indefectíveis parábolas. E responde, por exemplo, com Mt 25,31-46. Na conhecida parábola, a lógica de Deus surpreende a todos, tanto os que se achavam cumpridores da Lei-instituição-"igreja", quanto os que, aos olhos do mundo, seriam os "bodes". A justiça que conta é a prática da Lei do Amor, na gratuidade. O critério, a julgar pela justificativa do Juiz da parábola, é o cuidado com todo tipo de sofredores e excluídos desta terra – famintos,

---

[65] Essa delicada observação da letra "f" devo-a a Gustavo Gutiérrez, em diálogo pessoal durante um encontro do qual participamos em Cólon, Panamá (*Segundo Taller de Teologia Índia*, dez. 1993).

sedentos, migrantes, descamisados, doentes e encarcerados – visando à humanização das relações. E, mais uma vez, o critério é extensivo a "todas as nações" (v. 32), não somente a Israel.

Além disso, J. L. Segundo acredita encontrar aqui mais um elemento que afasta Jesus e seus colaboradores "do esquema antropológico, aparentemente tão cristão, do livro da Sabedoria". Para ele, a supramencionada parábola mateana do Juízo Final, juntamente com a dos talentos,[66] oferecem-nos "o princípio de uma antropologia incrivelmente nova e radical". Além da surpresa do novo critério do amor, a parábola garante que, sem o saberem, os dois grupos, quando ajudam ou se omitem diante dos pequeninos, estão afetando o próprio Juiz divino ("a mim o fizestes"). Essa intuição será explicitada mais tarde pela teologia joânica, na célebre afirmação de que "Deus é amor". O que significa dizer que o ser humano "não deve começar a cortar no termo 'amor' as coisas que lhe pareçam incompatíveis com Deus; mas, ao contrário, é a experiência (do amor) que deve recortar, refundir e aprofundar nossa ideia de 'Deus' (cf. 1Jo 4,7-8; 3,16)".

A partir dessa intuição, nosso autor crê ser necessário repensar a *kenosis* (Fl 2,7) como "culminação e manifestação do ser eterno que Deus quis dar-se a si mesmo" entregando "ao mundo humano o que será seu 'céu' e contando para tanto com colaboradores (*synergoi*: 1Cor 3,9) livres e inventivos. Portanto – e aqui entra a parábola dos talentos –, em vez de uma liberdade sem sentido gasta numa arena de provas mais ou menos cruéis – como parece ser o pano de fundo da quarta etapa/imagem do divino – trata-se de uma liberdade criadora como capacidade de inventar a História".[67]

Todavia, como adverte a parábola dos talentos e como sentirá na pele o terceiro servo, o maior erro é não arriscar. O Senhor doador de talentos é severo, toma o que não depositou e colhe o que não semeou. O que, na interpretação de Segundo, significa que Deus não está brincando conosco, nem nos dando esmolas ou presenteando-nos por dó. Como veremos mais à frente, ao tratarmos da conjunção entre acaso e mal, Deus persegue com seriedade o que colocou nas mãos humanas, a saber, a abolição ou desterro de toda a dor que ainda habita o mundo. E não sumirá no pessimista "tanto faz" de Jó as decisões que o ser humano vier a tomar, por amor ou indolência, como resposta aos desafios desta terra.[68]

Isso não contradiz as parábolas do Deus misericordioso. Ao contrário, só assim elas assumem seu significado mais profundo. É certo que elas representam

---

[66] A parábola dos talentos é oriunda da fonte *Q*: Mt 25,14-30 = Lc 19,12-27.

[67] J. L. Segundo. *Que mundo? Que homem? Que Deus?*, cit., respectivamente, pp. 324 e 326.

[68] Ibid., respectivamente, pp. 327 e 330-331.

um duro golpe contra a empáfia dos que se presumem justos. Como bem perceberam os exegetas, na parábola do filho pródigo (Lc 15,11ss) o alvo principal da estória é o irmão mais velho, zeloso da recompensa que a quarta etapa lhe garantira. Contudo, da mesma forma que o caçula perdulário, ele não entende o amor do Pai. Ambos os filhos são questionados em sua lógica "bancária" e convidados a se abrirem para um Deus que não entende de créditos e débitos, mas pretende inserir a todos na dinâmica do Reino como seus efetivos colaboradores.

Tudo isso, admite-o Segundo, ainda é muito germinal nas narrativas evangélicas. Mas os fios soltos já estão lá e serão explicitados como a *boa notícia* na pregação de Paulo Apóstolo. Aí ficará claro – principalmente nas epístolas aos Gálatas, Coríntios e Romanos – que a liberdade responsável nos vem da plena filiação divina, a qual nos levará a compreender a pregação do Reino como assunção definitiva da História.

Conforme o "evangelho" de Paulo, nossa filiação divina é causada por nossa irmandade – em humanidade – com o Filho de Deus, Jesus. Por seu intermédio, os filhos e filhas de Deus chegam a sua definitiva maturidade (Gl 3 e 4). E aqui J. L. Segundo vê o cerne do "evangelho" paulino,[69] pois não somos[70] filhos meramente "adotivos" (termo jurídico): pelo Espírito que Deus enviou a nossos corações também nós podemos clamar, como outrora Jesus: *Abba, Pater* (Gl 4,6). E quem é filho é plenamente herdeiro, podendo dispensar seu pedagogo (a Lei) tão logo se torne adulto (Gl 3,25). Daí decorre uma moral de projetos criadores,[71] que supera a pergunta pelo puro-impuro, lícito-ilícito contrapondo-a agora ao questionamento adulto de quem busca o que é lícito e conveniente. A difícil escolha do cristão será entre liberdade-amor-bem (como se fossem uma só coisa) X egoísmo-pecado-perda da liberdade (Rm 7,14-24). Não cabe aqui uma moral de medo (Rm 8,15), mas Paulo não é ingênuo: continuamos dramaticamente divididos (Rm 7,14-24) por mecanismos (lei dos membros) que introduzem a morte nos projetos históricos. Não obstante isso, é certa a vitória do amor na história.[72] Para Segundo, Paulo observa a história humana a partir de uma profunda e nova interpretação da ressurreição de Cristo,[73] que o leva a crer que "a liberdade

---

[69] A tal ponto que, como raramente o faz, Paulo se repete: Gl 4,5-7 = Rm 8,14-17.

[70] Ao contrário do que leva a crer a pseudotradução da Vulgata.

[71] Cf.: 1 Cor 6,12; 10,23; 10,27-29.

[72] Cf.: Rm 7,25a-8,1-4.11.16-21.22.

[73] Cf.: 1Cor 3, 9-15. 16-17 = Rm 8,16-21.

– quando ama – está inscrevendo algo definitivo no que será a morada comum e gloriosa de Deus e dos homens".[74]

O paraíso cristão entre o já e o ainda não

Iniciamos este capítulo mencionando a tríplice disputa entre o neoestoicismo da filosofia contemporânea, a reapresentação da *charitas* cristã e o consumismo desenfreado. Só quisemos sugerir que ainda faz sentido um renovado olhar para a perspectiva teológica cristã. O Deus de Jesus de Nazaré poderá inspirar as gerações do século XXI assim como entusiasmou os discípulos daquele profeta Galileu há dois milênios. A teologia que vigorar nesses tempos hipermodernos não será aquela que busca a hegemonia dos dogmas infalíveis, mas a que souber ser solidária com as massas adoecidas pela febre da temerária felicidade do consumo, que atinge cruelmente tanto os inseridos como os excluídos de seu sistema.

Referências bibliográficas

BATESON, G. *Pasos hacia una ecologia de la mente*; una aproximación revolucionaria a la autocomprensión del hombre. B. Aires-Mexico: Carlos Lohlé, 1976.

BERGER, P. L. *O dossel sagrado*; elementos para uma teoria sociológica da religião. São Paulo: Paulus, 1985.

BIRMAN, P.; NOVAES, R.; CRESPO, S. (org.). *O mal à brasileira*. Rio de Janeiro: EdUERJ, 1997.

CAMPBELL, J. *O poder do mito*. São Paulo: Palas Athena, 1990.

_____. *Isto és tu*; redimensionando a metáfora religiosa. São Paulo: Landy, 2002.

CAMPBELL, J.; BOA, F. *E por falar em mitos...* Campinas/São Paulo: Verus, 2004.

CAMUS, A. *O mito de Sísifo*. Rio de Janeiro: Record, 2004 (ed. orig.: 1942).

CIANCIO, C. *Del male e di Dio*. Brescia: Morcelliana, 2006.

CROATTO, J. S. *As linguagens da experiência religiosa*; uma introdução à fenomenologia da religião. São Paulo: Paulinas, 2001.

---

[74] J. L. Segundo. *Que mundo? Que homem? Que Deus?*, cit., p. 362.

CROSSAN, J. D. *Jesus, uma biografia revolucionária*. Rio de Janeiro: Imago, 1995.

_____. *O nascimento do cristianismo*. São Paulo: Paulinas, 2004.

FERRY, L. *Vencer os medos*; a filosofia como amor à sabedoria. São Paulo: WMF--Martins Fontes, 2008.

FRAIJÓ, M. *Satanás em baixa*. São Paulo: Loyola, 1999.

_____. *O cristianismo*; uma aproximação ao movimento inspirado em Jesus de Nazaré São Paulo: Paulinas 2002.

KELEMAN, S. *Mito e corpo*; uma conversa com Joseph Campbell. São Paulo: Summus, 2001.

KUSHNER, H. S. *Que tipo de pessoa você quer ser?* Rio de Janeiro: Sextante, 2004.

LEEMING, D. *Do Olimpo a Camelot*; um panorama da mitologia europeia. Rio de Janeiro: Jorge Zahar, 2004.

NEIMAN, S. *O mal no pensamento moderno*; uma história alternativa da filosofia. São Paulo: Difel, 2003.

NOGUEIRA, C. R. F. *O diabo no imaginário cristão*. São Paulo: Ática, 1986.

POPPER, K. R. *A lógica da pesquisa científica*. São Paulo: Cultrix, 1975.

PRANDI, R. *Mitologia dos orixás*. São Paulo: Companhia das Letras, 2001.

REIS, A. M. dos (Pai Cido de Òsun Eyin). *Candomblé*; a panela do segredo. São Paulo: Mandarim, 2000.

RICOEUR, P. *Finitud y culpabilidad*. Madrid: Taurus, 1991.

_____. *O mal*; um desafio à filosofia e à teologia. Campinas/São Paulo: Papirus, 1988.

RUBIO, A. G. *Unidade na pluralidade*. 2. ed. São Paulo: Paulus, 1991.

RUIZ DE LA PEÑA, J. L. *La muerte*; destino humano y esperanza cristiana. Madrid: Fund. Sta. María, 1983.

SALIS, V. D. *Mitologia viva*; aprendendo com os deuses a arte de viver e amar. São Paulo: N. Alexandria, 2003.

SEGUNDO, J. L. Teología abierta. 2. ed. rev. e ampliada, Madrid: Cristiandad, 1983-1984. v. I: Iglesia– Gracia; II: Dios – Sacramentos – Culpa; III: Reflexiones críticas.

SEGUNDO, J. L. *O homem de hoje diante de Jesus de Nazaré*. São Paulo: Paulinas, 1985. v. I: Fé e ideologia; v. II/1: História e atualidade: sinóticos e Paulo; v. II/2: As cristologias na espiritualidade.

_____. *Teologia da libertação*; uma advertência à Igreja. São Paulo; Paulinas, 1987.

_____. *O dogma que liberta*; fé, revelação e magistério dogmático. 2. ed. São Paulo: Paulinas, 2000.

_____. *Que mundo? Que homem? Que Deus? Aproximações entre ciência, filosofia e teologia*. São Paulo: Paulinas, 1995.

_____. *A história perdida e recuperada de Jesus de Nazaré*; dos sinóticos a Paulo. São Paulo: Paulus, 1997.

_____. *O caso Mateus*; primórdios de uma ética judaico-cristã. São Paulo: Paulinas, 1997.

SOARES, A. M. L. *Interfaces da revelação*; pressupostos para uma teologia do sincretismo religioso. São Paulo: Paulinas, 2003.

_____. *No espírito do Abbá*; fé, revelação e vivências plurais. São Paulo: Paulinas, 2008.

_____; Vilhena, M. A. *O mal*; como explicá-lo? São Paulo: Paulus, 2003.

TERRIN, A. N. *Introdução ao estudo comparado das religiões*. São Paulo: Paulinas, 2003.

TORRES Queiruga, A. *La constitución moderna de la razón religiosa*; prolegómenos a una filosofía de la religión. 2. ed. Estella: Verbo Divino, 2000.

VERGELY, B. *O sofrimento*. São Paulo: Edusc, 2000.

VERNANT, J.-P. *O universo, os deuses e os homens*. São Paulo: Companhia das Letras, 2000.

AUTORES

AFONSO MARIA LIGORIO SOARES. Livre-docente em Teologia pela PUC-SP, com pós-doutorado em Teologia pela PUC-Rio. Doutor em Ciências da Religião pela UMESP. Professor associado do Departamento de Ciência da Religião e do Programa de Estudos Pós-graduados em Ciências da Religião da PUC-SP.

CARLOS JOSAPHAT. Doutor em Teologia (França). Professor emérito da Universidade de Friburgo (Suíça).

EDEMIR ANTUNES FILHO. Doutor em Ciências da Religião pela UMESP e professor no curso de Teologia do Instituto Betel de Ensino Superior. Membro do grupo de pesquisa "Religião e periferia urbana na América Latina".

EDIN SUED ABUMANSSUR. Doutor em Ciências Sociais, professor associado do Departamento de Ciência da Religião e do Programa de Estudos Pós--graduados em Ciências da Religião da PUC-SP.

FRANCISCO CATÃO. Doutor em Teologia pela Universidade de Strasbourg (França) e professor no Instituto Teológico Pio XI, em São Paulo.

FRANK USARSKI. Livre-docente em Ciências da Religião pela PUC-SP, com doutorado e pós-doutorado em Filosofia/Ciências da Religião pela Universidade de Hannover. Professor assistente-doutor do Departamento de Ciência da Religião e do Programa de Estudos Pós-graduados em Ciências da Religião da PUC-SP.

JOANA T. PUNTEL. Pós-doutorado em Comunicação pela The London School of Economics and Political Science (Londres-Inglaterra), doutora em Ciências da Comunicação pela Simon Fraser University (Vancouver-Canadá) e pela Universidade de São Paulo. É docente na Faculdade Paulus de Tecnologia e Comunicação (FAPCOM), além de docente e orientadora no Curso de

Especialização (pós-graduação *lato sensu*) *Cultura e Meios de Comunicação: uma abordagem teórico-prática* (SEPAC/PUC-COGEAE-SP).

JOÃO DÉCIO PASSOS. Livre-docente em Teologia pela PUC-SP, doutor em Ciências Sociais, mestre em Ciências da Religião e em Teologia, professor associado do Departamento de Ciência da Religião e do Programa de Estudos Pós-graduados em Ciências da Religião da PUC-SP.

JOSÉ J. QUEIROZ. Doutor e mestre em Teologia pela Universidade Santo Tomás (Itália). Professor titular do Departamento de Ciência da Religião e do Programa de Estudos Pós-graduados em Ciências da Religião da PUC-SP.

LADISLAU DOWBOR. Doutor em Ciências Econômicas pela Escola Central de Planejamento e Estatística de Varsóvia. Professor titular da PUC-SP nas áreas de economia e de administração e, também, consultor de várias agências das Nações Unidas.

MARIA ANGELA VILHENA. Livre-docente em Teologia, doutora em Ciências Sociais e mestre em Ciências da Religião pela PUC-SP. Professora associada do Departamento de Ciência da Religião e do Instituto Teológico Pio XI do Centro Universitário Salesiano de São Paulo.

PAULO BARRERA RIVERA. Doutor em Ciências Sociais e Religião pela UMESP, onde leciona no Programa de Pós-graduação em Ciências da Religião e coordena o grupo de pesquisa "Religião e periferia urbana na América Latina".

PEDRO HENRIQUE DE CARVALHO OLIVEIRA. Mestre em Comunicação e Semiótica pela PUC-SP e graduado em Publicidade e Propaganda pela mesma instituição.

SILAS GUERRIERO. Doutor em Ciências Sociais. Professor associado do Departamento de Ciência da Religião e coordenador do Programa de Estudos Pós-graduados em Ciências da Religião da PUC-SP.

WAGNER LOPES SANCHEZ. Doutor em Ciências Sociais e mestre em Ciências da Religião pela PUC-SP, mestre em Teologia pelo ITESP. Professor assistente doutor do Departamento de Ciência da Religião da PUC-SP.

Impresso na gráfica da
Pia Sociedade Filhas de São Paulo
Via Raposo Tavares, km 19,145
05577-300 - São Paulo, SP - Brasil - 2012